· 新闻与传播系列教材 ·

ENGLISH-CHINESE
NEWS TRANSLATION

英汉新闻翻译

刘其中　著

清华大学出版社
北 京

图书在版编目（CIP）数据

英汉新闻翻译/刘其中著. —北京：清华大学出版社，2009.7（2024.7重印）
（新闻与传播系列教材）
ISBN 978-7-302-19695-2

Ⅰ. 英⋯　Ⅱ. 刘⋯　Ⅲ. 新闻－英语－翻译－高等学校－教材　Ⅳ. H315.9

中国版本图书馆 CIP 数据核字（2009）第 036512 号

责任编辑：纪海虹
责任校对：王荣静
责任印制：沈　露

出版发行：清华大学出版社
　　　　网　　　址：https://www.tup.com.cn，https://www.wqxuetang.com
　　　　地　　　址：北京清华大学学研大厦 A 座　　　邮　　编：100084
　　　　社 总 机：010-83470000　　　　　　　　　邮　　购：010-62786544
　　　　投稿与读者服务：010-62776969，c-service@tup.tsinghua.edu.cn
　　　　质 量 反 馈：010-62772015，zhiliang@tup.tsinghua.edu.cn
印 装 者：三河市科茂嘉荣印务有限公司
经　　销：全国新华书店
开　　本：185mm×235mm　　　印　　张：21.5　　　字　　数：421 千字
版　　次：2009 年 7 月第 1 版　　　　　　　印　　次：2024 年 7 月第 12 次印刷
定　　价：62.00 元

产品编号：031353-03

培养英语新闻高手 迎战全球传播噩梦

（代序）

李希光[①]

2008年7月底,我带清华学生来到萨尔茨堡全球学院上暑期班。古城堡安静的阅览室里醒目地摆放着一本刚刚面世的2008年夏季号的美国《外交事务》。其封面文章题目赫然写道:《中国奥运噩梦》,并配了一张漫画,显示一把抗议的火炬从西藏点燃,然后通过奥运会这个全球传播平台,烧遍中国。

《外交事务》所讲噩梦指的是2008年中国的西藏暴乱和西方某些不喜欢中国的人制造的抵制北京奥运的种种抗议活动。这些所谓"噩梦"换一个角度看,更多的是中西方之间在全球传播平台上展开的一场英语新闻战和英语舆论战。

2008年4月我受中央外宣办委托到西藏进行了调研。回来后写给中央的政策建议中有一条就是,中国人民最终能否赢得涉藏国际舆论斗争,关键在于英语新闻人才的培养。国家要下大力加强西藏对外传播的英文新闻人才的培养。仔细研究一下西方新闻媒体左右涉藏国际舆论的西方写手(包括记者和学者)统共不足10人,如果国家在这方面下大力气,在未来3年培养出10名立场坚定、具有新闻敏感、英文文笔流畅的涉藏新闻写作高手(像当年的爱泼斯坦一样),则会在很大程度上扭转西藏对外传播的被动局面。

能否做到上述几点,关键是要培养一批具有强烈的使命感、熟悉祖国边疆史、精通英语的新闻工作者。为此我曾建议,由中央外宣办制订一个西藏外宣人才长期培养计划,像30年前中央领导批准创建社科院研究生院新闻系英语新闻采编专业一样,委托清华大学组织一支立场坚定、新闻业务精良、英语娴熟、国际视野开阔、有丰富的国际斗争经验的教学队伍,恢复改革开放之初中国社科院开设的英语新闻采编专业。

早在1978年,邓小平与胡耀邦亲自批准中国社科院研究生院创办新闻系。同时,由中国社科院、新华社、中国日报社三家联合设置英语新闻采编专业。从1978年到1989年,英语新闻采编专业为中国培养了一大批具有国际视野的新闻优秀人才,如本书作者、原新华社联合国分社社长和新华社体育部主任刘其中,新华社副总编刘江和彭树杰,新华社高级记者熊蕾,原新华社驻洛杉矶首席记者、清华大学教授司久岳,《中国日报》副总编刘砥中,新华社对外部主任严文斌等。

当年来社科院研究生院给我们上课的教师中有一名美国奈特报系驻京记者麦克·布

---

① 李希光是清华大学新闻与传播学院常务副院长。

I

朗宁(Michael Browning)。当时他年仅 37 岁,曾采写过航天飞机首航、教皇保罗遇刺、希特勒日记伪造案等重大新闻,并任印度、菲律宾等国家常驻记者。"两年半前,我刚来中国,对中国是一无所知。就是今天,我仍然是无知的。我只会希腊语、拉丁语这两种古老的语言,一个中文字也讲不出来。把我派到中国,恰似将春秋战国时代中国人派到美国当记者。"麦克开讲第一句就指出理解汉语言对报道好中国的重要性。

麦克把当时美国人对中国的态度称之为"熊猫、乒乓态度"。"他们乐意听到关于大熊猫、乒乓之类的轻松报道,也喜欢读有关针灸、艾灸、吃熊掌和猴头等稀奇古怪的新闻。他们不爱看那些分析'七五'计划的冗长的文章。革命、地震、刺杀以及像航天飞机爆炸之类的报道远比政府会议和政府文件更容易为美国读者所理解。中国的报纸不仅政治性太强,而且时效差,有的报道重复,有的含糊其辞。我工作的报纸的读者难以接受。"麦克的第二句话含蓄地表明根据中国官方媒体编写英文新闻的难度。

"我工作的报纸强调娱乐性,不仅仅是传播消息。我时常为我采写的来自中国的报道没有被采用、未成为头条新闻或未被刊在报纸的头版而灰心丧气。我来中国已有两年半了,我采写的新闻刊登在头版头条的不超过 10 条,其中两条是关于大熊猫的消息,一条是关于泰山的报道,一条是关于五台山的报道。"麦克接着说。

麦克对中国报纸过分严肃枯燥感到惊奇。他自嘲地说:"这也反映了中国读者对报纸的极大信任。因为总是有大量的读者去购买,并不辞辛苦地大段大段地阅读。美国很少有这种勤奋、严肃的读者。"

那么,麦克是如何在英文报道中,把乏味单调的中文新闻编写得更有趣呢? 麦克说:"我必须经常用'糖衣'裹着关于中国的报道,以吸引读者的注意。我不得不这样写新闻:'这是中共第一次公开指责毛在文化大革命中的错误';或者'这是解放后第一位西方记者访问贵州省';或者'自杀这个话题有史以来第一次得到公开讨论'。"麦克也承认,美国报纸在编译报道中国的发展变化时也存在很多问题。如他曾报道过胡耀邦在内蒙古谈到分食制的好处,可是他的编辑却把它改为:"中国人停止使用筷子。"

研究生院毕业后,我来到新华社对外部中央新闻采编室当记者。在这里我们每天要面对堆积如山的重要会议、领导讲话、政府文件的采访报道和英文编译。在刘其中等老师的指挥和指导下,中央新闻采编室参与了每年的两会报道、党代会报道、中共中央六中全会关于精神文明决议新闻编译、中纪委反腐败文件新闻编译、邓小平治丧文件新闻编译、香港回归重要文件新闻编译、长征六十周年新闻编译、江泽民中央党校讲话新闻编译,以及国务院新闻办发布的妇女白皮书、儿童白皮书、西藏白皮书、环境白皮书、人权白皮书、国防白皮书等的新闻编译与报道。

在这些重要文献的英语新闻编译中,最大的挑战就是把那些乏味单调的政治性文件裹上"糖衣",吸引西方媒体和读者的关注。在新华社对外部一次研讨会上,我建议无论是会议新闻、领导讲话、政府文件、新华社国内稿或是《人民日报》文章,我们都应该采取一种清新的风格来编译。其中包括：一事一报或一人一报。切忌笼统的成就稿、总结稿、先进人物或事迹稿；每篇稿件必须有一个新闻故事，没有故事不要写；注意导语的写作，用导语吸引人；要有新鲜的直接引语，直接引语要超过全文篇幅的一半；要有令人难忘的细节描写，使稿件生动、感人，有很强的现场感；每篇稿件要包涵一个新思想或新启示；文笔朴实、流畅，讲求可读性和轻松；不要使用形容词和政治上或专业上的套话和术语；不论领导讲话多长、文件多重要，每篇新闻稿编译的字数不得超过1 000字。

对于当时我们这群年轻人在这方面做出的努力和创新，刘其中等一批新华社开明的资深编辑总是给予鼓励。

半年前，刘其中教授通过电子邮件告诉我，他正在同时写作两本书：《汉英新闻编译》和《英汉新闻翻译》。他希望我给这两本书写序言。对刘老师的约稿要求，我唯一的选择是恭敬不如从命。因为刘老师是我十分敬重的学兄、师长和上司。

1978年，刘其中老师考入中国社会科学院研究生院新闻系读研究生，我刚考上大学。1985年我考入社科院新闻系时，刘老师已经是新闻系的兼职教授。三年后我离开研究生院到新华社对外部当记者，刘老师是对外部副主任，每天像师傅带徒弟一样，坐在新华社发稿中心耐心地指挥我们这帮年轻人采访、写作新闻和编译重要的中文稿件。

刘其中老师是"文革"后的中国第一批硕士研究生，更是社科院研究生院新闻系这所当时被称为"中国新闻界黄埔军校"的首批学生。刘老师在回忆当时在社科院读书往事时说，新华社破天荒地为这个专业聘请了一位美国教授，叫詹姆士·阿伦森。阿伦森在美国曾做过《国家》(Nation)杂志的总编辑，后来在纽约亨特学院当教授。他的教材都是根据美国的教科书、结合中国的情况临时编写的。他有个大纲，一边编写，一边讲授。最让刘老师他们这批中国学生受益的是美国老师教授新闻写作的方法。他讲完一个题目就布置一份作业，逼中国学生外出采访。美国老师改作业非常认真，非常细致。导语、标题、文字、拼写，都一一改过，一丝不苟。

2006年，我邀请刘其中老师来清华为研究生讲授汉英新闻编译课程。刘老师身体力行了30年前阿伦森教授的教学传统和方法。他不仅认真修改学生的作业，更花了大量的时间，把在学生作业中发现的具有典型意义的问题，收集整理，加以引述和点评，编译了这本教材，最终写成了现在这本《英汉新闻翻译》。

最后，我要在《英汉新闻翻译》和其姊妹篇《汉英新闻编译》即将出版之际，对刘其中老师对清华大学重新开设英语新闻采编专业用心的劳动表示深深的谢意。刘老师是在用一颗炽热的心给清华学生上课，他是希望培养一批务实的英语新闻人才，帮助中国战胜西方某些势力给中国制造的一个接一个的全球传播"噩梦"。

2008年8月1日于萨尔茨堡

作者的话

近几年来,新闻翻译问题一直困扰着我国的大众传媒。一方面,传媒事业的迅猛发展急切需要大量的新闻翻译(翻译人员及翻译稿件);另一方面,新闻院校却很少提供新闻翻译课程,教师有限,教材奇缺,致使翻译人才连年成荒,制约着新闻事业的更快发展。更可怕的是,传媒高层很少有人认识到这个问题的突出和严重,因而也很少采取措施予以补救和改善,致使这个矛盾年复一年,看不到缓解的希望。

清华大学新闻与传播学院是最早认识并采取措施解决这一矛盾的新闻院系之一。还在建院之初,清华就开设了英汉新闻翻译课程和英语新闻写作课程,稍后又提供了汉英新闻编译课程,使毕业生不仅具备了新闻采访和编辑的能力,同时还增添了英语新闻写作、汉英新闻编译和英汉新闻翻译的本领。

然而,囿于我国新闻翻译界的现状,即便像清华大学新闻与传播学院这样的高等学府,也仍然摆脱不了相关教师和教材紧缺的困扰。

2006年秋,作者应清华大学新闻与传播学院常务副院长李希光教授之邀,作为高级访问学者来清华为研究生讲授"英汉新闻翻译"和"汉英新闻编译"课程。当时没有专用教材。2000年至2004年,作者在香港树仁学院(今香港树仁大学)任教时曾编写过新闻翻译和英语新闻写作教材,但那是专为香港本科学生编纂的。作者虽曾苦苦搜寻其他参考教材,但始终没有成功。

任务急迫。在这种情况下,作者只好从头做起,自己动手编写教材,基础是作者在香港写就的高级英语新闻写作讲义和在中国人民大学出版社出版的《新闻翻译教程》(以下简称《教程》)。经过一年的讲授,参考学生的反映和练习,最终完成了《英汉新闻翻译》和《汉英新闻编译》两部书稿。

鉴于《汉英新闻编译》也将同时出版,其编写情况及主要内容当有专门介绍,此处从略。

《英汉新闻翻译》虽然是以《教程》为基础编写的,但因教学对象截然不同,时空也发生了变化,因此,作者在讲授前后对其进行了大幅度修改。

修改一:

《教程》把英汉新闻翻译和汉英新闻翻译合二为一,一学期讲完。受课时所限,入选内容备受制约,而《英汉新闻翻译》则把《教程》中的汉译英部分删除,专门讲授英汉新闻翻译;汉英新闻翻译部分已经并入同时完稿的《汉英新闻编译》。两本教材,各有侧重,一学年讲完。

修改二：

《教程》的讲授对象是香港的大学生,因而书中的例文、例句多涉香港事务;后者的教学对象主要是内地大学的研究生。根据这一情况,作者对《教程》的内容作了大幅调整,改写了部分章节,增添了许多论述和资讯,提高了教材、例文、例句的深度和难度。

修改三：

《教程》没有学生的练习,缺乏师生间的学术互动。《英汉新闻翻译》则增加了学生的翻译习作和教师的点评,有利于教学相长及教学效果的提高。

修改四：

新书对《教程》中已发现的错漏作了订正和补充。

《英汉新闻翻译》和《汉英新闻编译》是姊妹篇,其中虽然不乏作者的劳动,但均饱含着清华学子的智慧、合作与友情。在这里,我想对同我在清华教室里一起探讨英汉、汉英新闻翻译和编译的清华学子表示诚挚的感谢,感谢他们在治学方面的辛勤付出,也感谢他们同意我在本书中引述他们的习作。没有他们的这些贡献,拙作就不可能达到高校专业教科书的水平。

应当说明的是,因为教学及讲解的需要,书中引述的学生习作多数都是其中有问题或有错误的部分,这些问题或错误绝非他们习作的全部,当然也不能代表他们的实际英语和翻译水平。

在以上两门课程的教学过程中,清华大学博士研究生相得宝一直担任我的助教。他在英语、翻译方面的扎实功底和热情有加的协助,保证了教学任务的成功完成。在拙作的成书过程中,他的无私帮助同样令我感动。在此,作者再次向他表示感谢。

"英汉新闻翻译"和"汉英新闻编译"课程的开设源于李希光教授的决策,拙作的成书也与他的"压力"不无关系。如果这两本书稿能为我国新闻教学领域填补一项空白的话,我想,功劳至少应有他的一半。

在这两本书稿付梓之前,李希光教授又在百忙之中兢兢业业地为它们作序,这件事情本身就使拙作增辉。在此,作者谨向李希光教授表示敬意与感谢。

能力和时间所限,书中定有许多疏漏,真诚欢迎读者随时指正,以便再版时予以订正、修改、充实或更新。

作　者
2008 年 3 月于北京

目录

N

     英汉新闻翻译

第十二章　新闻编译（中） ……………………………………………… 213

　　一、新闻稿编译过程 …………………………………………………… 214

　　二、新闻稿编译 ………………………………………………………… 214

　　三、新闻编译原则 ……………………………………………………… 233

　　四、通常需要编译的新闻题材 ………………………………………… 233

第十三章　新闻编译（下） ……………………………………………… 235

　　一、编译练习及点评 …………………………………………………… 236

　　二、新闻编译参考练习 ………………………………………………… 250

第十四章　翻译稿行文体例 ……………………………………………… 263

　　一、中文新闻稿行文体例 ……………………………………………… 264

　　二、图片说明翻译 ……………………………………………………… 265

　　三、外国人名、地名翻译 ……………………………………………… 267

　　四、缩合语翻译 ………………………………………………………… 268

　　五、译文中的标点符号 ………………………………………………… 271

　　六、新闻翻译常用工具书 ……………………………………………… 273

参考文献 ……………………………………………………………………… 277

附录一　世界主要通讯社 ………………………………………………… 279

附录二　世界主要英语电视台及电台 …………………………………… 281

附录三　世界主要英文报纸 ……………………………………………… 283

附录四　世界主要英文杂志 ……………………………………………… 289

附录五　美国、英国主要政府机构及职务名称 ………………………… 295

附录六　美国总统和英国首相英汉姓名对照表 ………………………… 299

附录七　美国各州的别名对照表 ………………………………………… 303

附录八　美国城市的别名 ………………………………………………… 307

附录九　美军、英军军衔 ………………………………………………… 311

附录十　联合国主要机构名称 …………………………………………… 315

附录十一　其他主要国际组织机构名称 ………………………………… 317

附录十二　不用汉语拼音拼写的英文人名的汉译 ……………………… 319

CHAPTER

第一章

新闻翻译概论

一、翻译、新闻翻译、英汉新闻翻译

1. 什么是翻译？

我国的权威工具书《中国大百科全书》对翻译的界定是：翻译是"把已说出或已写出的话的意思用另一种语言表达出来的活动"。[①]我国的另一部权威工具书《辞海》则认为：翻译"是把一种语言文字的意义用另一种语言文字表达出来"。[②]《美国大百科全书》的界定与此有些类似，它写道：Translation is "the act of rendering a work of one language into another".（翻译是"把用一种语言写成的作品转化为另一种语言作品的行为"。）[③]

台湾有位叫纪华煌的学者，他在《浅说新闻翻译》一书中引述了一位研究生的论文，该论文提出：翻译是"以甲种语文，传达乙种语文所代表的思想。就其过程言，是先以思想理解语文，再以语文表达思想；就其效果言，则前后两种思想愈相似，译品愈真"。[④]

我国有位英语教授叫范仲英，他在《实用翻译教程》一书中对翻译做了如下界定："翻译是人类交流思想过程中沟通不同语言的桥梁，使通晓不同语言的人能通过原文的重新表达而进行思想交流。翻译是把一种语言（即原语）的信息用另一种语言（即译语）表达出来，使译文读者能得到原作者所表达的思想，得到与原文读者大致相同的感受。"[⑤]

上述定义都有一定道理，但作者以为范仲英教授的界定更加全面、更为科学。它不仅从宏观上（从社会的角度）阐明了翻译的过程和意义，而且还从微观上（从读者的角度）强调了翻译应该达到的目的和应该起到的作用。

2. 什么是新闻翻译？

参考范仲英教授提出的翻译定义，根据传播学的特点，作者认为，新闻翻译可作如下界定：新闻翻译是把用一种文字写成的新闻（原语新闻，News in Language A）用另一种语言（译语语言，Language B）表达出来，经过再次传播，使译语读者（Language B readers）不仅能获得原语新闻记者所报道的信息，而且还能得到与原语新闻读者（Language A readers）大致相同的教育或启迪，获得与原语读者大致相同的信息和/或文学享受。

为什么在谈到获得"教育"、"启迪"或"享受"时，都要附加一个"大致相同"的限定？这

---

①　《中国大百科全书　语言文字卷》，69 页，上海，中国大百科出版社，1988。

②　《辞海》（缩印本），1940 页，上海，中国辞书出版社，1979。

③　*Encyclopedia Americana*，Vol. 27，Connecticut：Glolier Incorporated，Danbury，1985，p. 12.

④　纪华煌：《英文新闻电讯翻译研究》，台湾政大新闻所硕士论文（未发表），1970。

⑤　范仲英：《实用翻译教程》，13 页，北京，外语教学与研究出版社，2006。

是因为：一、原语新闻记者和译语新闻翻译人员是两个不同的人，他们的背景千差万别；二、原语新闻的读者与译语新闻的读者是两个完全不同的群体，他们的情况也大相径庭；三、两种语言、两种文化各有特点，用不同的语言文字表达发生在大千世界的新闻信息，却要产生相同的效果，几乎是不可能的。以对"9·11"恐怖袭击事件的报道为例。事发当天，英语新闻报道可谓铺天盖地，不同国家的新闻翻译工作者肯定都曾把有关新闻报道翻译成本国语言在本国或本地区媒体上广泛传播，但它在读者中引起的反应肯定大不相同。影响传播效果的当然有其政治和社会因素，但以上3种情况也起着重要作用。

3. 什么是英汉新闻翻译？

新闻翻译涉及两个专业领域：一是把中文新闻翻译（更多地是编译）成英文，也即汉英新闻编译；二是把英文新闻翻译成中文，也即英汉新闻翻译。

汉英新闻编译是把用中文写成的新闻（或用中文采访获得的信息），通过翻译和编辑的方法处理成英文新闻进行再次传播的新闻报道形式。汉英新闻编译集英语新闻写作、新闻翻译、新闻编辑于一体，三种创造性劳动几乎同时进行。它是对外英文新闻传播的主要形式，是一个特殊的新闻报道专业，是一种特殊的新闻写作技巧，是一门特殊的新闻专业课程。

汉英新闻编译其实就是一种对外英语新闻写作，两者的区别在于：前者仅以中文稿件或中文资料为基础，而后者则没有这样的限制。

汉英新闻编译既包括新闻编辑，也包括新闻翻译。但多数情况下，它是用编译的方法完成的。鉴于这一原因，作者拟将"汉英新闻编译"这一专业课程的英文名称定为"News Writing in English Based on Information in Chinese"。

英汉新闻翻译则是把用英文写成的新闻用中文表达出来，经过再次传播，使中文新闻读者不仅能获得英文新闻记者所报道的信息，而且还能得到与英文新闻读者大致相同的教育或启迪，获得与原语读者大致相同的信息和文学享受。

英汉新闻翻译包括新闻翻译，也包括新闻编译，但它更多的是新闻翻译。因此，作为一门专业课程的名称，作者更愿意把它译为"News Translation"或"News Copy Translation"。

"英汉新闻翻译"与"汉英新闻编译"是两门理论上相通、实践上相近的课程，但两者的差异性远远大于它们之间的共同性。

英汉新闻翻译主要是把英文新闻翻译成中文新闻，供各中文媒体进行再次传播。汉英新闻编译则是把用中文写成的新闻通过翻译和编辑的方法处理成英文新闻，供各英文媒体进行再次传播。它是我国对外英文新闻报道的主要形式。

英汉新闻翻译和汉英新闻编译都是新闻传播的重要手段，都强调真实和时效，都采用"倒金字塔"体例进行写作，都以其报道内容的传播价值服务于广大受众。它们之间最大的不同在于：

前者主要是对内，后者主要是对外；

前者主要是中文新闻翻译，后者实际上就是英语新闻写作；

前者的成功主要取决于对英文新闻的理解，后者的奥秘主要蕴藏于驾驭英文的能力。

学好这两门课程、做好这两种工作取决于许多因素，其中包括具有深厚的英文和中文底蕴，具有较高的新闻敏感、知识水平和政策把握能力等。学好汉英新闻编译课程、做好汉英新闻编译工作的关键在英文表达，而学好英汉新闻翻译课程、做好英汉新闻翻译工作的关键则在于能准确地理解英文原文。

英汉新闻翻译是一门专业，一种职业，一座桥梁，一种艺术。它能使只懂中文的读者也能获悉用英文采集和报道的新闻。它能帮助中文读者扩大视听范围，增加获得信息的数量和质量，增长见闻和知识，提高分析和判断问题的能力，使自己在激烈的社会竞争中处于比较有利的地位，更好地参与国家和社会管理，更有效地行使当家做主的权利和履行当家做主的义务。

英汉新闻翻译是一个既老又新的专业。说它老，这是因为它几乎与我国的现代报纸同时诞生，同步发展，绵延至今；说它新，这是因为它一直没有受到应有的重视。时至今日，它依旧是一门正在为自身的存在和发展呐喊的学科。在大陆，开设新闻翻译课程的新闻院系虽在逐渐增多，但迄今为止，系统讲授新闻翻译的专著鲜有所见。在香港地区和台湾地区，新闻翻译课程虽然开设较早，但在书店里，人们也很难买到专门讲授新闻翻译的著述。此外，在大陆、港澳、台湾的新闻传播学术刊物上，探讨新闻翻译或新闻翻译教学的论文也属凤毛麟角。

英汉新闻翻译教学和英汉新闻翻译实践的开拓和发展还有赖于青年新闻学子承担责任，辛勤耕耘，打出一片新的天下。

二、为什么要学习英汉新闻翻译

开设英汉新闻翻译课程，学习新闻翻译技巧，至少有以下 6 个方面的意义和必要。

（1）它是我国社会发展、经济发展的需要。在当今世界上，80％以上的新闻信息是用英文写成和传播的。由于我国能用英文直接获取英文信息的人数仍然有限，学习新闻翻译，培养新闻翻译人才，让更多的国际新闻信息大量、快速地在我国传播，一直是当务之急。

（2）它是我国新闻传播事业发展的需要。在我国，国际新闻的翻译和发布主要是由新华社负责实施的。同样也向国外派驻记者的中央电视台和中国国际广播电台只能通过自己的媒体向国内报告国际新闻,无权把自己的采访成果向国内其他媒体转发。另外,外国的新闻媒体也一直希望在中国直接发展新闻用户,但都没有成功。

由新华社独家向国内媒体提供国际新闻的做法,保证了新闻翻译的准确和新闻信息的正确导向,但却无助于新闻信息更多、更快、更广泛地在中华大地传播。

20世纪末,网上传播蓬勃兴起,其信息量之大、之快、之广,让人瞠目结舌。仅由一家媒体翻译和提供国际新闻的做法已经很难适应传播事业发展的需要。各个媒体不约而同地转向网上媒体,希望从那里得到它们更为需要的信息。

在这种情况下,开设新闻翻译课程、大量培养新闻翻译人才就成了刻不容缓的事情。

(3) 新闻翻译是记者的一种基本功。不善翻译就等于武艺不全,工夫不够,本事欠缺。

作者认为,作为全能记者,他至少应具备以下7个方面的能力:

——采访(既能用中文采访,也能用英文采访)

——写作(既能用中文写作,也能用英文写作)

——翻译(既能中译英,也能英译中)

——编辑(既能编辑中文稿件,也能编辑英文稿件)

——摄影(不仅能摄影、摄像,同时还能用中文、英文写作图片说明)

——使用电脑(写作、查询、交流)

——驾驶汽车

熟练掌握以上7种本领,大都离不开学习英语,大都与新闻翻译密切相关。

(4) 掌握了新闻翻译,就多了一门专业技能,多一条出路,多一份前程。

(5) 更好地学习西方的新闻写作方法和技巧。

作者认为,香港《大公报》把新入社的大学生先派至翻译科从事一年新闻翻译的做法就很有眼光:可令初出茅庐的年轻人学习西方新闻的写作方法,开阔眼界,扩大知识面,增强驾驭中文的能力。

(6) 可以帮助提高记者、编辑的英语水平。

三、讲授方法和学习提示

1. 新闻翻译讲授方法

(1) 强调理论与实践结合,重视课外翻译练习。理论讲授只占不足一半时间,重点从事翻译练习和讲评,力求把理论讲授与翻译实践结合起来。课程共安排了4次大型翻译作业,对每次作业都要系统讲评。讲评时既讲翻译的优劣成败,也讲相关的翻译理论。讲评是本课程的重要组成部分。

（2）学生最终成绩的评定在很大程度上取决于堂上练习和平时作业。

2. 学好新闻翻译的提示

要学好新闻翻译必须具备以下条件,或在以下方面多下工夫:

（1）具备扎实的英文和中文功底。英汉新闻翻译一靠正确地理解英文原文,二靠准确的中文表达。夯实英文和中文这两个基础,才会突破可能遇到的种种制约。

（2）学好新闻专业课程,提高判断新闻和分析问题的能力。

（3）广泛涉猎和掌握国际知识。

（4）在翻译过程中,要强调三多:多动脑筋,多查字典,多向他人请教。

四、新闻翻译的特点

新闻翻译与文学翻译、科技翻译很不相同,它至少有以下 4 个特点。

第一,新闻报道是一种高时效、高强度的工作,新闻翻译也必须在时效压力下高速度地进行,必须速战速决,容不得拖泥带水,不可能精雕细刻,但也不能粗制滥造,草率应付。

新闻翻译人员必须具有较高的素质,具备较高的新闻、原语和译语语言文化修养。他们一般都在夜间工作,必须在指定的时间内拿出成品,而且质量也能达到见报水平。

1998 年 9 月 11 日,美国国会举行克林顿总统丑闻听证会,美国的电视系统在中国时间晚上 9 点 26 分开始实况转播,凌晨 1 点半转播完毕。美联社从晚上 9 点 45 分开始逐节播发,凌晨 2 时发完。对于这样的新闻,香港《苹果日报》等通俗报纸当然要大登特登。9 月 12 日,《苹果日报》用了 3 个整版报道此事。常识告诉我们,报纸必须在凌晨 3 点以前全部发排,否则,就不可能赶在天亮之前把报纸送上报摊。这就是说,那天夜间,《苹果日报》用于翻译和编辑的时间总共不过三四个钟头。人们可以设想,那一夜《苹果日报》就克林顿"丑闻新闻"的翻译工作投入了多少人力,他们的工作会是多么紧张。遇到这种情况,没有高素质的专业翻译人员,是无法保证在截稿之前完成全部翻译任务的。

第二,译语新闻必须体现新闻写作的主要特点。译语新闻一般也应采取"倒金字塔"结构,导语应"片言居要",开门见山,或概括新闻的主要内容,或披露新闻中的新闻;在新闻的主体部分,要把重要新闻事实尽量安排在前面,相对次要的新闻事实则以其重要程度依次摆放;在行文方面,要言简意赅,通俗易懂,令尽量多的读者能顺利阅读,迅速理解。

译文应像原语新闻一样,在开篇之初就要把事件的梗概(包括什么人、在什么时间、在什么地方、讲了些什么话或做了些什么事情,即西方新闻学提出的 4 个 W)交代清楚。如果发现在原语新闻中"新闻中的新闻"被埋没在新闻稿的后部,新闻翻译有责任,也有义务将其挖掘出来,安排在新闻稿前面的几个段落里。

　　像原语新闻一样,译语新闻的读者对象也是社会背景、文化水平大相径庭的读者群。为使广大读者都能顺利阅读和迅速理解译语新闻,译文应该做到通俗易懂、文字流畅,切忌使用令人费解的晦涩文字。

　　这就是说,用译语语言翻译出来的新闻除了必须与原语新闻的内容保持一致之外,还必须具有新闻写作的专业文风。

　　第三,与文学翻译、科技翻译不同,新闻翻译可以根据二次传播的需要全文译出,也可根据实际情况进行编译,对部分文字作些必要的增删或顺序调整。

　　新闻翻译的目的是让以原语语言写成的新闻能在其他国家或地区进行二次传播,而二次传播的受众是与原语新闻读者很不相同的读者群。他们的背景情况可能存在着巨大差异。某些事情对原语读者来说可能已经家喻户晓,但对译语读者来说则可能十分陌生。相反,某些事情对原语读者来说可能知之不多,记者在写作新闻时往往会添加一些必要的背景或解释,但对译语读者来说,这些背景或解释则可能显得多余或者累赘。美联社在报道战死在伊拉克的美军士兵时,一般都会写明他们的军衔及其家庭所在的州县,但对中国读者来说,这类信息就会显得过于细碎,翻译时最好将其剔除。

　　鉴于这些情况,作为二次传播工作者的新闻翻译,有必要,也有义务在翻译过程中对文字稍作增减,甚至提供原语新闻中没有的背景或解释,以帮助译语读者顺利阅读新闻、理解新闻。有条新闻里曾出现过这样一个句子:I have a meeting with the Skeezix people in, like 20 minutes. 翻译时,你当然可以把它译为"再过大约 20 分钟,我要和'斯基齐'那帮人开个会"。但是,"'斯基齐'那帮人"是什么人? 对此,读者一般都会感到茫然。因此,负责的新闻翻译最好能对"斯基齐"稍作解释(如在括号里注明:"'斯基齐'是表示蔑视的俚语,指彻底失败或不明就里的怪人——译者注")。若此,你的译文就会获得更好的传播效果。

　　新闻编译是一种十分特殊的翻译方法。在编译过程中,翻译人员既做翻译,又当编辑,既可删减,又可根据读者的阅读需要适当增加部分内容,把一条长达 1,000 字的新闻编译成一条只有 500 字的短消息,或者把两条、三条甚至更多的新闻综合编译成为一条"既博取众长又不违背原意"的综合报道。这种情况在其他专业翻译中是不多见的。

　　第四,要对二次传播的受众高度负责,译文应力求准确,避免错误。

　　新闻消息与文学作品不同。后者的出版周期较长,编改方面比较从容,译文中的错漏相对少些。新闻消息一般都是在时效压力之下"抢"出来的,出错的机会相对大些,错漏相对多些。新闻翻译属二次传播工作者,与采写原语新闻的记者不同,他们的时效压力相对较小,因此,当发现原语新闻中的错误时,他们不能"将错就错",照译照发。他们有责任,也有义务将错漏予以订正,令二次传播的受众不致再被误导。如明知原文有错,还要照译、照登、照播,那么,二次传播的媒体就负有与首次传播工作者相同的误导责任。

五、新闻翻译的方法

新闻翻译的方法,按译文的形式分主要有全文翻译、摘要翻译、综合编译 3 种。为讨论方便,让我们把这些翻译方法简化为全译、摘译和编译。

翻译时使用什么方法,主要取决于原语新闻的价值和二次传播的需要,由主管编辑决定。英文新闻(特别是通讯社播发的英文电讯稿和报纸、杂志上刊登的英文新闻)一般偏长,而中文报章的新闻尚短。因此,中文报章的编辑一般只要求翻译人员就重要的新闻进行全译,而对其他篇幅较长的新闻则取摘译或编译的方法。以下是对这些翻译方法的具体探讨:

1. 全译

全译是将以原语语言写成的新闻稿全部转化为中文新闻的翻译方法。这样的新闻一般都十分重要,二次传播的价值较高,且篇幅又相对较短。翻译时,必须逐段,甚至逐句进行,既要译出原语新闻的深层含义,又要保留它的基本结构和风格。对其内容,翻译人员不能随意进行增减。当然,为使译文符合译语语言的表达习惯而进行的语句调整不在此列。

2. 摘译

摘译是翻译人员根据"本媒体"的编辑方针只将原语新闻中值得进行二次传播的部分转化为译语新闻的翻译方法。进行这样翻译的原因主要是原语新闻的新闻价值虽然较高,但其中有些"本媒体"认为没有必要进行二次传播的内容,或是原语新闻篇幅过长,"本媒体"没有足够的版面或播出时间对全文翻译稿进行再次传播。

摘译应该选择原语新闻中最为重要的部分进行翻译。但是,哪些部分最为重要,必须进行翻译,哪些部分不甚重要,可以删减剔除,不同的媒体会有不同的判断标准。因此,根据同一条原语新闻摘译而成的译语新闻,其重点、取向可能会有较大的差异。摘译不应违背原语新闻的中心思想或深层含义。译文也应尽量保留原语新闻的结构和风格。

3. 编译

编译即新闻编译，它是通过翻译和编辑的手段，将以原语语言写成的新闻进行翻译、综合、加工，使之成为用译语语言表达出来的新闻的翻译方法。与原来的新闻相比，经编译而成的新闻其内容更集中、更精练、更宏观，更便于二次传播，也更适合于译语语言读者阅读和理解。

新闻之所以需要编译，一般都是因为它存在这样那样的缺憾：或者篇幅太长，或者内容重复，或者其中含有不符合"本媒体"编辑方针的内容。编译过程"动作"较大，删除的内容可能较多；当诸多内容、段落被删除之后，需要增写必要的字词、语句以便把保留下来的部分编串起来，确保文字的通顺与流畅，避免过大的起伏或跳跃。此外，为便于读者阅读和理解，编译时允许在被编译的新闻中增加少量的背景性材料。

编译是媒体采用最多的新闻翻译方法。由于编译允许进行适当的增减，这就为媒体"悄悄修改"原语新闻中的某些内容带来了可能。遇有个别有悖"本媒体"编辑方针的段落或字句，或遇有个别新闻价值不大，但翻译起来却十分困难的字句或段落，翻译时往往"适当从简"。这对某些政治倾向十分强烈的媒体来说，以及对某些时效压力太大的翻译来说，当然是件求之不得、"两全其美"的事情。对于这一点，作者并不赞赏，但这种做法却是普遍存在于新闻翻译界的现实。

还应说明的是：不论是全译、摘译、还是编译，译文的中心思想和深层含义都应与原语新闻基本保持一致。在见报时，不论是全译、摘译还是编译，都应尊重原语新闻的采编或播发机构，注明这些新闻的来源或出处。

六、新闻翻译的过程

翻译是项艰苦的、创造性的劳动，有理解原文、翻译表达和检查修改 3 个过程。

1. 理解原文

理解原文的过程是新闻翻译的第一阶段，它的任务是读懂原文。这是英汉新闻翻译成功与否的关键。在把原语新闻读懂之前，千万不要急于动笔。看不懂原文就开始翻译，那叫盲目翻译，那样翻译出的文字会不乏译者的猜测，背离原语记者的本意，甚至可能会南辕北辙，风马牛不相及，以致闹出笑话。

1999 年 5 月 29 日，香港《苹果日报》翻译、刊登了一篇题为"中国需要美国"的书评。遗憾的是，译者显然没有看懂原文就胡乱翻译。那本书的英文书名是：*ABOUT FACE——A History of America's Curious Relationship with China from Nixon to Clinton*，字面的意思是：《大转弯——从尼克松到克林顿的美中奇异关系史》。但是，上述报纸的那位翻译竟把它译成了：《关于面子——从尼克松到克林顿的中美奇特关系史》①。如果新闻翻译都这样进行，那我们新闻翻译界的面子可就再无"面子"可言了。

2003 年 6 月 9 日，美国希拉里·克林顿推出了她的新著 *Living History*，一时间，各国媒体都争先恐后发表书评，说长论短，品头评足，其中仅书名的汉译就出现了十几个版本，如：《活历史》、《鲜活的历史》、《活着的历史》、《真实的历史》、《现实的历史》、《活生生的历史》、《生活史》、《熬过历史》、《活出历史》、《走过历史现场》、《一同走出历史》，等等。这些译名之多，其含义相去之远，实在令人感叹。这事说明，那些评论家恐怕多半都还没有看过原著，书名只是按照字面的意思生硬翻译出来的，否则，就不会在理解方面出现如此重大的歧见。

2003 年 8 月，南京译林出版社出版了潘勋等人翻译的 *Living History*，书名定为《亲历历史——希拉里回忆录》，作者拜读之后，顿觉豁然开朗，疑团尽释。这个译名既贴近原文，又忠实于原意；既言简意赅，又富有文采。若以严复的"信、达、雅"标准衡量，三方面都可定为一流，其水平之高，令人叫绝。

上述事例说明了这样一个道理：翻译开始之前，第一要务是读懂原文，在此之前，万万不可仓促上马。为了读懂原文，应提倡一种悉心钻研、不耻下问的精神。凡是遇到看不懂的字句或段落，首先要查看字典，"上下求索"，反复推敲。如查过字典后仍然弄不明白，要勇于向周围的同事请教。对于年轻的翻译工作者来说，在翻译过程中看不懂原文或没有完全看懂原文的情况会经常发生。这种事情十分正常，完全不必感到不好意思。

2. 翻译表达

读懂原文以后，翻译将是一件比较顺利的事情。翻译的责任在于把原语记者的意思用译语语言及其习惯表达方式尽量准确地表达出来。其间，当然也会遇到一些理论、方法和技巧问题，如翻译的忠实、顺畅问题，直译和意译问题等。这些问题，我们将在以后的章节里分别进行讨论。

3. 检查修改

初稿译完后，检查修改的工夫不可或缺，它的作用不可小视。检查时，首先要检查译文在中心思想和主要观点方面是否与原文一致，是否准确表达了原语新闻的主要意思。其次要检查译文使用的语言是否符合译语语言的表达习惯。再次要检查译文中出现的人名、地名、机构名称、日期、数字、典故、史实等是否准确无误。在确信译文已能体现自己的

---

① 《苹果日报》，1999-05-29。

最高翻译水平以后,方可放心地把它交给主管编辑。

七、新闻翻译的标准

在我国近代翻译史上,系统的翻译标准最先是由清末民初的严复先生提出来的。他在《天演论》中译本的译例言中写道:"译事三难:信、达、雅。求其信已大难矣。顾信矣不达,虽译犹不译也。""至原文词理本深,难于共喻,则当前后引衬,以显其意。凡此经营,皆以为达,为达即所以为信也。"[1]显然,"信、达、雅"就是严复翻译理论的核心,也是翻译的标准。

严复主张的"信",就是要译文的"意义不倍(背)本文",就是要忠实,就是要准确无误,就是要在正确理解原文的基础上,用中文准确地表达出来。

关于"达",他主张"前后引衬,以显其意",译文应融会贯通,顺达流畅,明白易懂。

严复主张的信和达是统一的、辩证的、互补的。他认为,只信而不达,人家看不懂,译了等于没有译;只达而不信,文字看起来华丽,读起来顺畅,但却背离了作者的原意,则"虽译,犹不译也"。

严复还主张,"信达而外,求其尔雅"。"用汉以前字法句法,则为达易,用近世利俗文字,则求达难。"显然,严氏对用古文从事翻译情有独钟,他主张应该用古汉语来翻译外国名著,文字必须是上等的文言,否则就不能登大雅之堂。他甚至提出:"与其伤雅,毋宁失真。"在这种思想指导下,他翻译的东西往往晦涩难懂,失真严重,不像翻译,更像改写或改编。可见,严复把"雅"与"信""达"对立了起来。一个"雅"字破坏了他的翻译理论的完整性和系统性。

但是,从总体上看,在当时的历史条件下,严复先生能够提出"信、达、雅"的理论已属非常难能可贵,因为他的这些主张大体上反映了翻译工作的基本规律,是对当时中国翻译工作的比较系统、比较完整的理论总结。严复翻译理论的缺陷主要出在那个"雅"字上。

其实,译文的雅与不雅,主要决定于原文,而不取决于翻译。译文应紧随原文,不改其意,不脱其风,力保其形。译者不可凭个人好恶,揠苗助长,任意增删。关键是要译出原文的风格和韵味。如果原文不雅,粗俗淫秽,拖泥带水,译文绝对不可能"高雅"起来。如果一篇文章里多次出现类似"Damn it"或"Son of a bitch"之类的脏字、脏话,即便你是位超一流的"高翻",也不可能把它翻译出"又红、又红的玫瑰"(the red, red rose)。更何况,严氏主张复古,用古文进行翻译,这就有点脱离现实,违背时代精神。因为,就是在严复的时代,提倡白话文也已渐成潮流。

---

[1]　严复:《天演论》:"译例言",1页,台北,台湾商务印书馆,1970。

再后,至民国年间,有位叫林语堂的学者提出了"忠实、通顺、美"的翻译标准。他说,翻译的标准有3个方面。"第一是忠实标准,第二是通顺标准,第三是美的标准。这翻译的3层标准与严氏的'译事三难'大体上是正相比符的。忠实就是'信',通顺就是'达',至于翻译与艺术文(诗文戏曲)的关系,当然不是'雅'字所能包括。倘是照桐城吴进士①'与其伤洁,毋宁失真'衣钵真传的话为原则,为叫起来方便,就以极典雅的'信、达、雅'三字包括这三方面,也无不可。"②

关于"美"的问题,林语堂说,翻译于必信必达之外,"还有美一方面须兼顾的。理想的翻译家当将其工作看做一种艺术(translation as a fine art)。且所译原文,每每属于西洋艺术作品,如诗文小说之类,译者不译此等书则已,若(译)此等书则于达用之外,不可不注意文字之美的问题。"③

作者以为,林语堂提出的"忠实、通顺、美"的翻译标准与严复的"信、达、雅"其实没有多少差别。就连他自己也认为,严复用"信、达、雅"3个字来概括"也无不可"。他承认"忠实"就是"信","通顺"就是"达",而"美"是指在翻译艺术作品时要特别注意语言文字的美。这与严复提出的用文言翻译外国名著以求"尔雅"何其相似,所不同的只是林先生并不强调使用文言进行翻译而已。

在中国大陆,张培基等4位教授在他们合著的《英汉翻译教程》中写道:"我们主张把翻译标准概括为忠实、通顺四个字。"④他们认为,所谓忠实,首先指忠实于原作的内容,也指保持原作的风格。所谓通顺,即指译文语言必须通顺易懂,符合规范。显然,张培基等教授把严复的"雅"和林语堂的"美"融入了"信"、"达"以及"忠实"和"通顺"。这实际上是用两个概念涵盖了原来3个概念的内容,这种解释当然无可挑剔。

根据以上议论,翻译的标准基本还是落实在了严复提出的"译事三难"之上。人们只要把对那个"雅"字的解释尺度稍放宽些,这"信、达、雅"3个字就可成为比较完美的翻译理论。根据这一构想,翻译标准是否可做这样概括:在内容上,翻译要忠实于原作;在文字上,要力求顺达流畅;在文风上,应与原文保持一致。也就是说,翻译必须"忠于原文、顺达流畅、保持原文文风",或者说,翻译必须"忠实表达原文的内容和风格,力求符合译语语言的表达习惯"。如果译文在内容和文风方面都与原文高度接近,那么,"美"或"尔雅"的问题也就跃然纸上,尽在其中了。

以上探讨的是一般文字的翻译标准。作者以为,这些标准也同样适用于新闻翻译。

但是,新闻翻译与其他文字翻译又有差别,表现在:前者必须充分展现新闻文字的体

---

① 此处指吴汝纶,吴氏亦为《天演论》作序。
② 林语堂等:《文学与语文》,台湾学文丛书第一集,104页,台北,1977。
③ 林语堂等:《文学与语文》,台湾学文丛书第一集,116页,台北,1977。
④ 张培基等:《英汉翻译教程》,7页,上海,上海外语教学出版社,1983。

例和文风,突出一个"简"字:标题要简明精练,导语要言简意赅,文字要简洁流畅、通俗易懂,适合于再次传播,易于为广大受众迅速理解和接受。作者以为,就新闻传播来说,"简明精练、言简意赅、简洁流畅"较之文字上的华美与高雅更加重要,更有意义,因此,作者建议宜将新闻翻译的标准确定为"信、达、简、雅"四个方面。

以上见解是指翻译新闻消息时的标准。如若翻译特稿、通讯、社论、署名文章等,其翻译标准则应与翻译文学作品更接近些。

当然,译语新闻的译文到底好与不好,"终审法官"应该是广大读者。如果读者在读了你翻译的新闻后,不仅能迅速获得原语新闻记者所传播的信息,理解原语新闻记者所表达的思想,而且能受到与原语新闻读者大致相同的教育和启迪,或得到大致相同的信息或文学享受,那么,你翻译的新闻就一定是上乘之作。

八、新闻翻译练习

China confirms satellite test,says no threat

By Chris Buckley（Tue. ,Jan. 23,2007）

1. BEIJING (Reuters)—China said on Tuesday it had fired a missile at one of its satellites,confirming earlier reports from Washington,but a spokesman said the test posed no threat and he knew of no plans for a second launch.

2. Chinese Foreign Ministry spokesman Liu Jianchao said the government had told the United States about the test and that he had not heard of any plan for a follow-up missile launch.

3. "What needs to be stressed is that China has always advocated the peaceful use of space,opposes the weaponisation of space and an arms race in space," Liu told a news conference.

4. "China has never participated and will never participate in any arms race in outer space.

5. "…This test was not directed at any country and does not constitute a threat to any country."

6. China had repeatedly refused to publicly say whether it knocked one its own aging satellites out of the sky with a missile on January 11 in what U. S. officials criticised as a provocative escalation of military competition.

7. On Monday,a State Department spokesman said in Washington that Chinese officials had acknowledged the test when they met U. S. Assistant Secretary of State

Christopher Hill in Beijing over the weekend.

8. Asked about China's delay in reporting the test, Liu said: "China has nothing to hide. After various parties expressed concern we explained this test in outer space to them. "

9. No current international treaties or agreements prohibit military strikes against satellites. Prior to the Chinese test, the previous launch was conducted by the United States in September 1985, and officials and experts say the debris from such tests endangers other satellites.

10. Asked about the danger posed by satellite fragments, Liu said he was not in a position to give an immediate response.

11. "This is a highly technical question," he said.

词　汇　表

Foreign Ministry spokesman Liu Jianchao
　　外交部发言人刘建超
to pose no threat　不构成任何威胁
provocative escalation of military competition
　　军事对抗的挑衅性升级

State Department spokesman　（美国）国务院发言人
U. S. Assistant Secretary of State Christopher Hill
　　美国助理国务卿克里斯托弗·希尔
debris　碎片
satellite fragments　卫星碎片

学生翻译练习及作者点评

标题：China confirms satellite test, says no threat

译文1：中国承认导弹试验，说其并无威胁性

点评："承认"一词用得不妥，"承认导弹试验"这一动宾结构也存在改进的空间；"其"字、"性"字均可删除。

译文2：中国证实卫星试验 称之不会威胁他国

点评："证实卫星试验"一语，不当。

译文3：中国证实反卫星试验 称不构成威胁

点评："证实反卫星试验"一语，不妥。

参考译文：中国证实确曾进行外空试验 强调并不构成威胁

正文：

1. BEIJING (Reuters)—China said on Tuesday it had fired a missile at one of its

satellites, confirming earlier reports from Washington, but a spokesman said the test posed no threat and he knew of no plans for a second launch.

译文 1：星期二中国证实了早先来自华盛顿的报告中的说法，承认曾发射导弹射击自己的卫星，但新闻发言人说此次试验并无威胁性，据他所知目前尚无第二次发射的计划。

点评："说"与"承认"含义截然不同，不能混用。"证实……"和"承认……"两个短语的逻辑不对，外交部发言人只是说中国曾发射过一枚导弹，"证实了……"是记者对这一说法的诠释；"目前尚无"一语，用法不当。

译文 2：中国政府称其周二向该国一颗卫星试射一枚导弹，从而证实了之前华盛顿方面的报道。中国政府发言人指出此次试验并没有对任何国家构成威胁并且没有听说计划第二次的发射。

点评：此译在文字方面多有改进空间："中国政府称其周二向该国"、"并没有对任何国家构成威胁并且没有听说计划第二次的发射"等语，宜理顺、简化。

译文 3：本周二，中国表示曾向它的一颗卫星发射了一枚导弹，证实了此前来自华盛顿的报告。但中方的一位发言人称本次试验不会构成任何威胁，同时，他并不知道有关二次发射的任何计划。

点评："表示"、"报告"、"证实了"、"中方"、"同时"等语，均应改进。

参考译文：外交部发言人刘建超 1 月 22 日说，中国曾向自己的一颗卫星发射过一枚导弹。此事证实了早些时候发自华盛顿的报道。但是，这位发言人表示这次试验并不构成任何威胁，他也不知道今后是否会有第二次导弹发射的计划。

2. Chinese Foreign Ministry spokesman Liu Jianchao said the government had told the United States about the test and that he had not heard of any plan for a follow-up missile launch.

译文 1：外交部发言人刘建超说中国政府已经将相关情况告知美国政府，到目前为止他没有听到来自政府方面后续发射的计划。

点评："到目前为止他没有听到来自政府方面后续发射的计划"一语中的"到目前为止"和"来自政府方面"等文字都有蛇足之嫌。

译文 2：中国外交部发言人刘建超说，中国已经知会美国有关此次试验，并且没有听说任何有关继续进行导弹试射的计划。

点评："中国已经知会美国有关此次试验"、"并且"等语，还可改进。

译文 3：中国外交部发言人刘建超称，中国政府已经将本次试验的消息告知了美国,他并未听说有关二次发射的任何计划。

点评:此译含义准确,唯文字上还可改进。

参考译文:刘建超说,中国政府已将此事告知美国,并说他未曾听说会有后续试验的任何计划。

3. "What needs to be stressed is that China has always advocated the peaceful use of space, opposes the weaponisation of space and an arms race in space," Liu told a news conference.

译文1:刘在新闻发布会上说:"需要强调的是中国政府一贯倡导和平使用太空,反对太空尚武主义和在太空军备竞赛。"

点评:"倡导"、"使用"、"太空尚武主义"、"和"、"在太空军备竞赛"等语宜作改进;注意标点符号的用法。

译文2:"我们需要强调的是中国一贯主张和平利用太空,反对太空武器化和太空军备竞赛"刘建超在新闻发布会上说。

点评:"我们"一词应该删除,"和太空军备竞赛"一语应予改进;"说"和说的内容之间应用标点分开。

译文3:"需要强调的是,中国一直以来都倡导和平利用太空,反对太空武器化和太空军备竞赛。"刘建超在记者招待会上说。

点评:译文精练;如能将"一直以来"和"和太空军备竞赛"等语稍作改进则更好。

参考译文:刘建超在一次新闻发布会上说:"需要强调的是,中国一贯主张和平利用外空,反对将外空武器化,反对外空军备竞赛。"

4. "China has never participated and will never participate in any arms race in outer space.

译文1:"中国从未参加过,将来也不会参加任何太空军备竞赛。"
点评:译文准确、简练。

译文2:刘建超还指出:"中国从未,也永远不会参与任何外层空间军备竞赛。"
点评:译文准确。引语的行文还可改进;如将逗号改为顿号可能会更好些。

译文3:"中国从来没有也永远不会参与任何外层空间军备竞赛。"
点评:"中国从来没有"之后如能有个顿号,顿号之后再加上"今后"两字,译文可能就会锦上添花。

参考译文:"中国从来没有、今后也永远不会参与任何形式的外空军备竞赛。"

5. "...This test was not directed at any country and does not constitute a threat to any country."

译文 1："……这次试验不针对任何国家,不威胁任何国家"。

点评:很好! 两个语组之间还可以加个"也"字。

译文 2:"……这次试验并非针对任何国家也不会对任何国家构成威胁。"

点评:译文准确,惟两个语组之间应该有个逗号。

译文 3:"……这项测试并非针对任何国家,也不会对任何国家构成威胁"

点评:"这项测试"一词,还可推敲;中文的省略号是 6 个圆点;句子写完后应该加个句号。

参考译文:"……这次试验并不针对任何国家,也不对任何国家构成威胁。"

6. China had repeatedly refused to publicly say whether it knocked one its own aging satellites out of the sky with a missile on January 11 in what U. S. officials criticised as a provocative escalation of military competition.

译文 1:中国曾屡次拒绝公开承认今年 1 月 11 日发射导弹将自己的早先发射的一颗卫星击落。此举被美国政府官员指责为军事竞赛的挑衅性升级。

点评:"屡次"、"承认"、"军事竞赛"等语还可改进;"aging",漏译。

译文 2:中国曾再三地拒绝公开其在 1 月 11 日的是否用导弹击毁该国一颗老化的卫星。因此部分美国官员批评此举为军事对抗的挑衅性升级。

点评:"拒绝公开其……卫星",似有语病;"因此"一词用得不妥;"部分"二字没有必要。

译文 3:中国曾多次拒绝公开表态是否在 1 月 11 日对太空中的一颗老化卫星进行了导弹发射,美国官员批评此举为军事对抗的挑衅性升级。

点评:"对太空中的一颗老化卫星进行了导弹发射"一语,有"死译"嫌疑。

参考译文:此前,中国曾多次拒绝公开说明它是否于 1 月 11 日用导弹击落过自己的一颗老化了的卫星。美国官员曾抨击说这一事件是军事对抗的挑衅性升级。

7. On Monday, a State Department spokesman said in Washington that Chinese officials had acknowledged the test when they met U. S. Assistant Secretary of State Christopher Hill in Beijing over the weekend.

译文 1:星期一在华盛顿,美国国务院发言人说中国政府官员上周末与美国助理国务卿克雷斯特弗·希尔会面时承认了试验。

点评："星期一在华盛顿"、"承认了试验"等语,应予改进;"克雷斯特弗·希尔"的译法应与国内规范译法一致。

译文2:在周一,(美国)国务院发言人在华盛顿称,中国官员在周末于北京会晤美国助理国务卿克雷斯特弗·希尔时曾确认该项试验。

点评:译文较好;"克雷斯特弗·希尔"的译法应与国内规范译法一致。

译文3:本周一,美国国务院的一位发言人称,上周末,中国官员在会见美国助理国务卿克雷斯特弗·希尔时已经承认了本次试验。

点评:"in Washington",漏译;"已经承认了本次试验"一语应当改进;"克雷斯特弗·希尔"的译法应与国内规范译法一致。

参考译文:1月22日,美国国务院发言人在华盛顿说,中国官员上周末在北京会见美国助理国务卿克里斯托弗·希尔时曾承认进行过这次试验。

8. Asked about China's delay in reporting the test, Liu said: "China has nothing to hide. After various parties expressed concern we explained this test in outer space to them."

译文1:当问到"为什么试验延迟报告",刘说,"中国无意隐瞒,得知各方都关注此次试验,我们于是对此做出解释。"

点评:译文过分外语化;句子前面的短语不可加上引号;"中国无意隐瞒"一语,不确;"当问到"、"各方"、"于是"等语,均不妥。

译文2:刘建超在被问及中国为何推迟披露这次试验时,回答说:"中国并没有什么好隐瞒的。在各方表现出对此事关注之后,我们向他们解释了此次外层空间试验。"

点评:"刘建超在被问及中国为何推迟披露这次试验时,回答说"一语,应予改进;译文还可简练些。

译文3:当被问及中国为何延迟公开试验消息时,刘建超称:"中国没有什么需要隐瞒的。当各方都表示了关注后,中国立刻向他们解释了在外层空间的本次试验。"

点评:译文的前半部分,不错;"中国立刻向他们解释了在外层空间的本次试验"一语,应予改进。

参考译文:当被问及为何没有及时报道此事时,刘建超说:"中国没有什么需要隐瞒的。既然有人对此事表示关注,我们才向他们做了解释。"

9. No current international treaties or agreements prohibit military strikes against

satellites. Prior to the Chinese test, the previous launch was conducted by the United States in September 1985, and officials and experts say the debris from such tests endangers other satellites.

译文 1：目前国际上没有条约、协定禁止对卫星进行军事打击。美国曾在 1985 年 9 月发射导弹射击自己的卫星。但有关方面的专家和政府官员认为射击产生的卫星碎片可能会威胁其他卫星。

点评："射击自己的卫星"和"射击产生的卫星碎片"中，"射击"一词用法不当；"Prior to the Chinese test"，漏译；"但"字，没有必要。

译文 2：现存的国际条约和协定中并没有禁止反卫星试验的条款。在中国的本次试验之前，更早的一次发射是由美国在 1985 年 9 月进行的。一些官员和专家称此类试验所产生的碎片将会对其他卫星构成威胁。

点评：译意基本准确，但文字过分"西化"。

译文 3：现今世界上并无任何国际条约或协定来禁止对于卫星的军事打击。在中国此次试验之前，美国曾于 1985 年 9 月进行过该项试验。有关官员和专家指出，该类试验所遗留的碎片将会危及其他卫星。

点评：译意准确；译文如能再简练些，则更好。

参考译文：目前，国际间并没有条约或协议禁止对卫星进行军事打击。在中国进行试验前，美国曾于 1985 年 9 月进行过这种试验。官方和专家们都认为，试验后产生的碎片会对其他卫星构成威胁。

10. Asked about the danger posed by satellite fragments, Liu said he was not in a position to give an immediate response.

译文 1：当问到关于卫星碎片可能带来的威胁，刘说他无法立即给出答案。
点评："当问到关于卫星碎片可能带来的威胁"一语，欠通顺。

译文 2：对于有关卫星碎片危害的问题，刘建超表示他并不能立即回答这个问题。
点评："对于有关卫星碎片危害的问题"一语，不够准确；"刘建超表示他并不能立即回答这个问题"一语中的"并不能"，还可改进。

译文 3：当被问及卫星碎片所构成的威胁时，刘建超称他不能够立刻给予答复。
点评：译意准确。

参考译文：当被问及卫星碎片构成的危险时，刘建超说他没有资格给予即席回答。

11. "This is a highly technical question," he said.

译文 1："这个问题技术性太强"他说。

点评："这个问题技术性太强"的句末应该有个句号。

译文 2：他说"这是一个非常技术化的问题。"

点评："非常技术化"一语，还可改进；"说"与说的内容最好用标点分开。

译文 3："这是一个高度技术化的问题。"他说。

点评："高度技术化"一语，还可改进。

参考译文：他说："这是个技术性很强的问题。"

作者提供的参考译文：

中国证实确曾进行外空试验　　强调并不构成威胁
记者克瑞斯·巴克利

1. 路透社北京(2007年)1月23日电　外交部发言人刘建超1月22日说，中国曾向自己的一颗卫星发射过一枚导弹。此事证实了早些时候发自华盛顿的报道。但是，这位发言人表示这次试验并不构成任何威胁，他也不知道今后是否会有第二次导弹发射的计划。

2. 刘建超说，中国政府已将此事告知美国，并说他未曾听说会有后续试验的任何计划。

3. 刘建超在一次新闻发布会上说："需要强调的是，中国一贯主张和平利用外空，反对将外空武器化，反对外空军备竞赛。"

4. "中国从来没有、今后也不会参与任何形式的外空军备竞赛。"

5. "这次试验并不针对任何国家，也不对任何国家构成威胁。"他说。

6. 此前，中国曾多次拒绝公开说明它是否于1月11日用导弹击落过自己的一颗老化了的卫星。美国官员曾抨击说这一事件是军事对抗的挑衅性升级。

7. 1月22日，美国国务院发言人在华盛顿说，中国官员上周末在北京会见美国助理国务卿克里斯托弗·希尔时曾承认进行过这次试验。

8. 当被问及为何没有及时报道此事时，刘建超说："中国没有什么需要隐瞒的。既然有人对此事表示关注，我们才向他们做了解释。"

9. 目前，国际间并没有条约或协议禁止对卫星进行军事打击。在中国进行试验前，美国曾于1985年9月进行过这种试验。官方和专家们都认为，试验后产生的碎片会对其他卫星构成威胁。

10. 当被问及卫星碎片构成的危险时，刘建超说他没有资格给予即席回答。

11. 他说："这是个技术性很强的问题。"

九、新闻翻译参考练习

下面是一条短消息，读者如有时间，可自行进行翻译练习。译完后，可将译文与附在后面的参考译文对照比较。

Which came first，North Korea talks or Aesop's fables？

BEIJING（Reuters）—North Korea and the United States have managed to agree on something in tortuous talks on the state's nuclear weapons program—Aesop's fable about counting chickens before they hatch is right on the money.

U. S. Secretary of State Condoleezza Rice started the ball rolling on Thursday. "I am，as I said，cautiously optimistic but I don't count my chickens until they are hatched，" she told lawmakers on the U. S. Senate Foreign Relations Committee.

Then U. S. negotiator Christopher Hill and North Korean delegate Kim Kye-gwan echoed Rice as they met the press after discussions in Beijing on Friday.

"There are still differences on a series of issues in the overall talks，so we will try to work them out，" Kim said. "You should not try to count the chickens before they hatch，as somebody said."

And from Hill："I think we can be cautiously optimistic but I don't want to count our chickens before they hatch."

North Korea has always played a long game in the negotiations over its nuclear ambitions，living up to another Aesop recommendation that "slow and steady wins the race".

The United States，for its part，has always been wary of the "wolf in sheep's clothing" but may conclude that "persuasion is often more effectual than force".

（Reuters，February 9，2007）

词 汇 表

Aesop's fables 伊索寓言
to have managed to agree 总算取得一致，经过努
  力后取得共识
nuclear weapons program 核武计划
counting chickens before they hatch
  鸡蛋孵化前就数小鸡

U. S. Secretary of State Condoleezza Rice
  美国国务卿康多莉萨·赖斯
to start the ball rolling
  开始了这场滚雪球式的活动
cautiously optimistic 审慎的乐观
lawmakers 国会议员

U. S. Senate Foreign Relations Committee
　美国参议院外交委员会
U. S. negotiator Christopher Hill
　美国谈判代表克里斯托弗·希尔
North Korean delegate Kim Kye-gwan
　朝鲜谈判代表金桂冠
to echo　附和，发出回声
the overall talks　综合谈判，一般性谈判
to work them out　将其解决

to have played a long game　拖延谈判
living up to　实践，做到
Aesop recommendation　伊索寓言式的规劝（或建议）
"slow and steady wins the race"
　"慢工稳健，自会取胜"
to be wary of　小心翼翼地，保持警惕地
the "wolf in sheep's clothing"　"披着羊皮的狼"
"persuasion is often more effectual than force"
　"规劝远比动武得有效"

作者提供的参考译文：

先有朝核谈判，还是先有伊索寓言？

　　路透社北京（2007 年）2 月 9 日电　朝鲜和美国总算就朝鲜的核武计划找到了共同点：伊索寓言中"鸡蛋孵化之前不要数小鸡"的核心是钱的问题。

　　是美国国务卿康多莉萨·赖斯发起了这场文字游戏。2 月 8 日，她对参议院外交委员会的议员们说："正像我说过的那样，我对此事持审慎的乐观态度。但是，在鸡蛋孵化之前，我是不会数小鸡的。"

　　美国谈判代表克里斯托弗·希尔和朝鲜代表金桂冠今天在北京会谈结束后会见记者时附和了赖斯的这一说法。

　　"在谈判过程中，我们在一系列问题上存在分歧，所以，我们会设法将其解决。"金桂冠说。"正如有人说过的那样，在鸡蛋孵化之前，你不应去数小鸡。"

　　再后，希尔也说："我想我们可以持审慎的乐观态度，但我不想在鸡蛋孵化之前就数小鸡。"

　　朝鲜在有关它的核武野心谈判中一直实施拖延战术，这又应了伊索语言中的另外一条规劝："慢工稳健，自会取胜"。

　　就美国来说，它对"披着羊皮的狼"一直保持警惕，但也认为："规劝远比动武得有效。"

CHAPTER

第二章

新闻导语翻译

23

一、新闻结构与新闻导语

1. 新闻结构

新闻结构是指新闻的组织结构,它体现新闻中新闻事实的安排次序和内在联系。

新闻结构具有多种体例,常见的有倒金字塔体、编年体、《华尔街日报》体、并列列举体、章回体、对话体、第二人称体、第一人称体、金字塔体等,其中又以倒金字塔体最为常用。有美国学者统计,用倒金字塔体写成的新闻约占新闻总量的80%。[①] 用这种体例写成的新闻的结构主要是由标题、导语、主体和结尾4部分组成的。

标题是新闻的题目,它概括地介绍或提示新闻内容,并帮助读者挑选、阅读和理解新闻。

对于新闻来说,标题十分重要,俗话说"看书先看皮,看报先看题"就是这个道理。但是,在新闻写作范畴,标题写作更多地还是编辑的职责。对新闻翻译来说,情况有些类似。翻译把标题准确译出固然责无旁贷,但在新闻编辑及版面编排过程中,编辑要对标题进行许多修改,甚至改得"面目全非"。

导语是新闻的起始部分。它是帮助读者阅读新闻的关键性段落,也是对新闻内容开宗明义性的宣示。有的新闻内容较多,报道了两件或两件以上的新闻事实。为避免导语过长,或为便于读者阅读,有的记者往往在导语之后,还加写一两段人称次导语的文字,把相对次要的新闻事实写入其中。

新闻的主体主要是由众多新闻事实组成的,这些新闻事实的排列顺序依其新闻价值之高低而定,重要的排在前面,相对次要的排在稍后,依此类推。

为了使这些新闻事实能够浑然一体,令读者读起来感到有如行云流水,顺畅而又自然,在写作过程中,记者还会在导语与新闻主体之间以及一件新闻事实与另一件新闻事实之间使用一些起过渡作用的字词、短语、句子或段落,如"但是"、"然而"、"与此同时"、"关于这件事情"、"与此事相关的还有"、"改革开放以后,情况已经大不相同"、"三年前,这个问题就已存在。那时,……"等。这些就是新闻中的"过渡"。

此外,为了帮助读者理解新闻中的难点、疑点或深层含义,新闻中还每每提供一些必要的背景和解释。

至于新闻的结尾,一般来说,作为消息意义上的新闻,尤其是在用倒金字塔体写成的

---

① Brian S. Brooks and others: *News Reporting and Writing*, Eighth Edition, Borton and New York: Bedford/St. Martins, 2005, p. 145.

动态新闻里,结尾常常是没有必要的。

但是,文无定法。有的记者却偏偏喜欢在新闻的最后写上一些类似警句性的文字,或者引述一句语惊四座的直接引语,以期造成令读者过目难忘的效果。

这种做法当然无可厚非。然而,请不要忘记,如果你的新闻写的较长,但报纸版面不够,或广播时间不足,那么,编辑在改稿时,最先砍掉的一般都是你苦心经营的这个"警句"或这段引语。

2. 新闻导语

新闻导语一般就是新闻中开门见山的第一段文字。它以最简练的语言把新闻中最有新闻价值的内容完整地表达出来,使读者看完这段文字之后就能获悉新闻的主要内容。

关于新闻导语,毛泽东主席曾经有过极其精辟的论述。1951 年 2 月,他在批阅《中共中央关于纠正电报、报告、指示、决定等文字缺点的指示》时写道:

"一切较长的文电,均应开门见山,首先提出要点,即于开端处,先用极简要文句说明全文的目的或结论(现在新闻学上称为'导语',即中国古人所谓'立片言以居要,乃一篇之警策'),唤起阅者注意,使阅者脑子里先得一个总概念,不得不继续看下去。"[1]

美国密苏里大学新闻学院布赖恩·布鲁克斯等 4 位教授(Brian S. Brooks,George Kennedy,Daryl R. Moen and Don Ranly)在其合著的 *News Reporting and Writing*(《新闻报道与写作》)一书中提出:The lead is "a simple,clear statement consisting of the first paragraph or two of a story". In this paragraph, "you have to answer six basic questions:who,what,when,where,why and how?"(导语是"新闻故事的第一段或起始两个段落,它以简明扼要、明白无误的语言把故事内容和盘托出"。在导语中,"记者必须回答 6 个问题,即:何人、何事、何时、何地、为何、如何。")[2]而哥伦比亚大学新闻学教授迈尔文·孟澈(Melvin Mencher)则在其同名专著 *News Reporting and Writing*(《新闻报道与写作》)中写道:The lead "captures the essence of the event,and it cajoles the reader or listener into staying awhile. " "The lead sentence usually contains one idea and follows the subject-verb-object sentence structure for clarity. It should not exceed 35 words. "(导语"捕捉新闻事件的实质性内容,诱使读者或听众继续阅读或收听这一新闻。""为使新闻简明易懂,导语段一般只写一件事情,采用主语—动词—宾语句子结构,长度不超过 35 个词。")[3]

① 《毛泽东论新闻宣传》,167 页,北京,新华出版社,2000。

② Brian S. Brooks and others:*News Reporting and Writing*,Eighth Edition,Boston and New York:Bedford/St. Martins,2005,p. 146.

③ Melven Mencher:*News Reporting and Writing*,Ninth Edition,Boston:McGraw-Hill Education,2003,p. 111.

关于在导语中"记者必须回答 6 个问题"一事,此议还需具体商榷。作者认为,能在新闻伊始就把全部新闻要素和盘托出固然理想,但在实际新闻写作过程中,这种要求并不现实。如若执意要做,新闻的导语必然会拖得很长,这将违背导语必须言简意赅、片言居要的写作原则。再说,当新闻事件刚刚发生时,记者所能获悉的只是"已经发生了什么",无法回答"这事是怎样发生的"以及"为什么会发生这种事情"之类的问题。

关于导语的重要性,精辟的论述很多。有人说:"导语写好了,一条成功的新闻就成功了一半。"有人说:"有了一条好导语,就有了一条好新闻。"有人说:"没有闪光的导语,新闻也就不会闪光。"还有人说:"导语是记者展示自己杰作的橱窗。读者和编辑都会自然地设想,如果记者未能在导语中表现出水平,那么,他就是没有水平。"

作者赞赏这些见解。对于新闻写作来说,写好导语的重要意义是怎么强调也都不会过分的。

3. 翻译好新闻导语的意义

导语是新闻的核心,导语写作是新闻写作成败的关键,记者和编辑无不竭尽所能,全力经营,力求把它写得简练,写得精彩,令读者一见倾心,爱不释手。

这种认识,对于新闻翻译来说同样适用。

导语翻译是译好整篇新闻的关键。导语翻译得好,一条好的翻译新闻也就成功了一半。导语译得精彩,读者就会于不知不觉之间被其吸引,产生一种探求究竟、欲罢不能的阅读欲望。

因此,在新闻翻译过程中,译者应以较多的时间和精力用于导语翻译,力求在工作伊始就展现出自己的翻译才能,把它译得准确,译得得当,译得人见人夸,人见人爱。

二、中文、英文导语比较

中文新闻导语和英文新闻导语在大的方面基本相同,但也存在许多具体、细微的差别。为了译好导语,首先应当弄清它们之间的相同和不同之处。

1. 相同之处

(1) 对于新闻的重要性相同:不管是中文新闻导语,还是英文新闻导语,都强调"片言居要",概括新闻要旨,突出新闻中的新闻,吸引读者继续阅读,帮助读者更快、更好地理解新闻。

(2) 写作形式大致相同:新闻要素都应齐全,都应至少把何人、何事、何时、何地(who,what,when,where,4 个 W)交代清楚,使读者读完导语之后就能获悉新闻事件的主要内容,并就是否继续阅读作出决定。

（3）在写作方法上,都讲究开门见山,言简意赅。只要能把新闻的梗概交代清楚,文字应力求简短。

（4）凡属重要的新闻事件,一般都应提供新闻来源（source of information）,以增强新闻的权威性和可信性。新闻来源至少应包括提供这一信息的人物（或机构）的全名、职务或职业。

2. 不同之处

（1）中、外新闻业者对导语简洁性的认识有异,因此在导语写作过程中,记者对导语长度的掌握大相径庭。西方记者要求严格,中文报界似乎不太在意。翻开我国中文报纸,百余字,甚至二百多字的导语并不鲜见。

新闻导语的长度,并无硬性规定,只要能把新闻的主要内容表达清楚,原则上应该是越短越好。孟澈教授建议以 35 个（英文）词为限,美联社现在的要求是不应多于 25 个。中国报界对此没有明确要求。但《中国新闻实用大词典》在解释"新闻导语"词条时提出："一般认为,导语的长度中文以 5 行（110 字）为限"[①],但对作出这一限制的依据,并未提供任何解释。

（2）对必须提供新闻来源的认识存在差别。凡涉重要新闻,英文报道一般都提供新闻来源,以增强新闻的权威性、可靠性和可信性。但是,中文业者好像另有见解,许多中文记者、编辑在报道重要新闻时,并不刻意披露是什么权威人物或什么权威机构提供的这些消息。作者认为,提供新闻来源这种做法无助于提高新闻信息的可信程度,甚至会令读者产生不必要的怀疑。

（3）为了把导语写得简练些,避免导语里信息过于拥挤,英文记者常常采取"先虚后实"（即先写出一个"general statement",后提供"specific information"）的写法,将新闻要素"一点一点地"披露出来。就是说,他们喜欢在第一段里只提供宏观的或概念性的信息,披露两三个 W,在稍后的段落（第二、第三段）里再逐渐揭示更具体、更有实质内容的资讯（包括具体的何人、何时、何地等）；而中文导语更强调开门见山,着笔伊始就把何人、何事、何时、何地和盘托出。

关于这一点,我们将在本章第三节中再做具体讨论。

（4）西方记者有时还会故意把几个新闻要素在新闻的起始段落（如前 3 段）里分散交代。但我国记者和读者却"另有所好",他们习惯在新闻导语（第一段或第一、第二段）里就将关键性的新闻要素全部披露出来。

---

①　冯健:《中国新闻实用大辞典》,181 页,北京,新华出版社,1996。

（5）西方记者写作新闻一般都是先写新闻事件的最新结果，然后才交代事件发生的原因或条件。中文新闻的行文逻辑则刚刚相反，一般都是先交代事件发生的原因或条件，接下来才推出新闻事件的最新发展。

（6）导语写作的体例不完全相同，主要表现在新闻事实和新闻来源的摆放位置方面。在英文导语里，新闻来源一般是由新闻人物的显要性和新闻事实的重要程度决定的。如系重要新闻人物发表重要意见，新闻人物总是先于新闻事实"出场"。如果新闻内容比新闻人物更为重要，那么，突出报道的应该是新闻事实；中文业者一般都是根据中文新闻的表达习惯，把新闻来源摆放在新闻事实的前面。

三、几个常见问题的处理

在英文新闻导语的汉译过程中，以下几个问题经常出现，需根据具体情况妥善处理。

1. 关于"先虚后实""先粗后细"式导语的翻译

许多西方记者写作导语，特别是在交代"何人、何事、何时、何地"等几个主要 W 及提供新闻来源时，喜欢采用"先虚后实""先粗后细"的做法，就是先在第一段里提出一个一般性的结论（general statement），然后再在第二或第二、三段里提供具体材料（specific information），或在第一段里先提供一种笼统的说法，然后再在第二或第二、三段里交代确切的信息。这种写法的好处是能从宏观上先给读者一个总的印象，然后再提供更多细节，以帮助读者逐渐深化对新闻事件的认识。从行文方面讲，它可以缩短第一段的长度，有利于读者对新闻的挑选和理解。它的缺点是，由于主要信息被人为地分在了几个段落，使这些信息变得过于分散，从而延缓了读者对主要信息的快速掌握。此外，尽管文章的第一段短了一些，但新闻的总长度却因此反而加长。

中国记者的习惯则恰恰相反，他们写作导语喜欢开门见山，"一语道破"，力求在第一段里就把几个重要的 W 和盘托出，一下子就把事情的原委交代清楚。这样的写法有利于读者对总体信息的快速获取，尽管第一段可能因此加长，但新闻的总长度反而变得短些。

上述的西式导语怎样翻译？

作者认为，处理这种导语有两种方法：一是按英文导语的自然顺序依次进行转化（也可认为是直译），二是按照中文导语的写作方法进行翻译和编改（也即编译）。这两种方法均无不可，但作者强烈主张按第二种方法行事。这不仅符合中文新闻的写作习惯和中国读者的阅读习惯，而且可以节省字词，使新闻变得更加简短，更加可读。

下面，让我们结合一些具体的英文导语，深入探讨它们的翻译方法。请特别留意英文新闻和译文中画有下画线的部分：

SEOUL，South Korea—North Korea's official news agency says a new shipment of U. S. food aid to the communist country has arrived.

The Korean Central News Agency says a ship carrying the aid arrived in the western port of Nampo on Monday. Tuesday's one-sentence report did not give any details.

在上述导语的第一段里，记者报告的信息比较笼统，几个 W 都不具体：不说"朝鲜中央通讯社"，而说北韩的一家官方通讯社；不提供抵达的时间，只说是"已经抵达"；不挑明抵达的具体地点，只说是"抵达了这个共产党国家"。只是当新闻展开后，在第二段里，记者才具体披露说，报道这事的是"朝鲜中央通讯社"，运货的是一条轮船，抵达的时间是星期一，地点是南浦港。

如按第一种方法进行翻译，其文字则大致如下：

韩国首尔（2008 年）8 月 5 日电　朝鲜的官方通讯社说，美国提供的新的一批援助食品已经抵达这个共产党国家。

朝鲜中央通讯社报道说，一条装有援助物资的轮船已于星期一抵达西部的南浦港。但是，该通讯社今天播发的这条只有一句话的新闻没有提供任何细节。

如按第二种方法进行编译，其行文则可能是这样：

韩国首尔 8 月 5 日电　朝鲜中央通讯社今天报道说，美国提供的新的一批食品援助已于昨天运抵朝鲜西部的南浦港。

该通讯社播发的这条一句话新闻没有提供任何细节。

下面的两条导语在写法上与前者类似。请看：

TOKYO（AFP）—Japanese Prime Minister Yasuo Fukuda indicated on Tuesday that he would stay away from a controversial war shrine when Japan marks the anniversary of its World War II surrender later this month.

Asked if he planned to visit Yasukuni Shrine in Tokyo on August 15，Fukuda replied："Look at my past actions. "

Fukuda，who has sought friendly ties with other Asian nations，said after taking office last September he would refrain from visiting the shrine，which honours 2. 5 million war dead and 14 top war criminals from World War II.

按第一种方法翻成的译文：

法新社东京（2008 年）8 月 5 日电　日本首相福田康夫星期二暗示，当本月晚些时候日本举行二战战败纪念时他不会去参拜一个具有争议的神社。

当被问及他8月15日是否计划参拜东京的靖国神社时,福田回答说:"看看我过去的做法吧。"

福田一直致力于与其他亚洲国家建立友好关系。他说,自去年9月就任首相后他就回避到靖国神社参拜。该神社供奉着250万阵亡者,其中包括14名二战甲级战犯。

如按照第二种方法进行编译,其结果会是:

法新社东京8月5日电   日本首相福田康夫今天暗示,8月15日当日本举行二战战败纪念时他不会去参拜靖国神社。

福田在回答相关提问时说:"看看我过去的做法吧。"

福田一直致力于与其他亚洲国家建立友好关系。他说,自去年9月就任首相后他就回避到靖国神社参拜。该神社供奉着250万阵亡者,其中包括14名二战甲级战犯。

比较上述两种翻译结果,第二种译法显然要好得多。一者,它开门见山,直截了当,在第一段里就把几个关键性的 W 和盘托出;二者,它符合中国读者的思维和阅读习惯;三者,它避免了重复,节省了文字,缩短了导语的长度。用较少的字词、较小的篇幅却能表达同样丰富的信息一直是各国记者在新闻写作领域里的共同追求,不是吗?

再请看:

The chief of the International Monetary Fund（IMF）said he believed China would pursue economic policies that benefit both the country and the world.

Completed in a one-day meeting with top Chinese officials, IMF Managing Director Rodrigo Rato said he shared the view with Chinese policy makers about the need to rebalance the growth pattern of the Chinese economy.

He made the remarks at a news conference after his meetings yesterday with Premier Wen Jiabao.

按第一种方法进行直译:

国际货币基金组织的负责人说,他相信中国奉行的是一种既惠及中国也惠及世界的经济政策。

国际货币组织执行主席罗德里戈·拉托昨天与中国官员举行了一整天会谈。他在会谈后表示,他同意中国决策者关于需要重新平衡中国经济增长模式的看法。

拉托是在他与中国总理温家宝昨天会谈后举行的记者会上发表这些意见的。

以上英文导语的写作沿用的依旧是西方记者的惯用方法。关于新闻人物(who),记者在第一段里只说他是"The chief of the International Monetary Fund",在第二段里他才明确指出，这位讲话人是"IMF Managing Director Rodrigo Rato"。关于讲话的时间（when），在第一段里，记者未曾提及，只是暗示说，他昨天曾"completed a one-day meeting with top Chinese officials"。及至第三段，他才挑明说，拉托是"after his meetings yesterday with Premier Wen Jiabao"之后说这番话的。关于发表上述谈话的地点（where），第一段里压根就没有提供，只是写到第三段时，记者才说，"he made the remarks at a news conference"。至于这位 IMF 执行主席讲话的主要内容（what），记者也是分作两段逐渐披露出来的。

这种写法，中国记者和读者肯定会觉得别扭。在导语里只提供新闻人物的官衔而不提供此人的姓名不符合我们的习惯。关于新闻事件发生的时间和地点直到第三段方才披露，也会令人感到纳闷和着急。作者认为，翻译这样的导语时，最好是按第二种方法进行编译。

下面提供的译文就是编译的结果。读者不妨将其与前面的直译译文作个比较。
编译译文：

> 国际货币基金组织执行主席罗德里戈·拉托昨天说，他相信中国奉行的是一种既惠及中国，也惠及世界的经济政策。
>
> 拉托昨天与中国总理温家宝举行了一整天会谈。他在会谈后举行的记者会上表示，他同意中国决策者关于需要重新平衡中国经济增长模式的看法。

下面提供的是另外一条例文。作者在相关部分画了下画线，读者可进一步体会一下中、英文导语写法上的异同，以及翻译这类导语时直译和编译方法的优劣。

> A senior Taliban commander has threatened to kill an Italian reporter accused of spying if the Italian government does not meet the group's demands, a Pakistan-based news agency reported.
>
> In return for the release of La Republica journalist Daniele Mastrogiacomo, the Taliban have demanded the withdrawal of Italian troops from Afghanistan and the release of three Taliban spokesmen.
>
> Mullah Dadullah, a Taliban commander whose fighters are believed to be holding the Italian, said they would kill Mastrogiacomo if the demands were not met by Friday.
>
> "If our demands aren't met, we'll slaughter the journalist on the seventh day from today," Dadullah told private Afghan Islamic Press on Saturday. (March 10, 2007).

直译译文：

> 据一家驻巴基斯坦的通讯社报道，塔利班的一名高级指挥官威胁说，如果意大

利政府不答应塔利班的要求,他们就会杀死被指进行间谍活动的意大利记者。

作为释放《共和国报》记者达尼埃尔·马斯特罗贾科莫的交换条件,塔利班要求意大利从阿富汗撤军,并释放塔利班的3名发言人。

其部队扣押着这名意大利记者的穆拉·达杜拉司令官说,如果他们的要求星期五以前还未得到满足,他们就会将马斯特罗贾科莫杀死。

达杜拉上星期六对民营的阿富汗伊斯兰通讯社说:"如果我们的要求不能满足,我们就会在从今天起的第七天将这个记者杀死。"

编译译文:

塔利班部队的一名司令官穆拉·达杜拉星期六对设在巴基斯坦的阿富汗伊斯兰通讯社说,如果意大利政府星期五前还不答应他们的要求,他们就会杀死被他们扣押的意大利记者。

作为释放《共和国报》记者达尼埃尔·马斯特罗贾科莫的交换条件,塔利班要求意大利从阿富汗撤军,并释放塔利班的3名发言人。

据传,马斯特罗贾科莫就是被达杜拉的部队绑架的,指控他进行了间谍活动。达杜拉在接受采访时还说:"如果我们的要求不能满足,我们就会在从今天起的第七天将这个记者杀死。"

2. 关于中、英文导语行文逻辑不同问题的处理

西方记者写新闻一般都是先报道新闻事件的最新结果,然后才交代事件发生的原因或条件。中文新闻的行文逻辑则刚刚相反,一般都是先交代事件发生的原因或条件,接下来才推出新闻事件的最新发展。翻译这类导语,译者也需多加推敲。请看例文:

Copenhagen residents were growing weary of street clashes yesterday after dozens of people were arrested in a third straight night of unrest triggered by the eviction of squatters from a disputed student center.

哥本哈根学生被逐出宿舍大楼事件昨晚进入第三个夜晚,此前又有数十人被捕。市民已对街头冲突变得厌倦起来。

这一事件是因(政府日前)拆毁了学生占据着的学生中心内有争议的宿舍楼引起的。

此导语的基本结构并不复杂,但因修饰成分较多,令文字显得冗长费解。其实,记者刻意报道的最新事实无非是"昨天,哥本哈根市民对街头冲突变得厌倦起来",其他文字揭示的都是此前已经发生过的事情。翻译这样的导语时,译者宜根据中文的表达习惯,重新组织整个事件的表达顺序。

再请看:

The UN nuclear watchdog chief left for the Democratic People's Republic of Korea (DPRK) yesterday to broker a return of inspectors to the country under a six-party pact to dismantle its atomic bomb program.

International Atomic Energy Agency (IAEA) Director Mohamed El Baradei said he wanted to look at how to put the agreement into effect and bring Pyongyang back closer to the agency some four years after it expelled IAEA inspectors and quit the global nuclear Non-Proliferation Treaty.

参考译文 1:

为促成核武检查人员根据六方会谈达成的协议重返朝鲜,联合国核武监督机构总干事昨天前往朝鲜民主主义人民共和国进行谈判。

联合国原子能委员会主席穆罕默德·巴拉迪说,他希望……

参考译文 2:

为促成核武检查人员根据六方会谈达成的协议重返朝鲜,联合国原子能机构总干事穆罕默德·巴拉迪昨天前往朝鲜民主主义人民共和国进行谈判。

他说他希望……

可以这样认为,英文中表示条件、目的、原因、情况等状语,可以放在主句的前面,也可放在它的后面,但在译成中文时,习惯的表达方式是将其放在主句的前面。

3. 关于新闻来源问题的处理

在交代新闻来源时,中、英文导语既有相同之处,也有差异。英文导语中的新闻来源有的放在新闻事实的前面,有的放在它的后面,决定因素是新闻人物和新闻事实哪个更重要。但在中文导语里,习惯做法是将新闻来源放在新闻事实的前面。请看例文:

WASHINGTON—President Bush, touring Africa, said despite Russia's opposition, history will show the independence of Kosovo is "the correct move" and will bring peace to that region.

正在非洲访问的美国总统布什今天(2006 年 2 月 18 日)说,尽管俄罗斯反对,但历史将会证明科索沃独立是"正确的行动",并将给那个地区带来和平。

在这个例句中,讲话人(美国总统布什)的身份决定了他的新闻价值,在译文中将其置于新闻事实之前应该是毫无疑问的。

下列导语事关美国外交政策的最新动向,新闻价值颇高,而讲话人是美国的国务卿,地位也属显赫,因此,在翻译这条导语时,两种处理方法(把讲话人摆放在新闻事实的前面或是后面)都有其道理。不过,按照中文新闻写作的习惯,把讲话人置于新闻事实的前面似更通顺、更自然一些。请看:

> BRUSSELS, Belgium—Secretary of State Condoleezza Rice said Friday the United States would continue along a two-track strategy to deal with Iran, pressing for new sanctions and demanding Tehran come clean about its nuclear program while offering talks to sweeten the deal.
>
> 比利时布鲁塞尔电 美国国务卿康多莉扎·赖斯星期五说,在与伊朗打交道时,美国将继续奉行双轨战略:在积极寻求新的制裁、要求德黑兰停止发展核武计划的同时,主动提议举行谈判以缓和两国关系。

以下导语的情况略有不同。讲话人虽是农业部负责林业工作的一位普通官员,但他在记者招待会上宣布的却是世人普遍关注的中国南方特大雪灾及其给中国和世界经济带来的灾难性影响。翻译这类导语时,优先报道新闻事实肯定会更为妥当。不过,在处理新闻来源时,需对原文略作修改。请看作者提供的参考译文:

> BEIJING—China's unusually strong winter snow storms damaged 10 percent of the country's forests, leading to huge economic losses and widespread environmental destruction, the forestry administration said Tuesday.
>
> 百年不遇的大雪灾摧毁了中国 10％的森林,造成了巨大经济损失和大范围的环境破坏。这是中国林业部门的一位官员在今天举行的记者会上宣布的。

当然,如按原文的语序进行翻译,肯定也无问题。相关译文如下:

> 中国林业部门的一位官员星期二说,罕见的大雪灾摧毁了全国 10％的森林,带来了巨大经济损失和大范围的环境破坏。

4. 关于电头翻译

翻译电头时,上述问题也同样存在。

新闻电头的模式,通讯社、报纸和互联网一般都各自为政,缺乏统一和协调。

把不同媒体的英文电头译成中文时,最好的办法就是参照新华社的电头体例行事。

下面让我们浏览一下西方主要媒体和新华社的电头体例。请看:

美联社

Russia Questions Missile Defense Plans(新闻标题)

By MARIA DANILOVA(记者)

Associated Press Writer(通讯社)

March 6,2007,5：04 PM EST(播发日期和时间)

MOSCOW—(Leading para)(播发地点、导语)

NKorea Orders Return of Diplomats' Kids

By Associated Press

March 6,2007,3：52 PM EST

SEOUL,South Korea—(Leading para)

路透社

Oprah draws Iowa crowds for Obama(新闻标题)

Sun Dec 9,2007 12：05am EST(播发日期和时间)

By Andrea Hopkins(记者)

DES MOINES,Iowa (Reuters)—(Leading para)(播发地点、通讯社、导语)

Qaeda-led militia storm Iraq jail,free 140

Tue Mar 6,2007 3：36PM EST

MOSUL,Iraq (Reuters)—(Leading para)

法新社

Troops close in on Taliban town,NATO soldier killed：ministry(新闻标题)

AFP-Sunday,December 9(通讯社、播发日期)

KANDAHAR,Afghanistan (AFP)—(Leading para)(播发地点、通讯社、导语)

俄通社

US admits Iran was not making nuke weapons：Saeed Jalili(新闻标题)

05.12.2007,17:33(播发日期和时间)

MOSCOW,December 5 (Itar-Tass)—(Leading para)(播发地点、播发日期、通讯社、导语)

新华社

China's cabinet appoints new top Xinhua officials(新闻标题)

english. chinamil. com. cn 2007-08-31(播发日期)

BEIJING,Aug. 30 (Xinhua)—(Leading para)(播发地点、播发日期、通讯社、导语)

在翻译通讯社新闻的电头时,作者以为,规范的做法还是按新华社的现行体例,即:

> 路透社香港 3 月 15 日电
> 美联社佛罗里达州奥兰多 4 月 30 日电

如系翻译报刊上的文章,其电头则用:

> 日本《富士产经商报》10 月 6 日报道
> 美国《时代》周刊网站 11 月 15 日报道
> 英国《焦点》月刊 12 月号文章

5. 关于原语新闻把主要新闻事实埋没在文章后部一事的处理

如果原语(英文)新闻记者"不慎"把关键性的新闻事实埋没在了新闻后部,翻译有责任,也有义务把这些新闻事实挖掘出来,并将其提前到它应该占据的位置。否则,译语新闻的读者就会把埋没新闻的责任归咎于新闻翻译,因为常识令他们相信,采写这一新闻的原语记者不可能犯这样的简单错误。这是新闻翻译与文学翻译或科技翻译不同的地方。

但是,如果译语记者的责任编辑在下达翻译任务时另有交代,此事则另当别论。

6. 对导语中新闻人物的名字及其职务、职称的处理

英文导语中出现的新闻人物,其名字和职务都必须完整、齐全(full name with full title)。中文导语当然也应如此,但在实际操作过程中,中文业者对此并不那么严格,在某些情况下,也确实没有必要那样一丝不苟。例如,当前英国外交大臣斯特劳(香港报界译为"施仲宏")出现在英文新闻导语中时,规范的写法是 British Foreign Secretary Jack Straw。但在中文导语中,记者往往把它简化为英国外交大臣斯特劳。如美国总统的名字出现在英文导语中时(2008 年),西方记者一般会把它写为 US President George W. Bush,但在中文导语里,这一称呼可能会被简化为美国总统布什。

中文里的这种简化并非没有道理。对一些见报率很高的名人的名字,读者大都耳熟能详,当它们出现在新闻导语中时,如果记者总是那么"一丝不苟",则会带来"蛇足"之嫌。基于这一原因,经常出现在英文导语中的"US Secretary of State Condoleezza Rice"、"American basketball star Michael Jordan"、"terrorist ring leader Osama bin Laden"等人的名字,翻译成中文时则可分别译为美国国务卿赖斯、美国篮球明星乔丹(香港报界译为佐敦)和恐怖组织头目本·拉丹。

7. 处理好导语中的时间因素

时效是新闻的生命。新闻的时效一般都体现导语之中。

西方新闻写作对时间因素看得很重。几年前,西方通讯社都把新闻发生的时间用"星期几"的方式在导语中加以披露。近些年来,随着传播事业的发展,随着滚动式发稿的广泛采用,随着互联网传播的兴起,通讯社新闻除继续在导语中交代"星期几"之外,更在新闻标题与正文之间标明发稿的确切时间,如"March 12,2007,10:45AM EST"(2007 年 3 月 12 日美国东部夏令时间上午 10 时 45 分)。在网上,他们甚至提供并不断更新"这条"新闻播发时间距读者阅读这一新闻的"时空距离",令人准确获悉这条新闻"新"到何种程度。

中文新闻写作目前还没有精确到如此地步。在翻译与"何时"有关的术语时,原则应该是既要忠于原文,又要符合译语语言的表达习惯,并设法赋予导语以"新鲜感"。

有的西方记者喜欢在导语里使用"星期几"之类的时间用语,这种做法符合西方读者熟悉的日期概念。翻译时,作者认为还是把它改为与之相应的某月某日更为好些,因为国人对星期几似乎并不那么习惯。如果北京奥运会开幕当天美联社以"星期五"的"时间因素"发稿,那么,翻译时我们可将其处理成与之相应的"8 月 8 日"或"今天"。

8. 被动语态导语的翻译

被动语态语句,英文里用得很多,中文则很少使用。这种情况当然也会反映到导语里。翻译以被动语态写成的英文导语需要多动脑筋,力求使译文符合中文的表达习惯。请看以下例句:

Emergency talks were held yesterday between the Government and aviation industry representatives to try to solve an insurance crisis that threatens to ground airlines from tomorrow.

政府和航空界代表昨天举行紧急会谈,试图解决因保险问题而引发的危机。这场危机会威胁到从明天起香港航班是否全部停飞。

翻译这个句子时必须调整语序,使之适合中文的表达习惯。读者一定会注意到,原文中的被动句在译文中已被主动句替代。

关于英文被动语句的汉译,拙作将在第六章里,另作专门讨论。

四、五种类型英文导语的汉译

导语翻译,应特别注意以下事项:

(1) 译出的导语应能"片语居要",或概括全文,或突出新闻中的新闻。如果原语新闻记者把新闻埋没在新闻的后部,译者宜将新闻挖掘出来,编入稿件的起始段落里。

（2）主要新闻要素应较齐全,至少应将何人、何时、何事交代清楚。

（3）新闻来源一般也应编在导语之中。

（4）译文应言简意赅,通俗易懂,符合中文新闻导语的表达习惯。

英文新闻导语的分类,有很多种方法。作者以为,美国密苏里大学新闻学院布赖恩·布鲁克斯等教授在《新闻报道与写作》一书中提出的分类方法[①]概括性更强,也更科学。他们认为,英语新闻导语一般有以下5大类别,即:

——Immediate-identification lead（直接披露新闻人物的导语）

——Delayed-identification lead（延后披露新闻人物的导语）

——Summary lead（总结性导语）

——Multi-element lead（多成分导语）

——The "You" lead（第二人称导语）

下面是这5类英文新闻导语的举例及其翻译。

1. 直接披露新闻人物的导语

（1）Russian President Vladimir Putin on Thursday criticized U. S. plans for space-based weapons, saying they were the reason behind a recent Chinese anti-satellite weapons test.

Asked about the Chinese test at a news conference in New Delhi after a meeting with Indian Prime Minister Manmohan Singh, Putin avoided directly criticizing the Chinese, saying only that Russia was against putting any weapons in space.

俄罗斯总统弗拉基米尔·普京1月25日抨击美国太空武器计划,说这一计划导致了中国最近进行的反卫星武器试验。

普京与印度总理曼莫汗·辛格在新德里举行会谈后召开了记者招待会。会上,当有记者问及中国的试验时,普京并没有批评中国人,他只是说俄罗斯反对把武器送入太空。

（2）Taiwan's "premier" Su Tseng-chang, the top figure in the pro-independence administration of Chen Shui-bian, announced yesterday he would seek his party's nomination for the 2008 "presidential" election.

---

① Brian S. Brooks and others: *News Reporting and Writing*, Eighth Edition, Boston and New York: Bedford/St. Martins, 2005, pp. 152-158.

台湾行政部门负责人、倾向于台独的陈水扁行政当局的头号人物苏贞昌昨天宣布,他将寻求民进党提名,参加 2008 年台湾地区领导人的"竞选"。

(3) President George W. Bush yesterday challenged the United Nations to help strip Iraq of weapons of mass destruction,and warned that US action was unavoidable if the world body fails to act or Baghdad refuses to disarm.

　　美国总统布什昨天要求联合国帮助消除伊拉克的大规模杀伤性武器,并警告说,如果联合国不这样做,如果巴格达拒绝解除武装,那么美国采取行动的事将是不可避免的。

(4) Andrea Pininfarina,the chief executive of the Italian car design firm founded by his grandfather that counts Ferraris and Alfa Romeos among its creations,died Thursday in a road accident near the northern Italian city of Turin.

　　意大利轿车设计公司总裁安德鲁·皮宁法瑞纳昨天在意大利北部城市都灵的一次交通事故中不幸身亡。意大利轿车设计公司是由他祖父创建的,法拉利和阿尔法·罗米欧等名牌轿车都是该公司设计的。

2. 延后披露新闻人物的导语

(1) A leading space scientist yesterday said China is quite capable of sending a manned mission to the moon in 15 years.

Huang Chunping,former commander-in-chief of the launch vehicle system of the country's manned space mission,said that if the manned lunar project is kicked off without delay,the goal of landing a Chinese astronaut on the moon can "surely" be achieved in 15 years.

　　一位著名的航天科学家昨天透露,中国有能力在 15 年内把载人航天器送上月球。

　　中国载人航天工程运载火箭系统前总指挥黄春平说,如果载人登月工程按时启动,15 年内把中国宇航员送上月球的目标"肯定"能够实现。

(2) The United Nations has listed a Xinjiang separatist group as terrorists,a move hailed by Beijing,which said the Islamic organization had killed 166 people.

The East Turkistan Islamic Movement was put on the list with Beijing's and Washington's support. It was behind bombings in 1995 and 1999 and had links to Osama bin Laden's al Qaeda group,Foreign Ministry spokesman Kong Quan said yesterday.

　　联合国已将新疆的一个分裂组织列为恐怖组织。这一决定受到了中国的欢迎。

北京说这个伊斯兰组织曾屠杀过 166 个人。

　　北京和华盛顿都支持把"东突伊斯兰运动"列入恐怖组织名单。中国外交部发言人孔泉昨天说,该组织与 1995 年和 1999 年(发生在新疆)的炸弹爆炸事件有关,并与本·拉丹的基地组织有联系。

（3）Five Arab-American men charged with operating an al Qaeda cell in New York State had received intensive weapons training in Afghanistan last year and been sent back to await the order for an attack, federal law enforcement officials said.

The five are…

　　联邦司法官员今天说,5 名被控主持基地组织纽约州支部的阿拉伯裔美籍男子曾于去年在阿富汗接受过武器强化训练,并被派回美国等待袭击命令。

　　这 5 名男子是……

（4）The alleged mastermind of the September 11 attacks was in American custody yesterday after being arrested in Pakistan, an operation hailed by US officials as the biggest catch so far in the war against terror.

Khalid Shaikh Mohammed, branded by Washington as one of al Qaeda leader Osama bin Laden's "most senior and significant lieutenants", was arrested by Pakistani and CIA agents at a house in Rawalpindi before dawn on Saturday. He was handed over to US custody and taken to an undisclosed location.

　　被疑为"9·11"袭击事件的策划者在巴基斯坦被捕后于昨天移交美国方面拘押。美国官员称,这是反恐战争开始以来取得的最大的收获。

　　此人名叫卡利德·沙伊克·穆罕默德,华盛顿说他是基地组织头目本·拉丹的"级别最高、权力最大的副手"中的一个。他于星期六清晨在拉瓦尔品第的一所房子里被巴基斯坦和中央情报局的特工抓获。昨天,他已被移交给美国人,关押在一个秘密地点。

3. 总结性导语

（1）The United States is adopting a "Cold War mentality" by pointing its fingers groundlessly at the human rights situations in other countries, according to a report published by the Information Office of the State Council yesterday.

　　国务院新闻办公室昨天发表的一份报告称,美国仍然坚持"冷战思维",无端指责其他国家的人权状况。

（2）The European Union marked International Women's Day yesterday with a pledge to fight discrimination and domestic violence against women.

German Chancellor Angela Merkel, meanwhile, prepared to chair an EU summit——the first woman to do so in more than two decades.

欧盟昨天在纪念国际妇女节时表示，保证要反对歧视妇女和家庭暴力。

与此同时，德国总理安吉拉·默克尔正准备主持一次欧盟国家峰会。她是二十多年来第一位主持欧盟峰会的女性领导人。

（3）Chinese Foreign Minister Tang Jiaxuan and US Secretary of State Colin Powell held talks on Thursday and exchanged views on Sino-US relations and other international and regional issues of common concern.

中国外交部长唐家璇 21 日在华盛顿与美国国务卿科林·鲍威尔举行会谈，双方就中美关系和共同关心的国际和地区问题交换了看法。

（4）Leading Israeli and Palestinian officials last night embraced an historic United Nations resolution which for the first time endorsed a Palestinian state and called for an immediate ceasefire.

联合国昨天夜间通过了一项历史性决议，首次同意建立巴勒斯坦国，并要求巴以双方立即停火。对此决议，以色列和巴勒斯坦高级官员均表接受。

4. 多成分导语

（1）Premier Wen Jiabao yesterday charted a clear path of how China will drive ahead "sound and fast" this year, downshift the economy to 8 percent following four straight years of double-digit growth, while cutting energy use and cleaning up the environment.

Wen also pledged hefty spending increases on education, healthcare, social security and other areas of concern for ordinary Chinese, to ensure that "all the people share in the fruits of reform and development".

The goals were detailed in a government work report submitted to the National People's Congress for deliberation and approval at the opening of the top legislature's annual session yesterday in Beijing.

温家宝总理昨天为中国今年"又好又快地"发展描绘了一幅清晰的路线图：在国民经济连续 4 年以双位数增长后把发展速度降至 8%，减少能耗，保护环境。

他还保证要大幅度增加中国人普遍关心的教育、卫生、社会保障等领域的开支，以保证"全体人民共享改革和发展的成果"。

　　温家宝是在昨天在京开幕的全国人大年会上作政府工作报告时详细阐述这些目标的。这次会议将讨论并通过这个报告。

（2）Chinese Foreign Minister Tang Jiaxuan and US Secretary of State Colin Powell held talks on Thursday and reached consensus on five points including the arrangement for the meeting between Chinese President Jiang Zemin and US President George W. Bush, preparation for President Bush's China visit, and cooperation in fighting terrorism.

　　中国外长唐家璇 21 日与美国国务卿科林·鲍威尔举行会谈，就江泽民主席与布什总统会晤、布什总统访华的准备工作、反恐合作等问题达成了 5 点共识。

（3）China yesterday promised to take immediate actions in four fields after it joined the WTO：lowering customs tariffs, reducing and eliminating non-customs barriers, lifting bans on wheat exports to six US states and gradually opening its banking, insurance and tourism markets.

　　中国昨天表示，加入世贸后将立即采取措施兑现 4 个方面的承诺，即降低关税，减少并消除非关税壁垒，取消对美国 6 个州的小麦出口禁令，并逐步开放金融、保险和旅游市场。

5. 第二人称导语

（1）Are you a foreign language translator who also knows sign language? If so, your skills may qualify you for professional status.

Sign language translator is one of the 10 new professions the Ministry of Labour and Social Security（MLSS）approved last week. And the 10 are the eighth batch of professions to be recognized since 2004.

　　你是懂得手语的外语翻译吗？ 如果是，那你的手语技能就会使你获得一种新的职业资格。

　　上星期，劳动和社会保障部批准了 10 种新的职业，手语是其中之一。这次公布的 10 种职业是 2004 年以来中国政府批准的第八批新职业。

（2）Curious about what kind of bonus you can expect this year?
Alibaba. com says it has the answer.
The web portal has developed a service that allows netizens to forecast their year-

end bonuses by typing in their industry, position and monthly pay.

　　你对今年能拿多少奖金感到好奇吗?

　　阿里巴巴网页说它知道有关的答案。

　　这个网页已经开发出一种新功能:只要输入你的专业、职务和月工资,网民就能预测出自己年终的奖金情况。

(3) How should a mother-to-be choose her lingerie and other maternity clothes?

What type of stroller canopy can protect the baby from harmful sunrays in the summer?

What kinds of toys are safe for a teething baby? Is baby walker always good for a toddler?

From the moment of conceiving a baby to the date the child goes to school, young parents always have hundreds, if not thousands, of questions to ask.

Song Zhenghuan hopes his Goodbaby one-stop shop will not only be a convenient shopping experience, but also a place where young parents seek professional consultation on these questions.

　　准妈妈怎样挑选自己的内衣和其他衣服?

　　什么样的婴儿车顶篷布最能给自己的孩子在夏天遮阳?

　　对一个刚长牙的婴儿来说什么玩具最安全? 对蹒跚学步的婴儿来说学步车总是无可挑剔的吗?

　　从妈妈怀孕到孩子上学,年轻的父母总有数不清的问题要问。

　　宋蓁环希望她创办的"好宝宝"一条龙妇婴服务商店不仅是一个方便的购物中心,同时还为初为父母的年轻人就这些问题提供专业咨询。

五、导语翻译练习

　　为实践以上讲授内容,本书作者还挑选过 6 条英文新闻导语,要求学生们进行翻译练习。现将这些导语、学生们的习作以及作者的点评、作者提供的参考译文附录于后,供读者阅读时参考。

　　为便于读者理解,作者在学生们的习作中还做了一些记号:以黑体印刷并画下画线的部分是作者认为译者在理解方面欠妥,只画下画线的部分是作者认为译文在行文方面还存在改进空间。学生练习后面附有作者的点评。

练 习 一

China's confirmation that it tested an anti-satellite weapon is refueling debate in the United States between proponents of space regulation and those who insist on Washington's absolute free rein.

Until now, space has remained largely a zone of cooperation but tensions could grow, especially since satellites are vulnerable to attack, said Theresa Hitchens, director of the Center for Defense Information.

译文 1：中国于此前证实进行反卫星武器试验，引发了美国国内支持建立太空规则和主张美国完全自由行动的激烈辩论。

国防信息中心主任提里萨·希钦斯说，到目前为止，太空合作还是主流，但紧张局势也可能会发展下去，因为人造卫星本身容易受到攻击。

点评：不太符合中文表达习惯。

译文 2：中国近日承认进行反卫星导弹试射，加剧了美国支持空间（应予）规范和坚持不必予以规范的两派的争论。

国防情报中心主任提里萨·希钦斯今日指出，时至今日，在空间领域国家之间更多的依然合作，但国与国之间的关系也愈发紧张，尤其是当反卫星导弹技术出现以后。

点评：语欠通顺。

译文 3：中国进行反卫星武器试验的消息，为美国空间法规建议者和完全自由派之间的辩论火上浇油。

美国国防情报中心主任提里萨·希钦斯说，迄今为止，尽管太空合作已经广泛开展，但由于卫星容易受到攻击，宇宙空间中的不安定因素也在增加。

点评：注意中文表达。

译文 4：中国近日证实了反卫星武器试验，这在美国又重新激起了对太空管理持支持和反对态度者的辩论。

美国国防信息中心主任提里斯·希钦斯说，目前太空大体上仍是一个合作的空间，但是也可能滋生紧张局势，尤其因为卫星对导弹袭击非常脆弱。

点评：注意中文表达。

参考译文：

中国证实它曾进行过反卫星武器试验一事，令美国主张对太空应实施管理和坚持华盛顿可以自由行事的辩论重又热闹起来。

国防情报中心主任特丽萨·希钦斯说，此前太空一直是个合作的领域，但在今天,特别是在卫星变得易于受到攻击之后,局势可能会紧张起来。

练　习　二

A diver who was almost swallowed alive by a 10-foot-long shark said Wednesday a lead-lined vest prevented the animal from biting him in half and a chisel used for gathering shellfish allowed him to fend off the fish.

Eric Nerhus, 41, described Tuesday's terrifying attack by a shark, believed to be a great white, off the fishing town of Eden, about 250 miles south of Sydney.

译文1:一名男子在悉尼南面海域潜水时险些被一条三米长的鲨鱼活活吞掉。 (多有漏译!)

遇险的是41岁的埃里克·纳胡斯,他回忆说,那应该是一条大白鲨,幸好当时穿着防护服还带着可以防身的凿子,才得以逃离鲨口。(译文过分自由,欠准确!)

译文2:一名险些被10英尺长的鲨鱼生吞的潜水员周三说,是一条测深绳帮助他避免了被鲨鱼拦腰咬死,他又用一个用于捕捞贝壳的凿子挡开了鲨鱼的攻击。

这名41岁的潜水员名叫埃里克·纳胡斯,他描绘了周二的可怕经历。他认为这条鲨鱼是一条大白鲨,他遇袭的地点在悉尼以南250英里的著名捕鱼小镇的海岸附近。

点评:只要多动动脑子,这类汉译就可避免。

译文3:41岁的司机埃里克·纳胡斯从一只10英尺长的大白鲨口中死里逃生,他说是防护背心的保护使他免遭鲨鱼的撕咬,挖贝壳的凿子则成了他用以和鲨鱼搏斗的武器。

据纳胡斯描述,昨天的可怕的袭击发生在距离悉尼250英里的渔村伊登附近的海域。

点评:只要多动动脑子,这类汉译就可避免。

译文4:一位司机几乎被一条10英尺长的鲨鱼活吞,他周三说多亏一副测探绳网使鲨鱼未将他咬成两段,而一把收集贝类的凿子则被他作为武器抵御鲨鱼。

这名幸运的司机是41岁的埃里克·纳胡斯。他描述了星期二在悉尼以南250英里的伊甸鱼镇,被一条鲨鱼(据称是一条大白鲨)攻击的恐怖经历。(这种用括号翻译困难语句的方法应尽量少用。)

参考译文:

一位差点被一条10英尺长的鲨鱼活活吞下的潜泳者今天说,是他那件衬铅里子的背心使他没有被鲨鱼咬成两截,是一把采集贝壳的凿子帮他赶跑了那条鲨鱼。

41 岁的埃里克·纳胡斯介绍了昨天被鲨鱼袭击的恐怖情形。他说,那条鲨鱼可能是条大白鲨,事情发生在捕鱼小镇伊登海域,在悉尼以南约 250 英里。

练 习 三

China's economy grew 10. 7 percent in 2006, its fastest rate in more than a decade, as investment and exports powered ahead despite a raft of government curbs to keep the pace of expansion in check.

The world's fourth-largest economy has now grown at double-digit rates for four years in a row.

At that pace, China's output could leapfrog Germany's and catapult it into third place in the global rankings as soon as 2008, when it will showcase its meteoric rise by hosting the Olympic Games. It overtook Britain in 2005.

译文 1:虽然中国政府采取了很多抑制经济过度膨胀的政策,2006 年中国经济还是以近十年来最快的速度——10.7％的速度发展。

世界第四大经济强国已经连续两年以二位数的增速发展。(语义不确)

以这样的速度,到 2008 年中国通过举办奥运会向世界展示她的快速崛起时,中国将会超过德国,成为世界第三大经济强国。中国在 2005 年取代英国成为世界第四大经济强国。

译文 2:尽管中国政府采取了大量控制经济增长过快的措施,在投资和出口的推动下,中国 2006 年的经济增长率依然达到了 10.7％,是近十年多来增长最快的一年。

这个世界第四大经济力量已经连续四年以两位数的速度增长。

按照这个增长速度,到 2008 年,中国的出口将超过德国并跳入全球排名第三的位置。到那时,中国将借助举办奥运会的机会来展示辉煌的经济成就。在 2005 年的时候,中国的出口就已经超过了英国。

译文 3:中国 2006 年经济增长 10.7％,这是在政府**采取措施控制经济扩张步伐,投资和出口增长仍然强劲的形势下**取得的。

这个世界第四大经济体已经连续四年保持两位数增长。

以这样的速度,中国的产值在 2008 年将会借助奥运会的机遇超过德国,晋升第三位。它 2005 年超过英国。(对原文的理解有误)

参考译文:

2006 年,尽管中国政府采取了一系列措施来限制经济过快增长,但因投资和出口大幅增加,其国内生产总值的增幅仍然达到了 10.7%,是十几年来增长最快的一年。

这个世界第四大经济体 4 年来一直以两位数字的速度增长。

按照这一速度,至 2008 年,也就是举办奥运会的那一年,中国就会迅速崛起,其经济总量将超过德国,跃居世界第三位。中国经济于 2005 年超过了英国。

练 习 四

After 10 years as UN secretary-general, Kofi Annan has returned home to Ghana to cheering crowds and murmurs that he might run for president. But Annan told leaders in his homeland that he has a different focus in mind: farming.

Speaking at a meeting with President John Kufuor and opposition leaders on Wednesday, Annan said he was "serious about going into agriculture." The former UN chief expressed disappointment that Africa was unable to feed itself.

译文 1:结束了十年的联合国秘书长生涯后,安南回到了自己的<u>家乡——加纳</u>。面对欢呼的人群和他将参选加纳总统的<u>怀疑声</u>,安南告诉加纳领导人他有不同的想法——务农。

在与加纳总统××和反对党领袖周三的会晤中,安南说他<u>对务农非常感兴趣</u>。这位前联合国秘书长对非洲国家不能养活自己的国民<u>感到很遗憾</u>。

译文 2:在结束了为期 10 年的联合国秘书长的任职后,安南回到了**他在加纳的家**。那里有欢呼他的人群,也有关于他将竞选总统的传言。但是安南告诉<u>他家乡的领导人</u>,他最为关注的其实是另一件事情:<u>农业</u>。

在周三举行的**一次会议上**,安南表示他"关于进入农业的想法是很严肃的"。这位联合国前任秘书长对于非洲不能自给的现状表示了失望。**加纳总统库福尔和反对派的领导人也参加了这次会议**。

译文 3:**科菲·安南在任 10 年联合国秘书长后的欢呼中**返回祖国加纳,<u>谣言他将竞选总统</u>。但是安南对祖国的领导人说他在思考<u>一个不同的问题</u>,农业。

在与总统库福尔和反对党领导人会见时,安南说他"投身农业是<u>慎重的</u>"。这位前联合国<u>首长</u>对非洲不能解决温饱问题表示失望。

参考译文:

在担任联合国秘书长 10 年后,科菲·安南在国人的欢呼声和关于他可能竞选总统的窃窃私语声中回到了祖国加纳。但是,安南<u>对国家政要们</u>说他另有打算:务农。

1 月 24 日,在与约翰·库富奥总统及反对党领袖会见时,安南说他的"务农的想法是认真的"。这位前联合国秘书长表示,他对非洲依然不能养活自己感到失望。

练 习 五

BEIJING, March 8 (Xinhua)—China issued on Thursday the Human Rights Record of the United States in 2006 in response to the Country Reports on Human Rights Practices for 2006 issued by the U.S. Department of State on Tuesday.

Released by the Information Office of China's State Council, the Chinese report lists a multitude of cases to show the human rights situation in the United States and its violation of human rights in other countries.

译文1:华社北京3月8日电　国务院新闻办于周四发布了《2006年美国人权纪录报告》。此次报告的发布回应了美国本周二发表的《2006年国家人权行动报告》,描述了美国人权现状和它对其他国家的人权干涉。

译文2:新华社北京3月8日电　中国政府周四发表了《2006年美国的人权报告》,以此来回应美国国务院周二所发表的《2006年国别人权报告》。

中国的人权报告　由中国国务院新闻办公室对外发布,列举了大量案例来表明美国的人权状况以及美国对其他国家人权的侵犯。

译文3:新华社北京3月8日电　国务院新闻办于周四发布了《2006年美国人权纪录》,回应了美国国务院于周二发布的《2006年国别人权报告》。这份纪录通过案例披露了美国国内的人权状况以及其侵犯他国人权的事实。

点评:此译简明准确,但第二句有漏译。注意:英文新闻讲究段落简短,一段表达一层意思。在一段情况下,中文译文也宜如此。

参考译文:

新华社北京3月8日电　中国今天发表了《2006年美国的人权纪录》,以回应美国国务院6日公布的《2006年国别人权报告》。

这份由中国国务院新闻办公室准备的报告列举了大量事实,揭露美国国内的人权状况以及它侵犯别国人权的情况。

练 习 六

A jewellery thief sneaked into an exhibition with a stolen pass and stole diamonds worth $44 million—but had them in his hands for less than a minute—a court heard yesterday.

　　译文 1：来自法庭的消息　昨天，一个小偷盗用他人通行证混入珠宝展，在展会上顺走价值 4 400 万美元的钻石。可是还没等他手将钻石捂热就被发现了。（"顺走"、"捂热"都是口头语汇，在新闻翻译中，这类词汇应当慎用）

　　译文 2：一个专偷珠宝的窃贼用一张盗来的通行证暗中潜入一场展览会，偷窃了价值 4400 万美元的钻石——然而，这些钻石只在他的手中停留了不到一分钟——法庭昨日审理了此案。（注意中文表达和句子结构）

　　译文 3：法院昨日审理了一起珠宝盗窃案，一名小偷利用偷来的通行证潜入展会并偷走价值 4 400 万的珠宝，但是很快就被警方抓获了。

　　参考译文：

　　有人昨天在法庭上说，一个利用偷来的门卡潜入展厅，窃得价值 4 400 万港元钻石的窃贼当场被捕，而赃物在他手中呆了还不到一分钟。

CHAPTER

第三章

主体部分翻译

一、主体部分的结构特点

在第二章里,我们已经讲过,英文新闻稿的主体部分主要是由一件件新闻事实组成的,这些新闻事实依其新闻价值的高低排列,价值高的排在前面,相对次要的排在稍后,依此类推。

为了使这些新闻事实能够浑然一体,令读者读起来感到流畅自然,在写作过程中记者还会在导语与新闻主体之间以及新闻事实与新闻事实之间,使用一些起过渡作用的字词、短语、句子或段落;为了帮助读者理解新闻中的难点、疑点或深层含义,新闻中还每每提供一些必要的背景和解释。

英文新闻稿具有句子长、分句多、段落短、篇幅大、信息量也大的特点。在同样情况下,中文新闻稿一般句子较短、分句(或修饰成分)较少、段落较长、篇幅较小,但其信息量(从总体上讲)并不因之减少。翻开中文报纸,在同一版面上,你会看到七八条,甚至十多条新闻,而在英文报纸的类似版面上,稿件的数量一般都是四五条,五六条左右,每条新闻的篇幅较中文稿件长得多。下表是一般中、英文稿件有关特点的简要比较:

一般中、英文新闻稿特点的比较

	中文新闻稿	英文新闻稿
句子	短	长
分句(或修饰成分)	少	多
段落	长	短
篇幅	小	大
信息总量	与同篇幅英文稿大体相当	与同篇幅中文稿大体相当

新闻稿件的这些特点,都会关系到我们的新闻翻译。

应当指出的是,中文新闻稿段落偏长的特点不利于读者阅读。长长的段落印在报纸上必然是黑压压的一片文字,令读者"望而生畏"。短段落出现在版面上的"景象"必然是黑白相间,对眼睛的刺激较小,比较宜人,令读者的阅读心情也轻松不少。两者比较,当然是短段落更胜一筹。

遗憾的是,迄今为止,我国中文新闻从业人员对此似乎并不太在意,新闻教育工作者也从未把纠正此事列入他们的教学内容,因此,这个问题始终不见多少改进。

在这一点上,西方新闻写作中强调的短段落值得效仿。作者在此仅向我国广大新闻从业人员和新闻教育工作者呼吁,请大家重视此事。为读者着想,为传播效果考虑,请把新闻段落写得简短一些!

作者同时也向我国广大新闻翻译工作者呼吁：也请你们把新闻译文的句子、段落译得简短一些！

二、新闻事实的翻译

既然新闻的主体主要是由新闻事实组成的，新闻主体部分的翻译必然主要就是对新闻事实的翻译。

翻译新闻事实并无特别的诀窍，最高标准还是"信、达、简、雅"。如前所述，"信"指的是忠实于原文原意；"达"是要求文字朴实，通畅顺达；"简"强调的则是言简意赅，通俗易懂，各个文化层次的读者皆宜。至于此处这个"雅"字，我认为译者无须刻意追求，因为采写新闻的原语记者并未在文字上冥思苦想、字斟句酌，翻译时也不必精雕细刻，试图"超越"原语的水平，令译文高雅华丽，玩出点新的花样。只要把通俗的原文忠实准确地表达出来，就已圆满完成了任务。

三、译文中的过渡、增删、背景及解释

1. 过渡

西方新闻写作讲究过渡。在导语与主体部分之间，以及在前后两件新闻事实之间，一般都会写入一些起转承作用的字词、短语、句子或段落，使上下两部分有机地连接起来，令文字平稳流畅，避免大起大落，出现断层，并因之失去读者。

一般来说，西方新闻写作比较严谨。经记者、编辑层层把关，播发出来的新闻在文字方面不会有明显瑕疵。因此，翻译工作者只需审慎地进行翻译，不必为文字的上下衔接耗费过多时间。

2. 增删

为方便读者对译语新闻的阅读和理解，英汉新闻翻译允许对原语新闻做少量非实质性的增删。

2007 年年初，美国发生了大规模的反战示威，新闻中报道了简·方达（Jane Fonda）和辛迪·希恩（Cindy Sheehan）的讲话，但却没有提及她们的身份和背景。在美国，这两位妇女可谓家喻户晓，但在美国以外的地方，熟悉她们情况的恐怕为数不多。因此，翻译这条新闻时，最好能在她们的名字前面增加诸如美国著名女星、越战反战人士、著名的反战母亲这样的解释性文字。新增的"头衔"字数不多，也未违背事实，但却能让我国读者立即获悉这些游行的人员组成、规模、目的和意义。

如果觉得这样的增译不够妥当,也可采用在相关名字后面用括号加注的方法。

英汉新闻翻译过程中,对原文做些删减不仅必要,也不鲜见。

美国通讯社报道伊战阵亡的官兵时,总要提及他们所属部队的名称(细至师、团、营、连),他们的军衔、籍贯或住址(细至家庭所在的州、市、镇),而翻译这样的消息时,保留如此具体的信息不仅没有必要,反而有些多余。细碎的信息过多反而会影响读者对重要情节的有效摄取。

3. 背景

当原语新闻中出现令读者难于理解的历史、地理、文化、军事、知识性的资讯时,译者宜根据需要,对这些资讯提供简要的注释。因为这样的资料都较简短,注释可以单独成句,也可把它置于有关字词后面的括号之中。新华社记者赵菲菲在翻译《时代》周刊2007年一篇关于怀念帕瓦罗蒂的文章时就采用了这种方法。请看:

He also poured forth showmanship. A six-footer who weighed 300 pounds or more for much of his life, he had a Rabelaisian appetite for food and fun.

下面是赵菲菲的译文及其在"Rabelaisian"一词后面的加注:

他的表演才能也是取之不尽,用之不竭。他身高6英尺,一生大部分时间体重都在300磅以上,对食物和乐趣有一种伯拉雷(法国文学巨匠,笔下巨人饕餮好酒,纵情娱乐——译注)式的好胃口。

看到这里,我相信读者一定会感谢这位翻译的智慧和劳动,因为她提供的注释不仅帮助我们学习了一个生僻的单词,而且顺利理解了这个比喻的确切含义。

4. 解释

新闻中的解释(interpretation)具有"见解"(perception)和"观点"(opinion)的意味。译者没有权力对原语新闻中的资讯和言论进行解释。原语新闻是原语记者的劳动成果,内中暗含他们的思想和观点,这些新闻的著作权属于它们的播发机构。如果新闻中存在需要解释的地方,解释的权力也属原语新闻媒体。

四、涉及政治、外交、意识形态内容的处理

在英汉新闻翻译过程中会经常遇到一些与我国的方针政策、意识形态,以及与记者、编辑、他们所属媒体的编辑方针或政治倾向不一致的文字(包括新闻事实、引语、解释性段

落等)。处理这种情况,作者的见解是:如属新闻稿翻译(全文翻译),应尊重原文原意,全部照译。翻译工作者无权修改其他记者采写、其他媒体播发的新闻。如果认为某些观点无法接受,可将整条新闻弃之不用,但决不可有选择地、仅仅翻译那些与自己的政治观点或个人好恶完全一致的文字。

至于新闻编译,那是另一个领域,另一种翻译手段。新闻编译的问题,我们将在本课程的后半部另行讨论。

对于涉及主权、领土、意识形态、宗教民族问题的翻译,作者有以下建议供翻译工作者参考:

(1)凡涉与国家主权、领土有关的问题,一定要严格按照国家的有关政策和规定执行,查阅相关资料,准确进行翻译。

台湾问题比较复杂,比较现实,会经常遇到。台湾是中国的一个省,不是什么国家。外国人对此了解不深,在有关新闻里常常使用一些有违"一个中国"原则的提法。翻译这类新闻时,译者应当特别谨慎,不可掉以轻心。最好的办法就是查阅国家的有关规定,并按照这些规定进行翻译。

在领土问题上,需要注意的是关于有争议地域的名称及其翻译。不时出现在新闻里的这类问题包括我国的钓鱼岛、南沙群岛、西沙群岛,以及独岛、马岛等岛屿。新闻中出现有关地名时,需特别谨慎。作者认为,基本原则应该是:凡涉我国领土,译文一定要体现我国主权,凡涉其他国家间的领土争端,译文要体现中立立场,避免介入他国的纷争。

例如,在有的英文新闻里,读者会发现 Senkaku Islands、Spratly Islands、Paracel Islands 等名称,翻译时将它们直接译为钓鱼岛、南沙群岛、西沙群岛。

另外,如在发自日本的新闻里提到了"Take Shima",翻译时宜于"竹岛"之后用括号注明"韩国称为独岛";如果新闻报道的是韩国的事情,内中提及"Dokdo"或"Tokdo",翻译时可将其译为"独岛",并在后面用括号注明"日本称为竹岛"。

同样的做法也适用于处理阿根廷、英国关于 Malvinas Islands or Falkland Islands 的问题。在有些情况下,可以将其译为马尔维纳斯岛(英国称为福克兰岛),或福克兰岛(阿根廷称为马尔维纳斯岛)。

(2)凡属意识形态问题,原则上应该尊重原文原意,全部译出。修改问题交由编辑处理。

(3)凡涉宗教、民族、种族、性别、肤色问题,翻译时要严格按照国家政策执行,不可杂有个人好恶或感情。

五、褒贬义兼有词汇的翻译

在英文新闻稿中,有一些字词和短语看似普通,十分中性,不带任何感情色彩,但翻译时却既可以褒,又可以贬,具有两种截然相反的含义。怎么办? 是按其褒义,还是按其贬义进行翻译? 如 ambition 一词,它同时具有雄心和野心两种意思。翻译时怎样处置? 又如 politician 一词,你可以把它理解为政治家,也可以把它理解成政客。前者属褒义,后者属贬义。翻译时怎样取舍?

这其实牵扯到媒体的编辑方针或政治取向问题。政治取向不同的媒体,在翻译时就可能会选取褒贬不同的语汇加以处置。例如,美国众议院议长 Nancy Peloci 是个反华老手,在中国问题上一贯支持台独势力,阻挠中国统一。如某一英文新闻稿里称这位女士为 the noted politician,怎么翻译? 我想,大陆的某些媒体可能会把它译为“这个名噪一时的政客”,而台湾的有些报章则可能把它译成“这位著名的政治家”。如果说一位杰出的科学家孩提时代就 very ambitious,那么,一般情况下,人们可能会把它译为“少有壮志”,而当提到希特勒早年就 very ambitious 时,恐怕各个媒体都会把它译为青年时代他就“野心勃勃”。

有些字词,虽然没有明显或强烈的政治含义,但翻译时却也存在一个感情取向问题。如动词 to die,它的词义简单,就是“死”的意思。但在中文里,你却可以把它译为逝世、仙逝、辞世、过世、去世、牺牲,也可以把它译为死了、死去、死掉、一命呜呼、归西或见上帝或见马克思去了。这些字词有的比较中性,有的充满敬意,有的则比较冷漠,有的甚至有些幸灾乐祸。翻译这类字词时,感情的认同很可能令不同的译者对死者采取尊重、敬仰,抑或是鄙视、憎恶的态度。

同理,我们还可列举以下字词,翻译时,需要多加斟酌:

to attribute to	归功于、归之于、归咎于
to be allied to	结盟、联合、勾结
to be captured	被捕、被抓、遭到逮捕
to be killed	被杀、被害、遇害、遇难、罹难、牺牲、遭到杀害、遭到不幸、横遭杀身之祸
to blame	责备、指责、责难
to kill	杀害、杀死、杀戮、屠杀
to put down	镇压、制止、平定
aggressive	有进取心的、有攻击性的、有侵略性的
chief	主任、长官、头目、头(儿)
invasion	进驻、入侵、侵略、侵犯
leader	领袖、领导人、头目
lover	情人、恋人、情侣、爱侣、伴侣、爱人、情夫、相好

news   消息、风声、噩耗
rebellion   叛乱、造反、反叛

英文中的冠词(a,an,the)和数词(one,two,three...)都不具感情色彩。但是,当把它们译成中文时,却都要加上一个相应的量词。这个量词却是个有色彩、有感情、甚至有政治取向的语汇。翻译时也需小心。如:

a Nobel Prize winner   应译为"一位诺贝尔奖获得者"
the politician   可译为"这位政治家"或"这个政客"
two bandits   应译为"两个土匪",不可译为"两位土匪"
three construction workers were killed in the blaze
                             宜译为"3名建筑工人在这场大火中不幸遇难"
more than one hundred Taleban soldiers were captured by the Alliance Forces
                             宜译为"一百多个(或一百多名)塔利班士兵被盟军抓获"

当然,翻译工作者这种"临场发挥"的权力并非绝对的。到底取其褒义还是贬义,能否译出感情色彩,决定因素还要看原语记者通过上下文透出的确切含义。翻译不能违背原文原意,强行注入自己的个人好恶。

六、注意英国英语和美国英语之间的差异

英汉新闻翻译过程中,应注意英国英语和美国英语之间的细微差异。

在英国英语和美国英语中,少数词汇的含义很不相同。遇到这些字词时,应留心报道这条新闻的是哪个媒体,属哪个国家,以免混淆了它们的确切含义。Billion 在美国英语中是十亿,在英国英语中是万亿;to table a motion 在美国英语中意为"搁置一项动议",而在英国英语中却是"把一项议案列入议事日程";把一位小姐形容为 a fresh girl,在美国是称赞那位姑娘长得漂亮,富有朝气,而在英国则有讥其风骚、作风不好的意思;在美国,The press conference will be held on the first floor of the hotel 应理解为"记者招待会将在饭店的一楼举行",但在英国,同样一句话则应理解为"记者招待会将在二楼召开"。

在英汉新闻翻译中,还有一些几乎已经被人接受了的不当译法。例如,有人把 Australia 译为澳洲,把 America 仅仅理解为美国,把 England 干脆就当作英国。其实,这样理解并不恰当,它们的准确含义分别是澳大利亚、美洲和英格兰。澳洲是一个地理概念,澳大利亚指的则是一个国家,尽管两者涵盖的范围大致相当。美洲分南美洲、北美洲,在北美洲,又有美国和加拿大等国家。美国的全名是美利坚合众国(the United States of America),简称美国。看到 America 就把它译为美国就有可能出错。而英格兰只是大不列颠及北爱尔兰联合王国(the United Kingdom of Great Britain and Northern Ireland)的一部分,它不能代表整个英国。

七、译文应使用规范汉语

　　在将英文新闻译为中文时，语言一定要规范、讲究。不宜使用地方方言。

　　有些香港报纸至今大量使用粤语词汇和一些洋泾浜式的古怪名称，这种做法让人想起了解放前的上海。它们把 percent 翻成巴仙、把 brake 译为"迫力"、把 number 译为"冧巴"、把 order 译为"柯打"、把 bus 译为"巴士"、把 taxi 译为"的士"、把 store 译为"士多"、把 the youngest daughter 翻成"仔女"。这些译法显然都不规范。报纸是为所有社会成员阅读的，而不是仅为其中的某些人士。尽管有些译名已经沿用多年，但就新闻翻译而言，这种做法已经落后于时代。报纸有如读者的教师，教师不使用规范文字是会误人子弟的。

　　然而，对那些使用广东话的读者来说易懂、对使用普通话或其他地方方言的读者来说也不难明白的语汇，翻译时则可灵活一些。例如，在将 made to order 一语译成中文时，规范的中文应该是"订做"，但在香港，如果译成"度身订造"似也没有问题；在翻译 to distribute rice to the residents 时，如译为"向市民派米"，作者认为也还得当，因为这样的表述不仅讲广东话的读者觉得顺耳，对讲普通话或其他方言的读者来说也不难接受，而在修辞方面，"度身订造"比"订做"、"派米"比"发米给市民"来得更为明白、更有色彩。

　　近几年里，以东北方言上演的小品和电视剧正在"火"头上，收视率据说一直居高不下。但作者担心，这股"东北风"有朝一日会不会刮进我们英汉新闻翻译领域。但愿这种担心只是"杞人忧天"。

八、新闻翻译参考练习

练　习　一

US defector 'wouldn't leave NKorea for a billion dollars'

1. WASHINGTON，Jan. 29（AFP）—The last US defector to North Korea nearly 45 years ago said in a broadcast interview that he felt at home in the isolated Stalinist country，which he would not leave for "a billion damn dollars of gold".

2. Joe Dresnok spoke to two British filmmakers about his decision in 1962—after his wife divorced him and he was about to be court-martialed—to cross the mine-filled divide separating South and North Korea.

3. "I was fed up with my childhood，my marriage，my military life，everything. I was

finished. There was only one place to go," Dresnok told the filmmakers in an interview shown on CBS television's "60 Minutes" program.

4. "On August 15, at noon in broad daylight when everybody was eating lunch, I hit the road. Yes, I was afraid. Am I going to live or die? And when I stepped into the minefield, and I saw it with my own eyes, I started sweating. I crossed over, looking for my new life," he said.

5. Dresnok later met three other American defectors, who had sought asylum at the Soviet embassy, which sent them back to the North Koreans. Unable to leave the country, Dresnok said he had decided to adapt to the North Korean way of life.

6. "Little by little, I came to understand the Korean people," he said.

7. Dresnok starred in dozens of propaganda films, including one in 1978 in which he played the brutal US commander of a prisoner of war camp, CBS said.

8. "I don't consider it a propaganda movie. I took great honor in doing it," said Dresnok, who also taught English and translated writings of "Great Leader" Kim Il-Sung into English.

9. He also rejected allegations by Charles Jenkins, a former US defector who was allowed to leave North Korea in 2004, that Dresnok had beaten him under orders of North Korean officials. "He's a liar," Dresnok said.

10. Dresnok told his story to British filmmakers Dan Gordon and Nick Bonner, who have made a documentary called "Crossing The Line."

11. He had two sons with an eastern European wife who died young. His eldest son James, who is blond-haired and blue-eyed, studies at the foreign language college in Pyongyang, considers himself Korean and wants to become a diplomat, the documentary showed.

12. "I start to learn English to become a diplomat," James told the filmmakers in accented English. "I'd like to make the world which has no war at all. And no terror at all."

13. Dresnok later married the daughter of a Korean woman and an African diplomat, and the two have a six-year-old child.

14. He lives in a small apartment in Pyongyang where he receives a monthly government stipend.

15. "I don't have intentions of leaving, couldn't give an (expletive) if you put a billion damn dollars of gold on the table," he said.

16. "I really feel at home. I wouldn't trade it for nothing."

词　汇　表

DPRK（Democratic People's Republic of Korea）
　朝鲜民主主义人民共和国

defector　叛逃者

minefield　地雷阵

mine-filled border　布满地雷的边界

Joe Dresnok　乔·德雷斯诺克

court-martialed　军法审判

to be fed up with　受够了

the North，the South　朝鲜北方、朝鲜南方

I was finished　我完了

CBS television　哥伦比亚电视网

"60 Minutes" program　《60分钟》节目（或栏目）

to hit the road　上路，出发

Am I gonna live or die?　是死？是活？

"propaganda" work　"宣传"工作

to seek asylum　寻求政治避难，寻求政治庇护

to adapt to　适应

to come to understand　逐渐明白

a prisoner of war camp　战俘营

Dan Gordon　丹·戈登

Nick Bonner　尼克·邦纳

documentary　纪录片、文献片

Crossing The Line　《穿越边界》

blond-haired　棕色头发的，黄头发的

blue-eyed　蓝眼睛的

Pyongyang　平壤

government stipend　政府补贴

expletive　愤怒时说出的骂人话

a billion damn dollars of gold　十亿美元的黄金

to feel at home　感到就像在家里一样

I wouldn't trade it for nothing　给什么我都不换

参考译文：

"给我十亿美元也不离开"
美国逃兵讲述在朝鲜的生活

1．法新社华盛顿（2007年）1月29日电　最后一名叛逃到朝鲜的美国兵说，他在朝鲜很自在，即便给他10亿美元他也不会离开。这名士兵是在45年前越过雷区逃到这个被孤立的斯大林主义国家的。

2．乔·德雷斯诺克向两位英国电影导演讲述了自己是如何在1962年做出越过分割南北朝鲜且又布满地雷的边界这个决定的。此前，他的老婆跟他离了婚，而他自己也面临着军法审判。

3．在美国哥伦比亚广播公司《60分钟》栏目1月28日播出的这段电视采访中，德雷斯诺克说："我受够了自己的童年生活、自己的婚姻、自己的军旅生活，我受够了这一切。我心如死灰。我只有一个地方可以去。"

4．他说："8月15日那天中午，大家都在吃午饭，我就在光天化日之下开始逃跑。是的，我很害怕。是死？是活？我不知道。我走进了雷区，亲眼看见了地雷，吓

出了一身冷汗。我走出来了,开始寻找我的新的生活。"

5. 不久后,德雷斯诺克遇到了另外 3 名美国逃兵。他们都替朝鲜做"宣传"工作。有一天,他们跑到苏联使馆寻求政治避难,但苏联人把他们遣送给了朝鲜人。德雷斯诺克说,由于无法离开朝鲜,他决定开始适应朝鲜的生活方式。

6. 他说:"慢慢地,我开始理解了朝鲜人。"

7. 哥伦比亚广播公司的节目说,德雷斯诺克曾在十多部"宣传"影片里扮演角色。1978 年,他还在一部电影里扮演战俘营里的一个残暴的美军司令。

8. 德雷斯诺克说:"我并不认为那是部宣传片。能在那里面饰演角色,我感到光荣。"他在朝鲜还教过英语,并把"伟大领袖"金日成的著作翻译成英文。

9. 他还反驳了于 2004 年获准离开朝鲜的美国逃兵查尔斯·詹金斯的说法:德雷斯诺克曾在朝鲜人授意下殴打他。德雷斯诺克说:"他在撒谎。"

10. 德雷斯诺克向英国电影导演丹·戈登和尼克·邦纳讲述了自己的故事。戈登和邦纳曾据此摄制过一部名为《穿越边界》的纪录片。

11. 影片介绍说,德雷斯诺克在朝鲜与一位东欧女子结婚,生了两个儿子,但妻子早逝。大儿子詹姆斯黄头发,蓝眼睛,现在平壤的一所外国语学院里读书,他认为自己是朝鲜人。

12. "我在学习英语,希望将来成为外交官。"詹姆斯用带有口音的英文对戈登和邦纳说。"我希望能使世界不再有战争,不再有恐怖活动。"

13. 德雷斯诺克后来又结了婚,有个 6 岁的孩子。太太的母亲是朝鲜人,父亲是一位非洲外交官。

14. 他们住在平壤的一所小公寓里,按月领取政府津贴。

15. 他说:"我不打算离开,就是把 10 亿美元的黄金摆在桌子上我也不会动心。"

16. "我确实感觉到自在。给什么我都不换。"他说。

练　习　二

Mothers consoled by births after seeing relatives killed

1. Two girls, one Israeli and the other Palestinian, were born on Monday to mothers grieving for relatives who had just been shot dead alongside them.

2. The Palestinian mother, Maisoun el-Haiyek, 22, was in a car taking her to hospital in the West Bank city of Nablus when Israeli soldiers opened fire at a roadblock, killing her husband who was driving, and critically wounding his father sitting alongside him. Ms el-Haiyek escaped injury by lying on the back seat.

3. An army spokesman said the area was under curfew and that Ms el-Haiyek's husband ignored signals by soldiers to pull over.

4. Ms el-Haiyek said soldiers at the entrance to Nablus had thoroughly inspected the car, even asking her husband to lift her garment to prove she was pregnant. "No one warned us there might be shooting," she said.

5. Ms el-Haiyek later delivered a girl she named Fidah, which means sacrifice.

6. A few hours later, in another part of the West Bank near Bethlehem, Palestinian gunmen opened fire on a car containing four Israeli settlers. The shots killed two men in the vehicle and seriously wounded the daughter of one of them, Tamara Fisch-Lifshitz, 33, who was in her 36th week of pregnancy.

7. In a Jerusalem hospital, Ms Fisch-Lifshitz was taken to an operating theatre where she was informed doctors could hear the baby's heart beating. A Caesarean operation was performed to remove the baby girl.

8. Surgeons found the bullet had penetrated the womb without injuring the baby or any of the mother's internal organs. "You can say that the baby actually saved her mother's life," said one of the surgeons.

9. "I lost my father and I have a beautiful girl," said the wounded woman.

10. Both babies were reported doing well.

(SMCP, February 27, 2002)

词　汇　表

Israel　以色列

Israeli　以色列人

Palestine　巴勒斯坦

Palestinian　巴勒斯坦人

to console　安慰，慰问

Maisoun el-Haiyek　麦松·埃尔-海叶克

Fidah　菲达

West Bank　（约旦河）西岸

Nablus　纳布卢斯

Bethlehem　伯利恒

grieving for　为……感到悲痛，为……感到伤心

to ignore　不理，不顾

to deliver　分娩，生产

sacrifice　牺牲，代价

Tamara Fisch-Lifshitz　塔玛拉·菲什-莉芙什兹

settler　定居者，移民

pregnant, pregnancy　怀孕的，怀孕

Jerusalem　耶路撒冷

operating theatre　手术室

Caesarean operation　剖腹产手术

surgeon　外科医生

to penetrate　穿透

womb　子宫

internal organs　内部器官，内脏

参考译文：

目睹亲人遇害 女儿心碎
分别诞下女婴 又获慰藉

1．一位以色列妇女和一位巴勒斯坦妇女星期一分别诞下女婴，而前此不久，她们却因亲人就在身边遇难而悲痛不已。

2．那位巴勒斯坦妇女叫麦松·埃尔-海叶克，今年 22 岁。那天，家人开车送她到西岸城市纳布卢斯的医院。在一路障附近，以色列士兵向他们开枪，杀死了她正在开车的丈夫，坐在他旁边的家翁也受了重伤。埃尔-海叶克本人因躺在汽车后座而逃过一劫。

3．以军的发言人说，当时那个地区正在戒严，埃尔-海叶克的丈夫却无视以军士兵要他靠边停车的命令。

4．埃尔-海叶克说，以军在通往纳布卢斯的路口已经严格检查过他们的汽车，甚至还要她丈夫掀起她的衣服看她是否真的怀孕。她说："没有人警告过我们可能会开枪。"

5．埃尔-海叶克后来生下了一个女婴，取名菲达，意思是"牺牲"。

6．几小时后，在西岸伯利恒附近，巴勒斯坦枪手向一辆载着 4 个以色列移民的汽车开枪，杀死了车上的两个男人，并使其中一个男人的女儿受了重伤。这位妇女叫塔玛拉·菲什-莉芙什兹，今年 32 岁，已怀孕 36 周。

7．在耶路撒冷的一家医院里，菲什-莉芙什兹被送进了手术室。有人告诉她说，医生能听见婴儿的心跳。医生们为她做了剖腹产手术，帮她把孩子生了下来。

8．医生发现子弹已经穿透了她的子宫，但未伤及婴儿和她的其他内部器官。一位医生说："可以说，实际上是婴儿救了她母亲一命。"

9．受了伤的菲什-莉芙什兹说："我失去了父亲，但却得到了一个漂亮女儿。"

10．据悉，两个女婴的情况都很正常。

（译自 2002 年 2 月 27 日《南华早报》）

CHAPTER

第四章

引 语 翻 译

一、三 种 引 语

引语有直接引语、间接引语和部分引语 3 种。

直接引语是指新闻中用引号引起来的新闻人物所说的话。引文必须准确无误,原原本本,一字不差,绝对忠实于讲话人的语言和思想。

间接引语引述的是新闻人物所讲的主要意思,引文不用引号,它可以是讲话人的原话,也可以是记者用自己的话进行的转述。使用间接引语时虽然不加引号,但引述的内容也必须与讲话人的原意相同或者相近,不能断章取义,不能"各取所需",不能"移花接木",不能根据个人需要任意杜撰,把新闻人物从未讲过的话强加在他们头上。

部分引语则是将讲话人讲过的部分内容用引号引起来,而将其余部分用记者的话进行转述的行文方式。使用这种引述方式的原因一般都是因为讲话人的讲话太长,值得直接引述的部分有限,而被引号引起来的部分往往是讲话的关键内容,或者是具有"非同寻常"的意义,或者是有悖常理,或者是有别于记者所在媒体的编辑方针,记者这样引述是为了与其"保持距离",避免读者产生误会。

在我国,新闻中使用间接引语的做法相当普遍,但其翻译却相对比较容易,与翻译其他内容并无大的不同。部分引语实际上是直接引语的变种,其翻译方法与翻译直接引语大同小异。下面重点讲授的是直接引语的翻译。

二、直接引语翻译

英文新闻写作,特别重视直接引语的使用。有了直接引语,新闻就会变得更加真实、更加可靠、更加可信、更有分量、更有现场感、更有可读性。反观中文新闻,直接引语用得不多。这种情况,在大陆报界如此,在台湾报界如此,在香港报界也是如此。

作者曾对美联社、路透社 1995 年 10 月 1 日的发稿作过一次调查,结果发现:美联社在调查当天播发的有实质内容的 81 条新闻中,使用了直接引语的共 48 条,占该社当天播发的有实质内容稿件的 60%。路透社在调查当天播发的有实质内容的 155 条新闻中,使用了直接引语的共 106 条,占该社当天播发的有实质内容稿件的 68%。

作者还曾就《人民日报》和集中刊登新华社新闻稿的《新华每日电讯》1996 年 9 月 1 日至 5 日刊登的新闻(包括通讯、社论等)作过一次调查,结果显示,在《人民日报》刊登的 424 条新闻中,使用了直接引语的新闻共有 33 条,占 8%;在《新华每日电讯》刊登的 416 条新闻中,使用了直接引语的共有 22 条,占 5%。这一调查结果显示,我国两个主要新闻机构的记者和编辑都不怎么重视直接引语在新闻写作中的使用。

2001年10月,作者还曾对香港的《明报》、《文汇报》和《东方日报》等中文报纸,《南华早报》、《亚洲华尔街日报》以及美国的《纽约时报》、《华盛顿邮报》和《今日美国报》等几份英文报纸就其使用直接引语的情况作过调查,结果发现,在英文报纸新闻报道中,使用了直接引语的高达93%,其中使用了3条以上直接引语的也占76%;而在同一时间段内,在香港的中文报纸报道中,使用了直接引语的只占17%,其中使用了3条以上直接引语的仅占5%。

有鉴于此,在将英文新闻稿翻译成中文时,直接引语的翻译问题将会经常出现。

翻译直接引语没有诀窍,其基本原则是:忠于原文,保持说话人的原意和风格,尽量使其符合讲话人的身份或职业;文字通畅,在行文方面应力求符合译语语言的表达习惯。关于翻译的质量,作者在第一讲中提出的"信、达、简、雅"标准当然也同样适用。

翻译直接引语时,应特别注意以下事项:

(1)原语新闻中的直接引语,原则上应用直接引语译出。如原语新闻使用的直接引语太多,从方便读者阅读和提高传播效果考虑,可在译语新闻中将新闻价值相对较低的直接引语的数量适当减少,改译为间接引语,以增加译文的文字变化。

(2)直接引语不能凭空制造。原语新闻中的间接引语,译者在翻译时切勿自以为是,随意加上引号。

(3)翻译直接引语,应充分考虑讲话人的身份和职业,力求把讲话的特点、语气和内涵全部表达出来。

2007年1月20日,前美国第一夫人希拉里·克林顿参议员决定参加下届总统竞选。在宣布参选时,她说了这样一段话:

"I'm in, and I'm in to win and that's what I intend to do," she said.

这条引语,新华社国际部和《参考消息》报在其相关新闻里都曾引用过。其译文分别是:

"我来了,我为胜利而来,这是我要做的事。"她说。

"我参加(竞选),我是为胜出而参加,这就是我想做的。"她说。

作者认为,以上译文的意思都对,但前者失之过分口语化,与希拉里的政治和文化背景有些距离;后者虽然接近希拉里的口气,但把"I'm in"译为"我参加"似乎有悖中文的表达习惯。为推动相关讨论,作者决定提供以下参考译文。请看:

她说:"我已经报名参选。我参选就是为了赢得胜利。这就是我想要做的事情。"

（4）关于"说话人"的摆放位置：在英文新闻里，把说话人放在引语的前面、中间、后面均可，但在中文新闻里，习惯的做法是将其放在引语的前面。把说话人放在其他位置当然不是不可，但如这种句型用得太多，译文就可能有点不像中文。

（5）末句直接引语结尾使用句号还是逗号？英文新闻稿中，如将"讲话人"放在引文后面，引文结束时引号内的标点仍为逗号，而中文译稿则要求使用句号。请看例文：

"To achieve a 'green, high-tech and people-oriented' Olympics, Beijing will pay greater attention to the management of the ecological environment, city appearance, operating environment and social condition," Wang Qishan, the Mayor of the city, said.

"为了举办一次'绿色奥运，科技奥运，人文奥运'，北京市将更加重视对生态环境、城市面貌、比赛环境和社会情况的管理。"北京市市长王岐山说。

三、"said"的翻译有学问

在英文新闻稿里，因为引语较多，与引语形影不离的"said"也就比比皆是。在许多稿件中，读者会读到十几个、甚至更多的"said"。之所以如此，是因为这个动词准确、通俗、中立、没有感情色彩，能够不偏不倚、朴实无华地表达讲话人的动作和意思。

中文新闻在引述新闻人物的讲话时，虽然也使用"说"字，但许多记者却更中意那些带有感情色彩的词汇，如"指出"、"强调"、"提出"、"声称"、"表示"、"指示说"、"要求大家"等。有的记者在报道某些会议新闻时，竟然使用"他们说"、"他们指出"、"他们表示"之类的表达方式，引出一段长长的直接引语，好像与会者曾异口同声地说过同样一段长长的套话一样。这显然不符合实际情况。

在翻译与"said"有关的字词时，原则当然还是把它译为"说"字。

应当注意的是，在英文新闻稿中，"said"（及其说话人）的位置比较灵活：讲话人可以放在讲话内容的前面，也可放在它的后面，有时甚至插在这些内容的中间。如：

The spokesman said that "The terrorist attack on New York and Washington is an act of war against all the people of America."

"The terrorist attack on New York and Washington is an act of war against all the people of America." the spokesman said.

"The terrorist attack on New York and Washington," the spokesman said, "is an act of war against all the people of America. "

在以上例句中,说话人及"said"(即主语和谓语动词)两者的位置,还可根据行文需要予以变换,即 the spokesman said 均可改为 said the spokesman。

但是,当把这些文字译成中文时,它们的表达方式却备受限制。按照中文的表达习惯,第一和第二句最好这样翻译:

> 这位发言人说:"对纽约和华盛顿的恐怖袭击是针对全体美国人民的战争行为。"

但是,在当今汉语中,把"这位发言人说"放在句尾的做法并不鲜见,也没有什么不可,只是此时应切记把引文末尾的句号放在引号之中。请看:

> "对纽约和华盛顿的恐怖袭击是针对全体美国人民的战争行为。"这位发言人说。

第三句的翻译方法似可灵活一些,可以把"这位发言人说"一语放在句首或句末,也可与英文新闻一样,把它安排在被拆开的句子中间。如:

> "对纽约和华盛顿的恐怖袭击,"这位发言人说,"是针对全体美国人民的战争行为。"

不过,这种译法有些勉强,中文读者可能会感到不太习惯。翻译时,这种做法不妨偶尔一试,但决不可"一而再",更不可"再而三"。

四、部分引语、间接引语翻译

英文新闻中的部分引语,引述的多半都是一些比较"微妙的"的内容,使用的多半都是一些简短的词汇、词组或短语。因为其文字简短,语义丰富,翻译起来就比较困难。翻译部分引语与翻译直接引语的方法相同,但应特别指出的是,翻译时一定要联系上下文的内容,否则就可能背离讲话人原来的意思。

以下是部分引语的翻译举例:

> Yang Yi also condemned Taiwan's "national palace museum" for removing all the labels that identify half a million exhibits as originating from the Chinese mainland, calling it a "despicable act".

> 杨毅还谴责台湾"故宫博物院"将从大陆运去的 50 多万件展品的名签去除一事,说这是一种"可耻的行径"。

> Cuban leader Fidel Castro is making a "slow but progressive" recovery although

his condition is serious due to his advantage age，a Spanish doctor who has examined him said on Friday.

一位曾给古巴领导人菲德尔·卡斯特罗做过体检的西班牙医生 1 月 19 日说，卡斯特罗的身体正"慢慢地、逐渐地"康复。

President Hu Jintao on Friday urged Iran to give a " serious response" to Resolution 1737 adopted by the United Nations Security Council last December to promote a "long-term，comprehensive and proper" resolution of the nuclear issue.

国家主席胡锦涛 1 月 5 日敦促伊朗对去年 12 月通过的联合国安理会 1737 号决议作出"认真的"回应，以促使伊朗核问题能得到"长期、全面、妥善的"解决。

French President Jacque Chirac said in an interview with three publications that Iran's possession of a nuclear bomb would not be "very dangerous" and that if it used the weapon on Israel，Teheran would be immediately "razed".

法国总统雅克·希拉克在接受 3 家媒体采访时说，伊朗若拥有一颗核弹并不"非常危险"；如果它用其攻击以色列，德黑兰将立即被"夷为平地"。

上述引语表明，希拉克讲了一句错话。就是这些简单的引述，引发了来自世界各地的抗议，迫使这位法国总统于次日发表声明，将有关讲话全部收回。

英文间接引语的翻译与新闻主体其他部分的翻译（详见第三章）没有原则区别。

五、新闻翻译练习

Japan，Australia sign landmark defense pact
By Isabel Reynolds
Tue，Mar 13，7：06 AM ET

1. TOKYO (Reuters)—Japan and Australia signed a groundbreaking defense pact on Tuesday that the leaders of both countries stressed was not aimed at reining in China.

2. Japanese Prime Minister Shinzo Abe and Australian Prime Minister John Howard signed off on the agreement，Japan's first such pact with a country other than the United States，after talks in Tokyo.

3. "The signing of the joint declaration on security and cooperation is a further milestone in the march of a relationship that really began in earnest 50 years ago"，Howard told a joint news conference.

4. Stressing the agreement did not diminish ties of either country with their key security

ally the United States, Howard said: "It should not be seen as being antagonistic to anybody in the region."

5. "It certainly is not. China should not see this declaration in an antagonistic light."

6. Some Australians still have bitter feelings about Japan because of World War Two.

7. "We all have an obligation to recall the past but also to look to the future.... That is the spirit I have brought to the relationship of Japan and Australia," Howard said.

8. The four-part defense agreement sets priorities for security cooperation in such areas as counter-terrorism, maritime security, border protection and disaster relief.

9. It also sets out shared regional concerns.

10. The agreement comes after North Korea shook the region with nuclear and missile tests last year and China shot down one of its own satellites in January, sparking increased concern over Beijing's rising military might.

11. Abe, who earlier said the deal was not aimed at reining in China, stressed it would help stabilize the Asia-Pacific region.

12. "The strengthening of our relations, particularly in the field of security, will contribute to stability and security not only for Japan and Australia but also for the region and the world," Abe told the news conference.

13. China on Tuesday reiterated that it did not pose a threat to the region and said more should be done to boost trust in Asia.

14. "We hope what they've said is true," Chinese Foreign Ministry spokesman Qin Gang told a news conference, referring to Japanese and Australian assurances.

词 汇 表

defense pact 防务协定
Isabel Reynolds 伊莎贝尔·雷诺兹
reining in 牵制,约束,遏制
Shinzo Abe 安倍晋三
John Howard 约翰·霍华德
joint declaration 联合宣言
in earnest 重要地,认真地,诚挚地
to diminish ties 削弱……的关系
key security ally 主要防务盟国
being antagonistic to 与……进行对抗

in an antagonistic light 从对抗的角度,以对抗的眼光
defense agreement 防务协定
sparking increased concern 引发日益强烈的关注
rising military might 日益强大的军事力量
the deal (指)日澳安全合作协定
to contribute to 有利于,有助于,对……做出贡献
to reiterate 重申
to pose a threat to 对……构成威胁
Qin Gang 秦刚

作者提供的参考译文：

日澳签订重要防务协定

1. 路透社东京(2007年)3月13日电 日本和澳大利亚今天签订了一个突破性的防务协定；两国领导人都强调该协定并不是为了牵制中国。

2. 日本首相安倍晋三和澳大利亚总理约翰·霍华德此前在东京举行了会谈，会谈后签署了上述协定。这是日本与美国以外的国家签订的第一个这样的协定。

3. 霍华德在双方举行的联合记者会上说："日澳安全合作联合宣言的签署是50年前就已认真开始发展的双边关系中的又一个里程碑。"

4. 霍华德强调，该协定的签署不会削弱两国与其主要防务盟友美国的联系。他说："它也不应被视为有意与地区内的其他国家进行对抗。"

5. 他说："当然不应这样。中国不应从对抗的角度看待这个协定。"

6. 有些澳大利亚人因为二战的关系仍然对日本怀有苦涩的感情。

7. 霍华德说："我们都有义务不忘过去，但也有义务面向未来……我引入日澳关系的就是这种精神。"

8. 这个防务协定分4个部分，将反恐、海上安全、边界防卫和灾难救援等领域确定为防务合作的重点。

9. 协定还确定了两国在地区内共同关注的问题。

10. 该协定是在以下情况下产生的：朝鲜去年进行了核试验和导弹试验，在地区内引起了震动；中国于今年1月击落了一颗自己的卫星，引发了外界对中国日益强大的军事力量的关注。

11. 安倍在记者会上强调说，这个协定将有助于亚太地区的稳定。他早些时候还说过，签署这个协定并不是为了牵制中国。

12. 安倍在记者会上说："加强同澳大利亚的关系，特别是加强同澳大利亚在防务领域的关系，不仅有利于日澳两国的稳定与安全，同时也有利于亚洲和世界的稳定与安全。"

13. 北京今天重申，中国并没有对地区安全构成威胁，有关国家应该为增强亚洲国家间的互信做更多的事情。

14. 针对日本和澳大利亚做出的保证，中国外交部发言人秦刚在一次记者会上说："我们希望他们讲的是真话。"

学生翻译练习及作者点评

以下是该条新闻标题的翻译练习和点评，其顺序是：英文新闻标题和学生们的试译举例(共10个)。

标题：**Japan，Australia sign landmark defense pact**

译文 1：日澳签署里程碑式防务协定

点评："式"字用得不妥。

译文 2：日本和澳大利亚签署具有里程碑意义的防卫协议

点评：作为标题，此译失之太长；"日本和澳大利亚"可缩为"日澳"，"署"字和"有"字，均属可有可无。

译文 3：日本澳大利亚签署里程碑性防卫条约

点评：将"landmark"译为"里程碑性"，虽无不可，但较勉强。

译文 4：日澳签署具有里程碑意义的防务协定

点评："具有里程碑意义的"较之"里程碑性"要好一些。

译文 5：日澳签署防务协议，具有里程碑意义

点评：此译另辟蹊径，将标题分为两段，可谓匠心独具；如在"具有里程碑意义"前加上一个"称"字，暗指这一评价是当事双方的意见，似较妥当，也较客观。

译文 6：日澳签署具有划时代意义的防务协定

译文 7：日本和澳大利亚签署划时代的防务协定

译文 8：日澳签署划时代防务协定

点评：以上 3 组译文，其内容基本相同，译意也颇准确，但作为中国的传媒，如此肯定这一协定，似欠妥当；从简练的角度看，译文 8 似更胜一筹。

译文 9：日本、澳大利亚签署突破性防务协定

点评：标题中应尽量不用标点，此处的"、"可以删除，日本、澳大利亚可以缩为"日澳"，"突破性"，译法不当。

译文 10：日澳签署重要防务协定

点评：以"重要"二字修饰"防务协定"，其意思虽与原文（landmark）距离远些，但却更为客观；作者趋向于此一处理方法。

解析："Japan，Australia sign landmark defense pact"这个标题用词通俗，言简意赅，翻译起来并不困难。内中唯一难译的词汇可能就是"landmark"。在这个句子里，"landmark"是个形容词，有"标志性的"、"里程碑性的"意思。因此，把它译为"里程碑性防务协定"或"具有里程碑意义的防卫协议"并无不妥，但并不完美。

还有，作者以为，这种译法有点言过其实，过分肯定。英文中与"里程碑性的"相对应

的词应该是"milestone"。如果将其译为"标志性的",从上下文看,似欠贴切。有 3 位同学把它译为"划时代的"或"具有划时代意义的"。作者以为,这种译法还可进一步磋商,因为这两种说法都有高度肯定(甚至赞扬)这一协定的意味。此外,把"landmark"译为"突破性的",也不妥当。真正的"突破"应该是"breakthrough"或"groundbreaking"。

因此,作者以为,比较妥善的处理方法是把它翻成"日澳签订重要防务协定",即上述第十位同学提供的译文。

以下是对新闻主体部分翻译的探讨,内容包括翻译练习的英文原文、学生们的翻译练习举例和作者的点评,以及作者提供的参考译文。导语中电头的翻译,拟另外择机讨论。

1. TOKYO (Reuters)—Japan and Australia signed a groundbreaking defense pact on Tuesday that the leaders of both countries stressed was not aimed at reining in China.

译文 1:日本与澳大利亚在本周二签署了一份具有突破性的防务协定。两国首脑均强调,该协定并非针对牵制中国。

点评:"在"字可以删除,政府总理是政府首脑,不能称之为国家首脑;"针对牵制中国"一语,搭配不当。

译文 2:日本和澳大利亚周二签署了具有开创性的防务协定,两国领导人都强调这一协定的目标并非为了遏制中国。

点评:"开创性"一词用得不当;"这一协定的目标并非为了遏制中国"一语宜再改进。

译文 3:日本和澳大利亚于周二签署了两国间的首个防卫协议。两国领导人都强调签署此协议的目的并不是遏制中国。

点评:"groundbreaking"不能译为"首个";第二句的行文还可进一步优化。

译文 4:日本和澳大利亚今日签署了具有划时代意义的防务协定,两国领导均表示,签署此协定并非为了遏制中国。

点评:译文准确,唯"具有划时代意义"一语有过誉之嫌。

(以上译文在理解方面均无问题,文字表达也还准确。需要改进的只是个别词汇的转化方面)

参考译文:日本和澳大利亚今天签订了一个突破性的防务协定;两国领导人都强调该协定并不是为了牵制中国。

2. Japanese Prime Minister Shinzo Abe and Australian Prime Minister John Howard signed off on the agreement, Japan's first such pact with a country other than the United

States, after talks in Tokyo.

解析：这个段落有 3 层意思：日、澳两国政府首脑举行了会谈，签署了防务协定，以及这一协定的意义。前两层意思都是新闻事实，后者是记者对这些新闻事件的解释，而这种解释是通过"Japan's first such pact with a country other than the United States"这一名词短语披露出来的。因此，译好这个短语就是成功翻译这个段落的关键。

译文 1：结束了在东京会谈后，澳大利亚总理约翰·霍华德与日本首相安倍晋三共同签署了这份协定，这是日本首次与美国以外的国家签署防务协定。

点评：此译有 3 处不妥：将时间状语置于主句之前，将原文中两国领导人的顺序无故换位，在末句中将原文强调的名词短语改为动宾结构的句子。这种处理方法改变了原文记者强调的重心。

译文 2：日本首相安倍晋三与澳大利亚总理约翰·霍华德在日本会晤后，签署了日本与除美国外其他国家的第一个同类协定。

点评：将原文强调的名词短语改为句子的宾语，同样削弱了原文记者希望强调的那种意义；"签署了日本与除美国外其他国家的第一个同类协定"一语，有待改进。

译文 3：在东京会谈后，日本首相安倍晋三和澳大利亚总理约翰·霍华德签署了这项条约。美国是与日本签署类似协议的第一个国家。

点评：与上句类似，末句改变了原文记者希望强调的成分；"美国是与日本签署类似协议的第一个国家"一语，属理解错误；在此新闻中，"agreement"、"pact"、"joint declaration"指的是同一个文件，其译法宜前后一致。

译文 4：日本首相安倍晋三、澳大利亚首相约翰·霍华德在协议上签字。这是日本第一次和美国以外的国家签署此类协定。协定签署前两人在东京进行了会谈。

点评：此译同样改变了原文记者希望强调的重心。

参考译文：日本首相安倍晋三和澳大利亚总理约翰·霍华德在东京举行了会谈，会谈后签署了上述协定。这是日本与美国以外的国家签订的第一个这样的协定。

3. "The signing of the joint declaration on security and cooperation is a further milestone in the march of a relationship that really began in earnest 50 years ago," Howard told a joint news conference.

译文 1：霍华德在随后的联合新闻发布会上说："日澳在 50 年前就建立了正式关系，这一安全保障联合宣言的签署是两国关系进一步发展的里程碑。"

点评：翻译此一段落的难点在"a relationship that really began in earnest

50 years ago",其含义是"一种在 50 年前就已认真开始(发展)的关系"。但在以上译例中,这种"在 50 年前就已认真开始(发展)的关系"没有译出,将其译为"50 年前就建立了正式关系"不妥;此外,加译"在随后的"一语,没有必要。

　　译文 2：霍华德在联合记者招待会上表示,日澳安全保障联合宣言的签署是两国关系史上又一里程碑性事件。早在五十多年前,日本和澳大利亚就开始了诚挚的友谊。

　　点评：将"to really begin a relationship in earnest"译为"开始了诚挚的友谊",不当。此外,把"said"译为"表示",把直接引语处理成间接引语,都不应该。

　　译文 3：霍华德在联合新闻发布会上说:"签署安全、合作上的联合声明是日本和澳大利亚两国 50 年关系进程中的一个里程碑。50 年前两国正式建交。"

　　点评："the joint declaration on security and cooperation"的准确译法应该是"日澳安全合作联合宣言";把"a relationship that really began in earnest 50 years ago"译成"50 年前两国正式建交",不当。

　　译文 4：霍华德在新闻发布会上说:"在这段 50 年前即已肇始的两国关系发展历程中,签署有关安全与合作方面的联合宣言代表着一座意义更加深远的里程碑。"

　　点评："a joint news conference"应该译为"联合记者会"或"联合新闻发布会",但不能简化为"新闻发布会";"is"也不能译为"代表着";此外,"签署有关安全与合作方面的联合宣言代表着一座意义更加深远的里程碑"一语,在行文上存在较大的改进的空间。

　　参考译文：霍华德在双方举行的联合记者会上说:"日澳安全合作联合宣言的签署是 50 年前就已认真开始发展的双边关系中的又一座里程碑。"

4. Stressing the agreement did not diminish ties of either country with their key security ally the United States, Howard said："It should not be seen as being antagonistic to anybody in the region."

　　解析：上述段落有两个部分,前者是个由分词领导的分句,后者是个完整的句子,表达了两层意思,一是"日澳防务协定不会削弱两国与美国的联系",二是该协定"不应被视为是针对地区内的第三个国家"。这两层意思同样重要。

　　译文 1：霍华德在强调签署这项协定不会削弱双方与他们主要防务盟国美国的关系时,说"协定不是与该地区的任何一方进行对抗的"。

　　点评：译文的主要问题是译者把两个平行的句子处理成了状语从句和主句的关系,不当。

　　译文 2：宣言的签署并不会削弱日本和澳大利亚同它们主要防务盟国美国的关

系。霍华德说："它（宣言）不能看作是对区域内任一个国家怀有敌意。"

点评：此译未能说明第一句也是霍华德讲话的组成部分；"它（宣言）不能看作是对区域内任一个国家怀有敌意"一语的行文应予改进；"the agreement"不能译为"宣言"。

译文3：霍华德强调说此项协定并不是要削弱两国与它们共同的安全盟友——美国的联系。"我们不应该认为这会对区域内任何国家形成对抗。"

点评："It should not be seen as being antagonistic to anybody in the region"是个被动句式。将被动句子译为主动是种不错的翻译方法，但此处不宜；讲话人刻意回避的主语，译者不能根据自己的理解随意加上。

译文4：霍华德强调，日澳防务协定并没有削弱两国各自与其主要防务盟国美国之间的关系。他说："这当然不意味着我们与本地区中的任何国家进行对抗，中国不应该用对抗的眼光来看待这份宣言。"

点评："这当然不意味着我们与本地区中的任何国家进行对抗"一语与原意不尽相同；"中国不应该用对抗的眼光来看待这份宣言"是下一段的内容，不宜将两句合并。

参考译文：霍华德强调，该协定的签署不会削弱两国与其防务盟友美国的联系。他说："它也不应被视为有意与地区内的其他国家进行对抗。"

5. "It certainly is not. China should not see this declaration in an antagonistic light."

译文1："当然，此宣言也没有以对抗的眼光看待中国。"霍华德说。
点评：译文存在理解上的错误。

译文2："当然，希望中国不要认为这份声明是有任何敌意的。"
点评："当然"、"希望"以及"希望"后面的文字，都有改进的空间。

译文3："它（此协议）当然不针对任何国家。中国不能以对抗的角度看此宣言"。
点评：对原文的理解正确，但行文还可改进。

译文4："当然没有针对。中国不应该用对抗的眼光看待该联合声明。"
点评："当然没有针对"一语，有点"外语化"。

参考译文：他说："当然不应这样。中国不应从对抗的角度看待这个协定。"

6. Some Australians still have bitter feelings about Japan because of World

War Two.

译文1：由于二战的影响,部分澳大利亚人仍然对日本仍心有余悸。

点评："由于二战的影响"的译法,不够准确;"心有余悸"一语,属对"bitter feelings"的理解问题,不妥;"仍然"和"仍"字同时使用,重复。

译文2：鉴于日本在二战中的表现,有些澳大利亚人对日本还有一些不好的看法。

点评："鉴于日本在二战中的表现"以及"还有一些不好的看法"等译法均有较大的改进空间。

译文3：部分澳大利亚人仍然因为二战对日本心存芥蒂。

点评："部分澳大利亚人"有点"外语化";"心存芥蒂"属用词不当。

译文4：由于"二战"的关系,一些澳大利亚人对于日本至今仍然保持着怨恨的感觉。

点评："保持着怨恨的感觉"一语,似不太准确;"二战"一词,不必加引号。

参考译文：有些澳大利亚人因为二战的关系仍然对日本怀有苦涩的感情。

7. "We all have an obligation to recall the past but also to look to the future.... That is the spirit I have brought to the relationship of Japan and Australia," Howard said.

解析：这个段落涉及两方面的内容,一是"我们都有义务不忘过去,但也有义务面向未来",二是"我引入日澳关系的就是这种精神"。较难翻译的是第二句："That is the spirit I have brought to the relationship of Japan and Australia"。

译文1：霍华德说："我们都有义务回顾过去但也要面向未来……我是带着这种精神发展日澳关系的。"

点评：译者对第二句的理解有误。

译文2："我们必须铭记历史,但也应该面向未来,这正是我在处理日澳两国关系中所一直秉持的精神。"霍华德说。

点评：译者对第二句的理解有误。

译文3：霍华德说："我们都有责任回顾历史但同时也要展望未来……。我将这种'展望'的精神注入日澳关系。"

点评："We all have an obligation"的字面意思不难理解,完全可以直译,不必意译。译者对第二句的理解也不准确。

译文 4：对此，霍华德称，"我们有义务铭记历史，但我们也同样需要展望未来……日澳两国便是本着这一思想发展两国关系的。"

点评：此译存在与上例同样的错误。此外，译者在文字表达方面也存在较大改进空间："对此"二字，没有必要；"称"字远不如"说"字通俗。

参考译文：霍华德说："我们都有义务不忘过去，但也有义务面向未来……我引入日澳关系的就是这种精神。"

8. The four-part defense agreement sets priorities for security cooperation in such areas as counter-terrorism, maritime security, border protection and disaster relief.

解析：这是一个简单句，主要有以下 3 层意思：该协定共有 4 个部分，它确定了双方防务合作的优先领域，这些领域主要是反恐、海上安全、边界防卫和灾难救援 4 个方面。较难理解和处理的地方是"sets priorities for security cooperation in such areas as"。

译文 1：此番签署的防务协定由四部分组成，它规定了日、澳两国在反恐、海上安全、边疆防务以及赈灾等方面拥有合作优先权。

点评："此番"一词，用得有些别扭；"在……拥有合作优先权"的译法，不当。

译文 2：这份防务协定共分四个部分，在诸如反恐、海运安全、边境保护以及灾害救助等方面为两国进行安全合作设立了优先权。

点评：此译的问题与上例基本相同。

译文 3：分为四个部分的防卫宣言将重点放在了安全合作领域，比如：反恐、海上安全、边防和救灾等。

点评：对原文的理解基本正确，但译文语欠通顺；"分为四个部分的防卫宣言"一语还可改进；"比如"二字，用得不当。

译文 4：安保宣言分为四个部分，为日澳安全合作设置了几个优先领域，即反恐、海事安全、边界保护和灾难救援。

点评：对原文的理解正确；但"the defense agreement"不宜译为"安保宣言"。

参考译文：这个防务协定分 4 个部分，将反恐、海上安全、边界防卫和灾难救援等领域确定为防务合作的重点。

9. It also sets out shared regional concerns.

解析：此句不难理解，也不难翻译，关键是处理好"sets out"这个动词。作者认为，比较好的译法是"确定了"。"列出了"、"展示了"、"明确了"、"引起了"、"阐述了"、"展现出了"、"规划出了"、"使日澳两国开始拥有"等译法都欠准确。

译文 1：这份宣言同时也表现出了日澳对于其地区性事务的共同关注。

译文 2：宣言同样展示了两国对共同区域问题的关注。

译文 3：协议也涉及了两国共同关注的地区问题。

译文 4：这份协定同时也展现出了两国在区域问题上的共同关注。

参考译文：该协定还确定了两国在地区内共同关注的问题。

10. The agreement comes after North Korea shook the region with nuclear and missile tests last year and China shot down one of its own satellites in January, sparking increased concern over Beijing's rising military might.

解析：上述段落的主句和逻辑中心是"The agreement comes after...",接下来的两个并列从句都是主句产生的条件或原因。这一点翻译时要特别注意。

译文 1：在去年朝鲜核问题和导弹试验动摇了该地区以及中国今年一月击落了自己的一颗卫星之后,该协定引发了对于中国持续增长的军事力量日益增强的关注。

点评：此译理解有误:原文的中心讲的是该协定产生的背景,并不是它引发了什么关注;不能把"shook the region"翻译为"动摇了该地区"。

译文 2：在此份协议签署之前,朝鲜在去年曾进行了震惊该地区的导弹核武器试验。同时中国在今年一月又击落了一颗本国卫星,此举增强了该地区对北京日益强大的军事力量的关注。

点评：译者对原文的理解基本正确,只是译文没有交代清楚朝鲜进行的试验、中国击落一颗老化卫星与主句的关系;"同时"一词用得不妥。

译文 3：朝鲜在去年用核试验与导弹试验震动了整个区域,而中国则在一月份击落了自己的一颗卫星,这使得外界对于中国日益提升的军事实力产生了不断增强的关注。日澳防务协定就是在这样的背景之下应运而生的。

点评：对原文的理解正确,分两句翻译也无不可;文字还可改进;"应运而生"一词用得不当。

译文 4：此份协议是在这样的情况下签署的:去年朝鲜以核试验和导弹测试震惊世界,今年一月中国摧毁其一颗卫星,引起世界各国对其日益强大的军事力量的关注。

点评：对原文的理解正确,惟文字还可改进;"shook the region"不是"震惊世界","中国摧毁其一颗卫星"中的"其"字,含义也不明确。

参考译文：该协定是在以下情况下产生的：朝鲜去年进行了核试验和导弹试验，在地区内引起了震动；中国于今年1月击落了一颗自己的卫星，引发了外界对中国日益强大的军事力量的关注。

11. Abe, who earlier said the deal was not aimed at reining in China, stressed it would help stabilize the Asia-Pacific region.

解析：上述段落的主句是"Abe stressed it would help stabilize the Asia-Pacific region"，插入语"who earlier said the deal was not aimed at reining in China"交代的是背景性的新闻事实，翻译时应处理好两者的关系。

译文1：之前一直表示此协议遏制中国的安倍强调，这份协议有助于亚太地区的稳定。

点评：此译的前半句，存在理解错误。

译文2：安倍在早先强调，该协议并不针对牵制中国，而是将有助于亚太地区稳定。

点评：此译混淆了两个新闻事件发生的时间。

译文3：安倍早些时候说这项协定意不在牵制中国，并强调它会有助于亚太稳定。

点评：此译仍然没有把两个新闻事件发生的时间交代清楚；此外，译文文字还可改进。

译文4：尽管日本首相安倍晋三早些时候表示，这一协定并不旨在遏制中国，但他同时也强调此协议有助于稳定亚太地区的局势。

点评：译者把两个新闻事件理解为因果关系，不当；此外，译文也没有把两者发生的时间交代清楚。

参考译文：安倍在记者会上强调说，这个协定将有助于亚太地区的稳定。他早些时候还说过，签署这个协定并不是为了牵制中国。

12. "The strengthening of our relations, particularly in the field of security, will contribute to stability and security not only for Japan and Australia but also for the region and the world," Abe told the news conference.

解析：这是一个简单句，理解方面困难不大，关键是要处理好译文的准确和简练。

译文1："日澳双方关系的增强，尤其是安全领域的联系，将对日澳、亚太地区乃至全世界的稳定和安全做出贡献。"安倍在记者招待会上说。

点评：句子的主语是"The strengthening of our relations"，"particularly in the field of security"是对主语的补充,两者讲的都是"加强两国的关系",翻译时没有必要把两者区分为"增强"和"联系";此外,根据上下文,"not only for Japan and Australia but also for…"含有"不但……而且"的意思,翻译时不可忽略。

译文 2:"加强两国关系,特别是安全领域的合作关系,不仅对日澳两国,对本区域和世界的和平稳定都是有益的。"

点评:把"will contribute to…"译为"……都是有益的",还可改进;将"stability and security"译为"和平稳定"可能是笔误;"安倍在记者招待会上说"一语,不应漏译。

译文 3:安倍在记者招待会上说:"我们两国关系的加强,尤其是在安全领域的合作,不仅仅将有利于日本和澳大利亚的稳定和安全,而且对整个区域乃至整个世界的稳定和安全都会做出贡献。"

点评:译者对原文的理解正确,惟文字还可更简洁些;"……加强,……合作"的译法,不妥。

译文 4:安倍在新闻发布会上说:"加强日澳友好关系,特别是安全领域的友好关系,会促进日澳,整个地区乃至全世界的稳定和安全。"

点评:把"will contribute to…"译为"会促进",不妥;此外,"会促进日澳,整个地区乃至全世界的稳定和安全"一语,仍然缺乏"不但……而且"的意味。

参考译文:安倍在记者会上说:"加强同澳大利亚的关系,特别是加强同澳大利亚在防务领域的关系,不仅有利于日澳两国的稳定与安全,同时也有利于亚洲和世界的稳定与安全。"

13. China on Tuesday reiterated that it did not pose a threat to the region and said more should be done to boost trust in Asia.

解析:这是一个并列复合句,两个分句分别是"China reiterated…"和"and said…"第一个分句容易理解,也不难翻译。第二个分句是个被动句型,省略去的主语显然是指日澳这类国家。暗含的意思是:中国并没有构成任何威胁,签订防务协定纯属多此一举,当务之急是:你们应做更多工作来促进亚洲国家间的互信。

译文 1:本周二中国重申了它在区域内不构成威胁,并且表示要付出更多的努力来增强亚洲国家对它的信任。

点评:把"more should be done to boost trust in Asia"理解为中国"要付出更多的努力来增强亚洲国家对它的信任"一语,属理解有误。

译文 2:中国政府周二重申,自己并未对所在区域构成威胁,同时也声明会做更多的工作以增进亚洲各国之间的互信。

点评：把"more should be done to boost trust in Asia"译为"同时也声明会做更多的工作以增进亚洲各国之间的互信"，也不正确。

译文3：中国于周二重申其没有对整个地区造成威胁，并指出将进一步增进其在亚洲国家之间的信任。

点评：中国"指出将进一步增进其在亚洲国家之间的信任"一语，存在与上例同样的问题。

译文4：今日，中国再次重申，中国不对亚太地区任何国家构成威胁，中国希望亚洲各国做出更多努力，推进彼此之间的信任。

点评：把省略掉的主语理解为"亚洲各国"也不妥当；此外，"reiterated"的意思就是"重申"，将其译为"再次重申"就画蛇添足了。

参考译文：北京今天重申，中国并没有对地区安全构成威胁，有关国家应该为增强亚洲国家间的互信做更多的事情。

14. "We hope what they've said is true,"Chinese Foreign Ministry spokesman Qin Gang told a news conference,referring to Japanese and Australian assurances.

解析：这是一个简单句，引号内的内容简单明了，不难翻译。"referring to Japanese and Australian assurances"这个短语是记者对秦刚讲话目的的理解和解释。

译文1："我们希望他们所说的都是真的"，中国外交部新闻发言人秦刚在记者招待会上说，针对日本和澳大利亚两国所说的"不遏制中国"的承诺。

点评：此译过分拘泥于原文，译文有些外语化；"所说的'不遏制中国'的承诺"一语，属译者的加译，显属多余；此外，"所说的……承诺"，搭配也不当。

译文2："我们希望日澳领导人讲得都是真话。"中国外交部发言人秦刚在记者会上就日本和澳大利亚签署安全保障联合宣言的问题时说。

点评：将引文中的"they"刻意挑明，不妥，"模糊"有时是一种外交技巧；将"Japanese and Australian assurances"译为"日本和澳大利亚签署安全保障联合宣言的问题"，不当。

译文3：针对日、澳的"保证"，中国外交部发言人秦刚在新闻发布会上说"我们希望他们说话算数。"

点评："We hope what they've said is true"不能译为"希望他们说话算数"。

译文4："我们希望他们说的是实话。"新闻发布会上，中国外交部发言人秦刚在谈到日、澳两国的保证时如是说。

点评：译文大体可以，但仍有改进空间。

参考译文：针对日本和澳大利亚做出的保证，中国外交部发言人秦刚在一次记者会上说："我们希望他们讲的是真话。"

六、新闻翻译参考练习

Berlusconi publicly apologizes to wife

Former Italian premier begs for forgiveness after reportedly flirting

1. ROME—Former Premier Silvio Berlusconi, challenged in an open letter by his wife over flirtatious comments he reportedly made to other women, publicly apologized to her Wednesday, saying he never meant to hurt her dignity.

2. "Forgive me, I beg you. And take this public show of my private pride giving in to your fury as an act of love. One of many. " said the letter from Berlusconi released by his Forza Italia party.

3. "Your dignity has nothing to do with it. I treasure it as a precious good in my heart, even when I make carefree jokes. " said Berlusconi, 70.

4. His wife, Veronica Lario, wrote an open letter published Wednesday in La Republica—a left-leaning daily and a fierce opponent of Berlusconi—to voice her complaints over what she said was behavior that damaged her dignity as a woman.

5. "If I weren't married, I would marry you immediately. " Berlusconi told one woman at a VIP party after a TV awards ceremony broadcast by one of his channels, according to reports widely carried in the Italian press.

6. He reportedly told another: "With you, I'd go anywhere. "

7. The famously private Lario wrote in the open letter: "I see these statements as damaging my dignity. "

8. "To both my husband and the public man, I therefore demand a public apology, since I haven't received any privately," she wrote. "I have faced the inevitable contrasts and the more painful moments that a long conjugal relation entails with respect and discretion. "

9. Lario, 50, said her husband's comments were "unacceptable" and could not be reduced to mere jokes.

10. Berlusconi, who has boasted of his success with women in his youth and says he has a sense of gallantry, has a reputation for making comments that some women find inappropriate.

11. In a separate interview, Berlusconi said his wife is a "special woman."

12. "Veronica has been an absolute passion; when we met, she made me lose my mind," he told the women's magazine A, which released excerpts of the interview Wednesday.

13. "She has been and is a wonderful mother. She has never embarrassed me, never," Berlusconi said. "And she is so lenient. …What more could I want?"

14. Lario largely kept out of the public eye during Berlusconi's five-year premiership, which ended with the defeat of his conservative coalition in April elections.

15. But she occasionally expressed positions that were not in line with her husband's, such as defending pacifists protesting the war in Iraq, which Berlusconi supported.

16. Berlusconi and Lario were married in 1990, but had been together for a decade before then. A former actress, she is Berlusconi's second wife. The two are rarely seen together.

(AP, Feb. 1, 2007)

词 汇 表

Silvio Berlusconi 西尔维奥·贝卢斯科尼　　　　仪式
flirtatious comments 调情　　　　the famously private Lario 以很少公开露面而闻
to apologize 道歉　　　　　　名的拉里奥
Forza Italia party 意大利力量党　　　　the inevitable contrasts 无法回避的对比(或尴尬)
carefree jokes 不经心的玩笑　　　　mere jokes 单纯的玩笑
Veronica Lario 韦罗妮卡·拉里奥　　　　a sense of gallantry 献殷勤的本领
La Republica 《共和国报》　　　　to make someone lose his mind 使某人发疯
left-leaning daily 左倾日报　　　　the women's magazine A 女人杂志 A
a VIP party 有名人出席的晚会　　　　conservative coalition 保守派联合政府
a TV awards ceremony 一个电视转播的颁奖　　　　pacifists 和平主义者

作者提供的参考译文：

意前总理向夫人道歉
老贝公开求妻子原谅

1. 美联社罗马 2 月 1 日电 意大利前总理西尔维奥·贝卢斯科尼 1 月 31 日向其夫人韦罗妮卡·拉里奥公开道歉,他说他从来没有试图伤害她的自尊。此前,韦罗妮卡曾就他与别的女人调情的报道发表了一封公开信。

2．贝卢斯科尼在一封由他的意大利力量党刊登的公开信中说："我请求你原谅我吧。请把我公开向你的震怒表示的屈服看作是我对你的爱的表现，而我对你的爱是如此之深。"

3．今年70岁的贝卢斯科尼说："这事不应伤及你的自尊。你的自尊像珍宝一样藏在我的内心深处，即便在我开无心玩笑的时候也是这样。"

4．贝氏夫人韦罗妮卡曾给一直尖锐抨击贝卢斯科尼的左倾日报《共和国报》写过一封公开信，这封信于1月31日发表。信中抱怨说，她丈夫的所作所为伤害了她作为女人的自尊。

5．贝卢斯科尼日前在一次电视颁奖仪式上曾对一个女人说："如果我没有结婚，我马上就会娶你。"那是一个有名人出席的晚会，颁奖仪式在他自己拥有的电视频道上播出，意大利媒体也广泛报道过。

6．他还对另一个女人说过："只要与你在一起，到哪里去我都愿意。"

7．韦罗妮卡以很少公开露面而闻名。她在那封公开信中说："我觉得这些话伤害了我的自尊。"

8．"他是我的丈夫、是一个公众人物，我要求他公开道歉，因为他私下不肯这样做。"她写道。"我已经领教过那些无法回避的尴尬，也经历过那些老夫老妻关系中需要尊重和谨慎但却令人感到痛苦的场面。"

9．韦罗妮卡今年50岁。她说她丈夫的那些话是"无法接受的"，不能把它说成是简单的玩笑。

10．贝卢斯科尼曾吹嘘说他年轻时对付女人很有一套，说他善于向女人献殷勤，大家都知道他能说出一些令女人感到不妥的言辞。

11．有一次在接受采访时，他还说他太太是个"特别的女人"。

12．"韦罗妮卡有绝对的热情。当我们相遇时，她使我发狂。"贝卢斯科尼对女人杂志A如是说。这份杂志于1月31日发表了那次采访的摘要。

13．"她过去是，而且一直是一位好妈妈。她从来没有让我难堪，从来没有。"贝卢斯科尼说，"她是如此宽容，……我还奢求什么呢？"

14．在贝卢斯科尼担任总理的5年期间，韦罗妮卡尽量回避公开露面。他的政府因其保守联盟于(2006年)4月选举时败北而下台。

15．韦罗妮卡偶尔也发表一些与丈夫不同的政见。比如，她维护和平主义者的立场，反对伊拉克战争，而她的丈夫则支持伊战。

16．他们于1990年结婚，但此前在一起生活已有十多年。韦罗妮卡曾是一名演员，是贝卢斯科尼的第二任太太。他们两人很少一起公开露面。

CHAPTER

第五章

直译与意译

一、理解与表达

在讲解直译与意译之前,让我们先就理解与表达问题略作探讨。

对于英汉新闻翻译来说,理解是成功的基础,表达则是成功的关键。没有理解原文就着手翻译,其成品往往会不着边际,甚至会南辕北辙;表达不当又缺乏自知,其结果就像丈二和尚,让人摸不着头脑。

1. 正确理解

正确理解原文是英汉新闻翻译成功的基础。

翻译伊始,要力求正确理解原文(包括词汇、语法、句子的深层含义以及上下文的语义联系),在没有理解之前,切记不要动笔;理解之后,就应寻求准确的表达方式,如果没有把握,就应再动脑筋,穷源竟委,反复揣摩,直至找到一种起码让自己满意的翻译方法。

翻译最忌讳先入为主,望文生义。在这方面,作者曾经有过教训。年轻时,我曾做过科技情报翻译。对于科技,我一窍不通,既没兴趣,也不认真学习。记得参加工作不久,我受命翻译一篇军工机械方面的文章,文中曾多次出现过螺栓(bolt)、螺帽(nut)之类的技术名词。其间,有一段的开头是"In a nutshell"。这个短语里没有生词,本意是"简单地说"或"总而言之",而字面的意思是"在一个坚果壳里"。因为 nut 的主要意思是螺帽,而我翻译的又是机械方面的文章,我就不假思索地把它译为"在一个螺帽壳里"。句子译好后自己觉得也还说得过去。(其实,中文里并没有螺帽壳之类的名称。)在交稿前做最后检查时,我偶然发现了这一失误,连忙把它改了过来。但在改错的同时,冷汗已经暴出。我感到庆幸,甚至后怕。心想:如果真的闹出笑话,作为北京外国语学院英语系的本科毕业生,我将无地自容。

关于望文生义,新华社资深译审赵师传先生曾讲过几个贴切的例子。他在"我的国际新闻翻译经历和体会"[①]一文中写道:Army 一词有多种意思,如陆军、军、集团军、军队等。在朝鲜战争期间,侵朝美军有个 the Eighth Army,当时《参考资料》上将其译为第八军。这个第八军下面还有个第十兵团。按照军队编制,兵团比军大。兵团下面可有两三个军。根据当时的翻译,第十兵团隶属第八军,这显然与情理不合。看来,这个第八军实为"第八集团军"之误。

赵先生举的第二个例子是对 vice 一词的理解。vice 也有多种意思,可以是"副",也可以是"接替"。有这样一个例句:Mr. A was appointed chairman of board of directors, vice chairman B. 粗心的译者会把它译成"A 先生被任命为董事局主席,B 先生为副主席。"

---

①　刘洪潮:《怎样做新闻翻译》,"我的国际新闻翻译经历和体会",57 页,北京,中国传媒大学出版社,2005。

这是个很大的错误,因为这里的 vice 不当"副"讲,而是"接替"的意思。①

2. 准确表达

准确表达是成功翻译的关键,而表达的水平取决于译者的中文功底。鉴于英汉新闻翻译从业人员一般都受过系统的汉语语文教育,只要英文看懂了,中文表达方面应该没有多大问题。

需要提醒的是,翻译完成之后、上交编辑之前,切记将译文从头至尾认真校阅至少一遍,把可能的错误全部消灭在自己的办公桌前。

关于译文的表达问题,武汉大学赵干龙教授在"新闻翻译杂谈"一文中提出的见解非常实用。他写道:"新闻翻译是实用材料的翻译,不需要像文学翻译那样带有浓厚的感情色彩。但是它也是讲究修辞的。遣词用句,应该褒贬得当,很有分寸。书面发言,条约协定,会谈公报,都应该用书面语言来翻译;记者访谈,即兴讲话,最好用口语来表达。好的新闻报道会对丰富祖国语言做出重要贡献,它的影响力是无法估量的。反过来说,如果用错词汇,报道中出现错别字,也会发生很坏的影响。过去的新闻'八股'、'文革'文风,都是我们深恶痛绝的。翻译文章中的洋腔洋调,佶屈聱牙,到处用'进行'二字,也是我们常遇到和批评过的。"②

二、直译与意译

翻译新闻稿的具体方法,主要有直译、意译两种。着手翻译之后,究竟应该直译、还是意译? 哪种方法更好?

在回答这个问题之前,应先把直译、意译的含义加以界定,明确这些翻译方法的区别、用途和优劣。

直译(literal translation or metaphrasing)是指在译语语言条件许可的情况下,在翻译时使用的既求准确转化原语新闻的内容、又尽量保留原语新闻语言形式的翻译方法。前者(准确转化原语新闻的内容)的目的是为了求"信",而后者(尽量保留原语新闻的语言形式)的着眼点则是为了达,为了"信、达"能够兼顾。既"信"又"达",显然符合翻译所要达到的根本目的。

但是,直译并不等于逐字逐句地对译,逐字逐句地对译往往会变成"死译",而死译是最不可取的。

在实际翻译过程中,这种用原语新闻的语言形式转化原语新闻深层内容的情况有,但

---

① 刘洪潮:《怎样做新闻翻译》,"我的国际新闻翻译经历和体会",57 页,北京,中国传媒大学出版社,2005。

② 刘洪潮:《怎样做新闻翻译》,"新闻翻译杂谈",195 页,北京,中国传媒大学出版社,2005。

却不多。两种语言之间的差异性总是大于其共同性的。因为这样,翻译时就必须寻找一些直译之外的方法,如意译。

意译(free translation or paraphrasing)是因两种语言在表达方式上的差异过大,在翻译过程中为了准确地转化原语新闻的内容,而不得不打乱原语新闻的语言形式,用符合译语语言表达习惯的句子结构进行转化的翻译方法。前者(准确转化原语新闻的内容)是为了求"信",后者(因无法保留原语新闻的语言形式而不得不使用译语语言的句子结构)的目的,也在"信"、"达"兼顾。若此,译文"信"而又"达",同样达到了翻译所要达到的根本目的。

意译而成的译语新闻突破了原语新闻的句子结构,用不同于原语新闻的表达形式把原语新闻的内容准确表达出来。这样的译文在句子结构方面与原文相比可能已经"面目全非"或只是"似曾相识",但其深层含义不仅没有背离原文,反而与原语新闻的意思更加接近。

但是,意译不可过分自由,过分自由的结果往往会背离原语新闻的深层意思,甚至变成"乱译",而乱译当然更不可取。

2001年9月20日,香港《苹果日报》曾全文翻译、刊登过美国总统布什日前的一次重要讲话。从总体上看,译文质量相当不错,但其间也有诸多不妥。下面引述的例句,在翻译上就失之过分自由。请看:

布什讲话的英文原文:

> As long as the United States of America is determined and strong, this will not be an age of terror. This will be an age of liberty here and across the world.

《苹果日报》的译文:

> 只要美利坚合众国有决心及保持强大,未来不会是一个恐怖的时代：未来的美国以至全世界将依然沐浴在自由的气氛中。

作者认为,这段话应这样理解和翻译(请特别注意最后一句):

> 只要美利坚合众国保持强大,坚定不移,那么,未来就不会是一个恐怖的时代。它一定会是一个自由的时代,在这里,在世界其他地方,都是一样。

不过,这种翻译只属失当,还算不上是乱译。而前述该报把"ABOUT FACE：A History of America's Curious Relationship with China from Nixon to Clinton"中的ABOUT FACE译为"关于面子",却是地地道道乱译的实例。

死译和乱译都应坚决反对,因为它们完全背离了"信、达、简、雅"的翻译标准。当译语新闻背离了原语新闻内容的时候,译语新闻传播的已经不再是原语新闻记者采访和报道的信息,这时,译语新闻也就不再是原来意义上的新闻。

直译和意译这两种翻译方法究竟哪种更好,在我国、在外国翻译界曾经有过长时间的争论。解放前,我国翻译界的前辈主张直译的居多,但近些年来,力主意译的呼声却也很高。范仲英教授的观点似乎更进一步。他认为,就翻译方法而言,"能直译就尽量直译","不能直译就采取意译"。[1]

汪涛在其专著《实用英汉互译技巧》中也明确地提出:"直译,还是意译?这个问题经过长期的争论,已基本达到下列共识:其一,方式和方法要服从于目的的要求;其二,在方式和方法问题上,不应采取非此即彼的态度。从根本上讲,直译和意译都是表达方式的问题。在翻译过程中,哪种方式最能体现'忠实'、'通顺'的翻译标准,就采取哪种方式。能直译就直译,既能直译又能意译的仍以直译为主,不能直译就采用意译,一般情况下要求直译与意译相结合。"[2]

新华社资深译审刘炳章在"新闻翻译断想"一文中发表了类似的见解。他写道:"直译和意译是每个译者时时刻刻都在运用的两种翻译方法。翻译技术图书基本上可用直译,翻译有韵的诗恐怕基本上要用意译。而新闻翻译则似乎介于两者之间,在大多数情况下,能直译时要尽量直译,不能直译时则要意译。直译时要防止死译,意译时要防止乱译。"[3]

作者赞同以上这三位学者的见解。下面,作者想把翻译新闻的原则作如下归纳:一、能直译就直译;不能直译就意译;二、如既能直译、又能意译,则仍以直译为主;三、在许多情况下,直译、意译宜结合使用。

接下来,让我们结合一些实例,就直译和意译作进一步的探讨。下面列举的是作者信手拈来的有关直译、意译的几个实例:

1. Occupied;Vacant(见民航客机卫生间上方的指示牌)

直译:被占着的;空着的

意译:有人;无人

2. Yours sincerely(英文信函落款时的客套语)

直译:您的忠诚的

意译:谨上、谨启

3. "Thank you."(英文常用交际用语)

"You are welcome."

直译:"谢谢您。"

"您是受欢迎的。"

意译:"谢谢您。"

"不客气。"

---

①　范仲英:《实用翻译教程》,90～95页,北京,外语教学与研究出版社,1996。

②　汪　涛:《实用英汉互译技巧》,26页,武汉,武汉大学出版社,2001。

③　刘洪潮:《怎样做新闻翻译》,"新闻翻译断想",12～13页,北京,中国传媒大学出版社,2005。

4. Work in Progress

直译：工程进行中（见香港道路施工现场指示牌）

意译：正在施工

在以上 4 个实例中,直译、意译孰优孰劣是显而易见的。直译虽然保留了原文的字面意思或句子结构,有的译文其内容与原文相去也不是太远,但是,这些译文拘泥于原文的字意,致使译文语欠通顺,甚至背离了原文的深层含义。而意译后的文字虽与原文在句子结构上有些距离,但却更能体现原文的确切含意,更符合中文的表达习惯,更容易被广大中文读者接受。也就是说,直译的结果既不怎么"信",也不怎么"达",没有达到翻译的基本目的。能够帮助达成翻译目的的却是意译。

但是,这些情况并不说明新闻翻译只能意译,不能直译。如果原语新闻的表达方式、句子结构与译语新闻的表达方式、句子结构基本一致,采用直译的方法同样可以达到"信、达、简、雅"的目的,这样译出的文字不仅保留了原语新闻的句子结构,且能准确表达原语新闻的深层含义,而翻译起来既省时,又省力、又省事,何乐而不为?

以下例句说明,这一结论不无根据：

1. Iraqi President Saddam Hussein yesterday put his country on a war footing, dividing it into four military districts under his direct command.

   伊拉克总统萨达姆·侯赛因昨天把他的国家置于战争轨道,把全国划分为 4 个军区,由他直接指挥。

2. Financial Secretary Antony Leung Kam-chung last night revealed he had offered to resign over the conflict of interest scandal that engulfed him after he bought a new car ahead of a motor tax hike in the Budget.

   财政司司长梁锦松昨晚披露说,他曾就有关利益冲突丑闻提出过辞职。近日,他被在预算案决定提高新车购置税之前买了一辆新车一事弄得狼狈不堪。

以下例句是从最近报纸上选取的,从这些语句的翻译中,我们可以进一步领会到直译和意译的差别及各自具有的优势。请看：

1. Americans are not welcome here. (an advertisement in Seoul, South Korea)

直译：美国人在这里不受欢迎。

意译：这里不欢迎美国人；或美国人恕不招待。

2. Let's go. (President Bush's final word before US troops' invasion of Iraq)

直译：让我们走吧。

意译：就这么办吧。

3. Nine, ten? Probably 10. (Reporting results at 2008 Beijing Olympics archery

competition)

直译：9 环,10 环? 可能是 10 环。

意译：10 环待定。

4. Al Qaeda is to terror what the Mafia is to crime. But its goal is not making money, its goal is remaking the world and imposing its radical beliefs to people everywhere.

直译：阿尔·盖达之于恐怖犹如黑手党之于罪恶。但是它的目标不是赚钱；它的目标是重新改造世界,把它的激进信仰强加在各个地方的人身上。

意译：就像黑手党惯于制造罪恶一样,基地组织惯于制造恐怖事件,惟其目的不是为了赚钱,而是为了重新塑造世界,把他们的激进信仰强加给世界各个国家、各个地区的人民。

5. Every nation in every region now has a decision to make：Either you are with us or you are with the terrorists.

直译：每个地区的每个国家现在都需要做个决定：你或者同我们一起,或者跟恐怖分子一道。

意译：现在,每个国家都必须做出选择：要么同我们并肩战斗,要么跟恐怖分子同流合污。

6. "My concern is that if countries talk about using a veto in all sets of circumstances, the message that sends to Saddam Hussein is：'You're off the hook'," British Prime Minster Tony Blair said.

直译："我关心的是,如果国家谈论在所有情况下都会使用否决权,传递给萨达姆·侯赛因的信息就是：'你脱钩了'。"英国首相托尼·布莱尔说。

意译：英国首相托尼·布莱尔说："我担心的是,如果声言不论在任何情况下都会使用否决权,那么,这些国家传递给萨达姆的信息就是：'大胆干吧,你不会有事的。'"

其实,在上述例 6 中,意译句引语的前半部分属于直译,结尾部分属于意译。也就是说,直译、意译是结合使用的。

综上所述,作者想再次强调在新闻翻译中有关直译、意译的结论：能直译就直译,不能直译就意译；如既能直译、又能意译,则仍以直译为主；在许多情况下,直译、意译宜结合使用。

三、新闻翻译参考练习

以下练习的原文选自美国总统布什的讲话。紧接讲话原文(段落)后面的是新闻媒体的译文,再后面的则是作者为读者提供的参考译文。

各段的英文是新闻原文,中间部分是香港《苹果日报》的译文,后面部分则是作者提供的参考译文。

1. After all that has just passed, all the lives taken and all the possibilities and hopes that died with them, it is natural to wonder if America's future is one of fear. Some speak of an age of terror. I know there are struggles ahead and dangers to face. But this country will define our times, not be defined by them. As long as the United States of America is determined and strong, this will not be an age of terror. This will be an age of liberty here and across the world.

经历过这许多事，丧失了那么多生命，很多希望与梦想也随之消失了，大家担心美国的前途会是一片恐惧，那是很自然的。有人谈到一个恐怖的时代即将来临。我知道未来有斗争和危险要去面对，但是将来的情况将由美国而不是其他人决定。只要美利坚合众国有决心及保持强大，未来不会是一个恐怖的时代：未来的美国以至全世界将依然沐浴在自由的气氛中。

在刚刚发生的这一切过去之后，在这么多人罹难之后，在所有的希望与可能也已随之逝去之后，人们自然会怀疑，美国的未来是否将充满恐惧。有人说那将是一个恐怖的时代。我知道我们将面对斗争，面对危险。但是，我们的时代将由美国决定，而不是决定于他们。只要美利坚合众国坚定不移，保持强大，那么，未来就不会是一个恐怖的时代。它一定会是一个自由的时代，在这里，在世界其他地方，都是一样。

2. Great harm has been done to us. We have suffered great loss. And in our grief and anger we have found our mission and our moment. Freedom and fear are at war. The advance of human freedom, the great achievement of our time and the great hope of every time, now depend on us. Our nation, this generation, will lift the dark threat of violence from our people and our future. We will rally the world to this cause by our efforts, by our courage. We will not tire, we will not falter and we will not fail.

我们的确受到重大伤害。我们也遭到重大损失。但在悲伤和愤怒中，我们也发现了我们的任务及使命。自由和恐惧正在交战，而人类自由的增进，我们时代的伟大成就以及日后每个时代的重大寄望，现在都靠我们了。我们的国家、我们这一代，将会为我们的人民和我们的前途解除一项暴力的邪恶威胁。我们会以我们的努力和勇气号召全世界支持这个使命。我们不会厌烦，我们不会迟疑，我们也不会失败。

我们受到了巨大伤害。我们受到了重大损失。但是，在悲痛与愤怒中，我们也看到了自己的使命与机会。自由和恐惧正在争斗。增进人类自由，捍卫当代伟大成就，实现历代人民的希望，这一切现在都已落在我们肩上。我们的国家，我们这一代人，将使我们的人民和我们的未来不再遭受黑暗暴力的威胁。我们将鼓足勇气，奋斗不息，并以此把世界各国团结在这一事业周围。我们不会困倦，我们不会畏缩，我们也不会失败。

3. It is my hope that in the months and years ahead, life will return almost to normal. We'll go back to our lives and routines and that is good. Even grief recedes with time and grace. But our resolve must not pass. Each of us will remember what happened that day and to whom it happened. We will remember the moment the news came, where we were and what we were doing.

　　我的希望是过了一段日子,生活将大致回复正常。我们会恢复我们的生活和日常作息,那是好事。即使悲伤也会随着时间和天惠而消退。但是我们的决心绝不能减退。我们每一个人都会记得那天发生的事,以及发生在什么人身上。我们会记得噩耗传来的时候,我们身在何处以及当时我们在做什么。

　　我希望,几个月乃至几年之后,生活将大致回复正常。我们将恢复我们的生活和日常作息。那就对了。即使悲伤也会随着时间的推移和情理的因素而消退。但是我们的决心不容逝去。我们每个人都应记住那天发生的事情、发生在什么人身上。我们应记住噩耗传来的那一时刻、当时我们身在何处、在做什么事情。

4. Some will remember an image of a fire or story of rescue. Some will carry memories of a face and a voice gone forever.

　　有些人会记得大火的影像或是一则救援的故事。有些人会念记着一张永远消失了的面孔。

　　有些人记得的会是一场大火,有的人记得的会是一个关于救援的故事。有些人记得的会是一张永远消失了的面孔或是一个再也听不到了的声音。

CHAPTER

第六章

被动语句翻译

一、被动语句

被动语句是指把动作的接受者当作主语,把施动者当作句子次要成分的句式。在英文里,被动语句是由助动词 to be 加主要动词的过去分词构成的。在中文里,被动的意味主要通过"被"字或与"被"字作用相当的字词或短语来表达的。请看以下例句中画有下画线的部分:

(1) All Australian states will be forced to use purified waste water for drinking if the current 100-drought continues, said the premier of Queensland State yesterday.

　　昆士兰州总理昨天说,如果这次百年一遇的旱灾持续下去,澳大利亚各州将被迫使用净化废水作为饮用水。

(2) "They (the nine translators) were chosen from among many volunteers for their excellent performance," he said.

　　"他们(那 9 位翻译)是从众多表现优秀的志愿者中挑选出来的。"他说。

(3) Premier Wen Jiabao told State Council members that more needed to be done to prevent a relapse of the Sars situation and work on the emergency mechanism must be accelerated.

　　温家宝总理对部长们说,应继续努力以防抗非典形势出现反复,建立应急机制的工作也应加快。

类似这样的句子,在英文新闻里可以说俯拾即是,非常普遍。但在中文新闻里,记者却很少使用被动语句。在由英文新闻翻译过来的中文新闻里,被动语句当然也就相对少些。

在中文里,有的句子看似主动,但实际上却是被动的。被动的意思被藏匿于看似主动的动词当中:如:表达对最应关注的人的关注。在这个句子中的"最应关注的人",其实应该是"最应被关注的人"。又如:"这种现象(童工问题)是不能容忍的"中的表语所包含的意思也是"是不能被容忍的"。

二、西方记者为何频繁使用被动语句

新闻写作看重主动语句,强调使用 SVO(主语＋动词＋宾语)结构,这在中文、英文新闻中都是如此。

但是,在英文新闻里,西方记者对被动语句却显得有些偏爱。在一条中等长度(如600 个英文字)的新闻里,有 10 多个被动语态句子的现象并不鲜见。例如,在 2001 年 11 月 27 日《南华早报》第 3 版刊登的"Rockets replace bullets in fortress uprising"消息中,就有 12 处使用了被动语态;而在 2002 年 11 月 21 日的一篇题为"＄1.3b wasted on too many schools"的报道中,被动语句竟有 18 个之多。

这种现象从下面引述的两条新闻中看得也很清楚:

Chinese oil workers set free in Nigeria

All nine Chinese oil workers who were kidnapped last week by an armed group in Nigeria were released safely yesterday morning, according to the Foreign Ministry.

They were set free at 6:35 am (Beijing time) following 11 days of tough diplomatic efforts, ministry spokeswoman Jiang Yu said in a statement, adding that the workers will return home soon.

The men were kidnapped on January 25 in a raid on the office of China National Petroleum Corp (CNPC), which was doing a seismic study in the Sagbama area of Bayelsa state in southern Nigeria. One attacker was killed in the incident.

"The nine Chinese workers were unconditionally released and they are all in good health. No ransom was paid." a spokesman for Bayelsa state government said.

The Foreign Ministry, together with the Ministry of Commerce and Chinese diplomatic missions in Nigeria and elsewhere, had worked with the Chinese company to secure the release, according to Jiang.

The Chinese government has asked for evaluation of security conditions and precaution measures to ensure the safety of Chinese nationals.

"We extend our sincere regards to the workers, and express our appreciation for the help from the Nigerian government and other sides for their efforts," she said.

The attack happened only four days after five Chinese telecom workers who had been kidnapped in Nigeria returned to China. They were captured by unidentified armed men on January 5 in the southern Nigerian state of Rivers and released 13 days later.

A spate of attacks and kidnappings on foreign companies and workers have occurred in Nigeria, the largest oil producer in Africa and the sixth largest oil exporter in the world with a daily output of 2.5 million barrels.

"We condemn the recent attacks and kidnappings and demand an end to such actions," Jiang said.

(China Daily, Feb. 5, 2007)

下面引述的是一条关于同一事件的中文报道:

9名中国工人获释后回到尼日利亚南部驻地休整

新华网拉各斯2月4日电 中国驻尼日利亚拉各斯副总领事李翠英4日说,近日在尼日利亚南部地区遭绑架的9名中国工人已于3日安全获释,目前正在驻地休整。

李翠英说,经过多方努力,1月25日遭绑架的这9名中国工人于当地时间3日晚11时35分(北京时间4日上午6时35分)获释,目前已经回到所属公司在尼南部河流州首府哈科特港的驻地休整。

据事发公司负责人说,目前他们身体状况基本正常,4日下午将和公司领导一同前往拉各斯。

一伙身份不明的武装人员1月25日分乘3艘快艇,在尼日利亚南部巴耶尔萨州袭击并绑架了9名中国石油工人。

以上两条新闻的主题相同,其长度分别为305个字和272个字,但被动句的数量却是11比0。两种语言在使用被动语句方面的差别可见一斑。

西方记者为何频繁使用被动语句?原因主要有三。

1. 被动语句有其特殊的用途

一般说来,当新闻中动作的接受者比施动者更为重要时(如报道灾难、事故中的死伤人员,犯罪案件中的受害者等),记者都倾向于使用被动语句。例如:

(1) Three Hong Kong holidaymakers <u>were killed</u>, <u>four hurt</u> and nine missing yesterday after a coach plunged into a mainland river following a head-on collision.

昨天,一辆旅游大巴在中国内地与另外一辆汽车迎头相撞,大巴掉进了河里,致使3名香港游客死亡,4人受伤,9人失踪。

(2) Japan's public broadcaster <u>was ordered</u> by a court yesterday to pay compensation for changing a program about Emperor Hirohito's wartime role after meeting with ruling party lawmakers including the current prime minister.

一地方法院昨天判处日本广播公司需就变更一个涉及裕仁天皇的战争责任问题的节目一事进行赔偿。那次节目变更是在公司负责人与包括现任首相安倍晋三等国会议员会见后发生的。

(3) He said the interview <u>was conducted</u> at an undisclosed location near Kabul. He said he <u>was blindfolded and driven</u> in a jeep from Kabul on Wednesday night to a very cold place where he could hear the sound of anti-aircraft fire.

他说,那次采访是在喀布尔附近的一个不知其名字的地方进行的。他说那是星期三的夜间,他被蒙上了眼睛,乘吉普车离开喀布尔来到了一个很冷的地方,从那里,他能听到高射机关枪发射的声音。

(4) The Education Department is criticized as the commission finds that work is due to start on 18 primaries which are not needed.

该委员会发现,有18所并不需要的小学即将开工建设,教育署因此而受到了批评。

(5)(Headline) Aid workers in dramatic rescue

(Subh-head) Captives forced into container by fleeing Taleban, freed from cell during uprising and flown to Pakistan by US

Eight foreign aid workers held captive for three months in a squalid Afghan prison were celebrating their freedom last night after being dramatically rescued during an anti-Taleban uprising.

They had been accused by the Taleban of preaching Christianity, a serious offence under the regime's harsh Islamic rule. They had been held since August 3.

On Tuesday morning, the eight—six women and two men—were removed from the container and placed in a jail in Ghazni, about 80km from Kabul.

(主题)救援人员戏剧性获救

(副题)塔利班士兵在逃跑前把这些人关进了集装箱,暴动开始后美国人把他们放了出来,并把他们用飞机送到了巴基斯坦

被塔利班关押在一座又脏又臭的阿富汗监狱里长达3个月之久的8名外籍救援人员,昨天在一次反塔利班暴动中戏剧性地获救。昨天夜间,他们一起庆祝他们重获自由。

塔利班指控他们宣传基督教,根据当局严酷的伊斯兰法律,那属严重违法。8月3日以后,他们一直被关押在监狱里。

星期二上午,这8个人(6女2男)被从集装箱里转移出来,关进了距喀布尔80公里的伽孜尼监狱。

记者在这些情况下使用被动语句(英文),不仅突出了句子的宾语成分,而且就句子的结构形式来说,被移至句首的宾语会更能引起读者的注意。

使用被动语态描述新闻事实,在某种程度上是由读者的阅读心理决定的。读者打开报纸挑选新闻时,一般都处于一种漫不经心的状态。当他们的眼睛来回游移、浏览新闻标题或新闻导语时,最先进入他们视线的字词会产生一种"先入为主"的效应。记者借助被动语句(将主动语句中的宾语移至句首),正是为了吸引读者的注意力,进而达到"诱使"他

们继续往下阅读的目的。

2. 因上下文联系的需要，记者有时也会借助于被动语句

（1）Whether we bring our enemies to justice or bring justice to our enemies, justice will be done.

　　或者让敌人接受正义的审判，或者令敌人服从于正义，正义都必须得以伸张。

点评：为了强调或回应从句中提到的"正义"二字。

（2）"For every regime that sponsors terror, there is a price to be paid, and it will be paid，" Mr Bush said.

　　布什先生说："任何一个支持恐怖主义的政权，都要付出代价，这个代价一定会付出。"

点评：为了强调或回应前个句子中提到的"代价"二字。

（3）"This cannot be ignored... Civilization itself, the civilization we share, is threatened，" he said.

　　他说："这一点不容忽视。……文明——我们共同拥有的文明——的本身，已经受到了威胁。"

点评：为了突出主句中提到的"文明"二字。

（4）Yesterday he said he had asked the Court of Appeals to extend the freeze order. The freeze order，which was issued on October 29，should not be extended，the court said.

　　他昨天说，他已要求上诉法院延长冻结令。上述冻结令是10月29日发出的。上诉法院说，这个命令不应延长。

点评：为了续写第一段中提到的"冻结令"，记者在第二段伊始就用"上述冻结令"作为呼应；既然以"上述冻结令"为主语，接下来使用被动句就成了合乎逻辑的选择。

3. 讲话人故意回避动作的施动者

（1）Mr. Powell also said "We are sorry that a life is lost."

　　鲍威尔先生还说，"我们对有人丧生表示抱歉。"

点评：讲话人故意回避美国对撞毁中国军机，导致一名中国空军飞行员罹难的责任。

(2) "Details of the visit <u>are being discussed</u> and <u>will be officially announced</u> as soon as <u>a decision is made</u>," the spokesman said.

这位发言人说,"访问的细节尚在讨论之中,一旦有了决定,将会正式宣布。"

点评:发言人故意回避"决定"将由哪个机构做出、由何人在何时宣布的问题。

(3) In a widely broadcast footage, <u>soldiers were seen</u> dragging two women and a three-year-old girl out from just inside the compound gate.

从一部广为播放的新闻片中,人们看到士兵正把两名妇女和一个 3 岁的女童从领事馆的院门内拽出来。

点评:记者希望突出的是中国军人的行为,而不是滋事的朝鲜人。

(4) While information <u>labeled</u> confidential <u>could be declassified</u> automatically in as soon as 10 years, mid-level secret information <u>would be kept classified</u> for at least 20 years and top secret information for a minimum of 30 years, but <u>extensions could be made</u> for up to 90 years.

定为秘密的那些情报最快 10 年内可能就会自动解密,而属中等密级的机密情报则需保留 20 年,绝密情报至少则需保留 30 年,有些还可延期解密至 90 年。

点评:讲话人强调的是情报解密的新闻事实,而着意回避解密一事的施动者。

4. 记者有时不掌握信息来源,有时虽然掌握但却不便或不愿透露

在这些情况下,新闻里往往会出现下述形式的被动语句:

(1) Chief Executive Tung Chee-hwa <u>is expected</u> to tell the Legislative Council that his proposed ministerial system will not upset the stability of the public service.

董建华特首可能会向立法会报告,他建议实行的部长制不会破坏公务员队伍的稳定。

点评:新闻事实尚未发生,记者对这一信息没有百分之百的把握;或记者对这一信息虽有把握、但却不愿披露消息来源。

(2) <u>It was reported</u> that General Musharraf moved his nuclear arsenal to six secret sites within 48 hours of the September 11 attacks out of fear that extremists would try to seize the warheads.

据悉,穆沙拉夫将军因担心激进分子会试图劫掠巴基斯坦的核弹头,已于"9·11"袭击事件发生 48 小时内将他的核武器转移至 6 个秘密地点。

点评：记者不掌握或不愿意透露消息来源。

（3）His condition is unknown, as officials have refused to release his details to staff, but he is believed to be recovering at a Beijing hospital.

　　　他的情况尚不清楚，因为官员们拒绝向员工透露他得病的细节。但是，一般都认为，他住在北京的一家医院里，身体正在康复。

点评：记者不掌握或不愿意透露消息来源。

（4）The extradition case was political, the court was told.

　　　有人在法庭上陈述说，这一引渡案件是政治性的。

点评：多数法庭审讯报道都这样处理新闻来源。这样做的原因据说是为了确保司法审判的公正。

为了既不披露信息来源，又能报告新闻，记者还经常使用以"It"为形式主语的被动句。在翻译这样的句子时，需注意将其译为主动句，且常常需要加入一些不确定的主语，如"有人"、"人们"、"大家"等：

It was agreed that...	大家都同意……
It was asserted that...	有人硬说，有人断言……
It was believed that...	据信，大家都认为……
It was calculated that...	根据计算，根据推算……
It was confirmed that...	有人证实，已经得到证实的是……
It was considered that...	有人认为，大家认为……
It was decided that...	人们已经决定……
It was demanded that...	有人要求，人们要求……
It was disclosed that...	据悉，有人披露说……
It was emphasized that...	有人强调指出……
It was estimated that...	据估计，有人估计……
It was expected that...	人们希望，可望……
It was forecast that...	根据预测，有人预计……
It was foreseen that...	根据预测，有人预计……
It was found that...	据悉，人们发现，有人发现……
It was hoped that...	大家希望，人们希望……
It was intended that...	一般的意向是，人们的意向是……
It was known that...	大家都知道，众所周知，据悉……
It was learned that...	据悉……

It was noted that...	有人注意到，人们注意到……
It was pointed out that...	有人指出，有人说……
It was proposed that...	有人建议……
It was proved that...	有人证实，已经得到证实的是……
It was regarded that...	大家认为，人们以为……
It was reported that...	据报道，据悉……
It was said that...	据说……
It was stressed that...	有人强调指出……
It was suggested that...	有人建议……
It was supposed that...	有人认为，大家以为……
It was told that...	据说，有人说……
It was understood that...	可以这样认为，可以这样理解……

上述表达方式有时还加入了表示程度或情态的副词或助动词。这时，这些表达方式的意思当然也就起了变化，翻译时应在译文中把这些变化也体现出来。例如：

It should be pointed out that...	应予指出的是……
It must be stressed that...	必须强调的是……
It will be said that...	有人会说……
It was well known that...	大家知道，众所周知……
It is generally considered that...	大家都认为，人们普遍认为……
It was so decided that...	人们已经这样决定……
It was beyond any doubt that...	毋庸置疑……

应该说明的是，上述中文译文只是这些英文表达方式的基本中文含义，翻译时并非必须这样处理。译者应根据上下文的需要变通处置。

三、英文被动语句的汉译

英文新闻中的被动语句，有的可按原句结构顺序翻译，有的需要转换句子成分，有的则要完全改变句子结构才能译成通顺的汉语。因此，翻译时要分别不同的情况，采取不同的翻译方法。

英文被动语句的翻译方法，常见的有以下两种：

1. 将英文被动句翻译成中文被动句

中文本来也有被动语句，也有一些专门表达被动语态的字词或句子结构。因此，在将英文新闻中的被动句翻译成中文时，如英文的语法逻辑与语义逻辑一致时，可直接把英文被动句翻译为中文被动句。

如上所述,传统上中文被动语句仅限于对动作的施动者来说是不幸或不愉快的事情,如说某某被骗,某某被汽车撞伤,某某被强征入伍,某某被警方逮捕、某某遭到政治迫害等。但是,时代在发展,语言也在变化,现在上述限制已经有所改变。有些语句涉及的并非负面事件(如这事已被新闻界广泛报道,某某受到了英雄般的欢迎,某某通过公投被拥戴为地方行政长官,某某被评为十大杰出青年记者等),但记者也会使用被动语句。如遇这种情况,英文中的被动语句可直接用"被"字或与其意思相当的字词译出。例如:

(1) Li Zhensheng was yesterday presented with the 2006 National Supreme Scientific and Technological Award by President Hu Jintao for his achievements in wheat studies,which have helped millions of people.

　　李振声昨天被国家主席胡锦涛授予了 2006 年国家最高科学技术奖,以表彰他在小麦研究领域里的贡献。他的有关研究曾使千百万人获益。

(2) The general said that he had been appointed governor of Kunduz and Tajik forces would have the honour of entering the city first.

　　这位将军说,他已被任命为昆都士省省长,塔吉克的军队将有幸成为第一支进驻该市的部队。

(3) The walls of a gym were plastered with photographs of naked women downloaded from the Internet—"the biggest collection of naked women I'd ever seen," said US army Captain Ed Ballanco.

　　体育馆的墙壁被贴满了从因特网下载的裸体女人照片。美国陆军上尉艾德·巴兰柯说:"那是我见过的为数最多的裸女照片集锦。"

2. 将英文被动句翻译成中文主动句

中文里使用被动较少,被动语句听起来总是不太习惯。因此,英译中时应尽量把被动语句翻译成主动语句。使用这一方法时,大体上有以下 6 种情况:

1) 原语新闻中的主语在译文中仍作主语

(1) The death toll was not established but was thought to be high.
　　死亡数字尚未确定,但一般都认为会相当大。

(2) "Otherwise everything will be destroyed," the Unesco official said.
　　这位联合国教科文组织的官员说,"否则,一切将毁于一旦。"

2）原语新闻中的主语在译文中改为宾语。译文取无主式结构（将主语省略）

（1）<u>Journalists</u> were barred from approaching the site.

不准记者接近那个俘虏营。

（2）So far, <u>25 patients</u> have been successfully treated by the doctor with traditional Chinese medicines.

迄今，这位医生已用中药治愈了25名患者。

3）原语新闻中的句子成分产生变化，次要成分变为主要成分

（1）"About the North Korean nuclear crisis, some new decisions <u>need</u> to be reached," Mr Kartman said.

"关于朝鲜的核危机问题，<u>有必要</u>做出一些新的决定。"卡特曼先生说。

点评：原文中的动词在译文中变为省略了主语的无主结构。

（2）He said <u>about US＄1 billion</u> had already been spent, half of it on infrastructure.

他说，迄今已花掉了<u>大约10亿美元</u>，其中一半用于基础设施的建设。

点评：原文中的主语在译文中变为宾语。

（3）Many more opportunities will be opened up in the course of time <u>for those with a university education</u>.

今后，<u>具有大学毕业水平的人</u>将会有更多的就业机会。

点评：原文中的次要成分在译文中变为主语。

4）译成含有"以"、"把"、"由"、"使"、"受"、"经"、"遭"、"给"、"让"等专用被动字词的中文句子

（1）Most of the goods on the auction websites <u>are sold</u> at a 30-40 percent discount.

大部分网上拍卖的商品是<u>以</u>六至七折的价格售出的。

（2）If the Pashtun <u>was excluded</u> from the government, stability in the country would remain a problem.

如果<u>把</u>巴士图族排除在（临时）政府之外，那么该国的稳定将仍然是个问题。

（3）They <u>were disarmed and guarded</u> by Alliance fighters.

他们（那些外国志愿人员）已解除武装，<u>由</u>北方联盟士兵看管着。

（4）The injured <u>were rushed</u> to a nearby hospital by the police.

受伤者<u>已由</u>警察送到了附近的一家医院。

（5）Taleban forces <u>have been isolated</u> by allied troops.

盟军已<u>使</u>塔利班部队陷于孤立。

（6）"We were badly treated in the camp," one of the prisoners said.

其中一个俘虏说："在集中营里,我们备受虐待。"

（7）The virus that causes Sars has been carried by air travelers to 23 countries, infecting more than 3,400 people and killing about 160 worldwide.

引发非典型性肺炎的病毒经民航旅客带到了 23 个国家,导致 3 400 多人受到传染,160 个人死亡。

5）译为含有"为……所……的"、"是……的"、"加以……"等表达方式的主动语句

（1）They are cowards and we'll never be used by such cowards.

他们是胆小鬼,我们是决不会为他们所利用的。

（2）The hotel was developed by Furama Hotel Enterprises Ltd. in the early 1970s.

这家酒店是富丽华酒店业有限公司于 20 世纪 70 年代初兴修的。

（3）He said that the issue of scrapping the peg could be considered.

他说,取消联系汇率的问题可加以考虑。

6）使用专门表示被动语态的词汇进行翻译

中文里还有一些专门表示被动词态的词汇和表达方式,如大家、人家、人们、有人、一般都认为等。这些词汇和表达方式一般用于翻译由无主代词"It"领导的被动语句。例如：

（1）Explosions could still be heard from the direction of the city.

人们仍然能听到从城市所在方向传来的爆炸声。

（2）It was suggested that salary adjustment of the public service be discussed by the end of the year.

有人建议,在年底前应讨论一下公务员薪酬的调整问题。

（3）It was believed that he would definitely raise the issue at the Legislative Council and severely criticize Mr Tung's Government.

大家都相信,他肯定会把这个问题在立法会上提出,并严厉抨击董建华先生的政府。

（4）It was generally agreed that his exile was a result of political persecution.

一般都认为,他被放逐国外是一种政治迫害。

四、附   录

2002 年 5 月 17 日,《南华早报》曾刊登过一条关于美国总统布什早在"9·11"事件前就已获悉本·拉丹可能劫持飞机一事的新闻,同一天,香港《大公报》也将这一消息译成中文全文刊出。值得注意的是,《南华早报》的英文稿用了 24 个被动语句,但《大公报》据此编译的新闻竟一个也未使用。从中、英文媒体对被动语句截然不同的处理方式中,我们可

以进一步看到这两种语言在这一问题上的微妙差别。请看这两条新闻：

《南华早报》新闻：

Bush had bin Laden hijack warning

（Agencies in Washington）

The White House has admitted US President George W. Bush was warned by intelligence agencies last August that Osama bin Laden was seeking to hijack aircraft.

But it said the reports did not include the possibility hijackers would turn the planes into guided missiles for a terrorist attack.

"It is widely known that we had information that bin Laden wanted to attack the United States interests abroad," Ari Fleischer, the President's press secretary, said.

"The President was also provided information about bin Laden wanting to engage in hijacking in the traditional pre-9/11 sense, not for the use of suicide bombing, not for the use of an airplane as a missile."

Nonetheless the acknowledgement by the White House, in response to a report on Wednesday night on CBS News, is bound to fuel congressional demands for a deeper investigation into whether US intelligence agencies and the FBI failed to put together pieces of evidence that were in front of them.

Mr Fleischer would not discuss when or how the information was given to Mr Bush, but a senior administration official said the administration was made aware of the potential for hijackings of US planes during routine intelligence briefings last summer.

The CIA would not confirm what it told Mr Bush, but the agency said the issue of bin Laden's attempting an airline hijacking was among a number of terrorist methods raised to US government officials at the time.

In the past few days, government officials have acknowledged for the first time that an FBI agent in Phoenix, Arizona, had urged the bureau headquarters to investigate Middle Eastern men enrolled in US flight schools.

The agent's memorandum also cited bin Laden by name and suggested that his followers could use the schools to train for terror operations, officials who have seen it said.

Administration officials said the warning given to Mr Bush did not come from the FBI or from the information developed by the agent in Arizona. Instead, it was provided as part of the CIA briefing he is given each morning, suggesting it was probably based on evidence gathered abroad. The briefing was given to the President at his ranch in Crawford, Texas, where he was on vacation.

Taken together, the news or the CIA warning and the information developed separately by the FBI explains Mr Bush's anger after September 11 that intelligence gathered on American soil and abroad was not being centrally analyzed and that the agencies were not working well together.

Mr Fleischer said the information given to the President in Texas had prompted the administration to put law enforcement agencies on alert. But there was no public announcement.

White House officials have deflected demands for a detailed investigation into the intelligence failures prior to September 11, fearing that would stoke the campaign being led by Senator Richard Shelby, for the replacement of George Tenet as CIA director.

But the news that the hijacking warning was in the President's brief, which Mr Tenet sees and approves, and that it was linked to bin Laden, is almost certain to widen the scope of investigations.

Already, several lawmakers who have read the Phoenix memo written by the FBI agent have described it as the most significant document to emerge in congressional inquiries into whether the Government might have been warned about possible hijackings.

(SCMP, May 17, 2002)

《大公报》译文:

布什"9·11"早获情报
国会议员纷质疑白宫 为何不给予充分重视

[本报讯] 综合华盛顿十六日消息:美国白宫承认,在"9·11"恐怖袭击发生之前数个月,政府接到过恐怖分子可能劫持美国航空公司客机的警告。这是布什首次跟事发前的有关情报拉上直接关系,事件招致国会调查人员的抨击,他们早就怀疑政府没有对有关情报做出足够的回应。

白宫发言人弗莱舍星期三说,布什总统当时接到了情报部门关于恐怖分子可能劫持美国航机的警告,但情报指的是传统意义上的劫机,而不是自杀式袭击或把飞机当作导弹来袭击纽约世贸中心和五角大楼。布什政府随后将这一警告通报了有关执法部门,要求他们提高警惕。

弗莱舍是在美国国会加紧调查政府是否对"9·11"事件之前的安全警告予以足够重视时证实这一消息的。

据美国传媒星期三报道,一位在亚利桑那州工作的联邦调查局人员去年七月向总部提供一份情报分析,就来自中东地区的一些人在美国飞行学校接受培训一事发出警告,并要求总部进行调查。这份机密的情报分析还专门提到本·拉登可能参与飞行培训活动。但联邦调查局总部对此没有给予重视,也没有采取任何行动。

参议院情报特别委员会主席格雷厄姆星期三通过发言人称,这一情报分析是国会在对联邦调查局、中央情报局和其他情报部门为何未能及时发现和阻止"9·11"恐怖袭击阴谋进行调查过程中的一大重要发现。

众议院少数党领袖格普哈特星期四说,对于联邦调查局在"9·11"事件前曾向布什总统提出警告,但政府却未就此事咨询自己的意见感到"诧异"。他对记者说:"我们需要展开调查,我们需要知道白宫得到了什么消息,以及他们知道之后的反应。"

参议院情报委员会副主席谢比尔在全国广播公司节目"今天"中说:"那时有很多情报,我和其他人都相信,如果能适当地行动,我们在九月十一日可能会有不同的境况。"

谢比尔在有线电视新闻网节目中质问,为何白宫要等那么久,去确认布什对于劫机威胁的认知。他谈及这次警告时说:"我认为应该已经行动,但最终没有。"

(2002 年 5 月 17 日《大公报》)

五、被动语句翻译参考练习

练 习 一

UN passes Iraq arms-probe resolution

The UN Security Council last night passed a strongly worded resolution designed to force Iraq to give up its weapons of mass destruction or face "serious consequences".

The move paved the way for a return of arms inspectors and allows military force to be employed if President Saddam Hussein fails to comply.

UN Secretary-General Kofi Annan urged Iraq to seize the opportunity to finally eliminate any weapons of mass destruction "for the sake of its own people,and for world security".

The 15-0 vote on the third draft of the motion brought to an end two months of negotiations between the United States and other permanent council members.

The resolution says Iraq has "a final opportunity" to scrap any weapons of mass destruction it has and threatens "serious consequences" if it does not.

Crucially,it makes no mention of the need for a further resolution to authorize military action.

The measure gives Iraq seven days to confirm its intention of complying fully and another 23 days to make a full declaration of its programmes to develop chemical, biological and nuclear weapons, and ballistic missiles.

The six-page draft gives UN arms inspectors unrestricted inspection rights.

France and Russia had led opposition to an original draft <u>submitted by</u> Washington, fearing "hidden triggers" which would allow Washington to attack Iraq whenever it chose.

According to French diplomats, breaches of the ban on Iraq developing weapons of mass destruction <u>can be reported</u> by the inspectors to the Security Council.

British UN Ambassador and co-sponsor of the draft Jeremy Greenstock said the change made it clear there was no alternative procedure for notifying the council of any violations.

However, US State Department spokesman Richard Boucher said the US maintained the right to cite violations on its own.

After the vote, US President George W. Bush warned that Mr Hussein would face war if he obstructed weapons inspections.

"His co-operation must be prompt and unconditional, or he will face the severest consequences."

Chief UN weapons inspector Hans Blix said an advance team would arrive in Baghdad on the 18th of this month.

(SCMP, November 9, 2002)

词　汇　表

Security Council　安全理事会, 安理会

permanent members　常任理事国

a strongly-worded resolution　措辞强硬的决议

arms-probe resolution　武器检查决议

to face serious consequences　面对严重后果

the move　提案, 议案

to pave the way for　为某事铺平道路

arms inspectors　武器检查人员, 武器核查人员

Saddam Hussein　萨达姆·侯塞因

to comply　服从, 顺从

UN Secretary-General　联合国秘书长

Kofi Annan　科菲·安南

to seize the opportunity　抓住时机

to eliminate　消除

weapons of mass destruction　大规模杀伤性武器

the 15-0 vote　15 对 0 的投票结果

the third draft　第三份决议草案

the motion　提案, 动议

to bring to an end　结束

to scrap　消除, 取消

crucially　关键性地

it makes no mention of　（决议）未曾提及

to authorize military action　授权动武, 授权采取军事行动

a full declaration　全面的声明

chemical, biological, nuclear weapons　化学武器, 生物武器和核武器

ballistic missiles　弹道导弹

unrestricted inspection rights　无限的检查权力，
　不受限制的检查权力

original draft　最早的决议草案

to submit　提交

"hidden triggers"　"暗藏的扳机"

breaches of the ban　违反禁令

UN Ambassador　驻联合国大使

co-sponsor of the draft　决议草案的共同发起人

Jeremy Greenstock　杰里米·格林斯托克

alternative procedure　别的程序，替代的程序

to notify　通知

violation　违反

the State Department　（美国）国务院

Richard Boucher　理查德·鲍澈

prompt　即时的，迅速的

unconditional　无条件的

Hans Blix　汉斯·布利克斯

advance team　先遣组，先遣队

Baghdad　巴格达

参考译文：

联合国通过核查伊拉克武器决议

联合国安理会昨天夜间通过了一项措辞强硬的决议，以迫使伊拉克放弃其大规模杀伤性武器，否则就要面对"严重后果"。

此举为武器检查人员重返伊拉克铺平了道路；如果萨达姆总统拒不服从，则可使用武力。

联合国秘书长科菲·安南敦促伊拉克抓住这一机会，"为了自己的人民，为了世界的安全"，彻底消除所有大规模杀伤性武器。

该决议的第三个草案以 15 票对 0 票通过，从而结束了美国与安理会其他成员国之间长达两个月的谈判。

决议说，伊拉克还有"最后一次机会"来彻底消除它拥有的全部大规模杀伤性武器，并威胁说否则就会有"严重后果"。

至关重要的是，该决议没有提及授权动武是否需要另有新的决议。

该决议给予伊拉克 7 天时间以确认其是否完全遵从上述决议的意向，另有 23 天时间以全部公开其发展化学武器、生物武器、核武器和弹道导弹的计划。

这一长达 6 页的决议赋予了联合国武检人员以不受任何限制的检查权力。

法国和俄国曾带头反对最先由华盛顿提出的决议草案，它们担心草案中有些"暗藏的扳机"，令美国随时扳动它们攻打伊拉克。

一位法国外交官说，违反禁止发展大规模杀伤性武器的事应由武检人员向安理会作出报告。

英国驻联合国大使、决议草案发起人之一的杰里米·格林斯托克说，决议措辞上的这一改动清楚说明：任何违反决议的问题只能由武检人员向安理会报告。

但是，美国国务院新闻发言人理查德·鲍澈却说，美国保留自行引述违反决议问题的权利。

投票后,美国总统布什警告说,如果萨达姆妨碍武器检查,他将面对战争。

"萨达姆必须立即、无条件地合作,否则,将面对最严厉的后果。"

联合国武器检查委员会主席汉斯·布利克斯说,武检人员的一个先遣组将于本月 18 日抵达巴格达。

(2002 年 11 月 9 日《南华早报》)

练 习 二

HK-born to Indian parents but Vehka is now Chinese

In what is being hailed as a breakthrough for the rights of ethnic minorities, an Indian girl has been granted Chinese nationality and a Hong Kong SAR passport.

The government denies any change in policy but politicians and sources in the Indian community said there had been an obvious softening of criteria and change in approach to the Chinese nationality law.

Vehka Harjani, 15, who was born in Hong Kong, is the first known case of a person from an ethnic minority with no Chinese relatives being granted an SAR passport.

Her father, Vijay Harjani, said an Immigration Department officer had initially refused to provide him with an application form because his daughter had no ethnic Chinese background.

Mr Harjani claimed racial discrimination, citing the case of Mike Rowse, the head of InvestHK who was naturalized as a Chinese last year. He eventually spoke to a senior officer who accepted the application. Eight months later, in mid-August, Vehka got her passport.

Since 1997, several applications from ethnic minorities have been rejected because of lack of Chinese descent or relatives. Raj Sital, the Indian Chamber of Commerce chairman, said: "In my opinion, there has been a slight softening of criteria."

The Immigration Department maintains it has always been possible for foreign nationals of non-Chinese ethnicity who are permanent residents to obtain SAR passports if they are naturalized as Chinese nationals.

(SCMP, December 2, 2002)

词 汇 表

Vehka Harjani　维卡·哈贾尼	breakthrough　突破
to be hailed　被誉为	ethnic minorities　少数族裔

to be granted Chinese nationality　给予中国国籍
to deny　否认
Indian community　印裔社区
in approach to　接近，援引
Chinese nationality law　中国国籍法
the first known case　首个已知案例
SAR passport　香港特别行政区护照
Vijay Harjani　维杰·哈贾尼
Immigration Department　移民局
application form　申请表
ethnic Chinese background　中国背景，中国血统
racial discrimination　种族歧视

Mike Rowse　卢维思
InvestHK　香港投资推广署
to be naturalized　归化，入⋯⋯国籍
eventually　最终
Chinese descent　中国血统
Raj Sital　拉吉·西塔尔
Indian Chamber of Commerce　印度商会
a slight softening of criteria　在标准掌握方面少许放宽
foreign nationals　外国人
non-Chinese ethnicity　非中国籍
Chinese nationals　中国人，中国国民

参考译文：

印籍父母　香港出生
维卡取得　中国国籍

　　一位印度少女取得了中国国籍，并拿到了香港特别行政区护照。这一事件被誉为是少数族裔权利方面的一项突破。

　　政府否认在政策上有任何变化，但政界人士和印裔社区人士都认为，在实施中国国籍法问题上，标准已经明显放宽，申请方面也有变化。

　　今年 15 岁的维卡·哈贾尼出生在香港。这件事情是首宗没有任何中国亲属关系的少数族裔人士取得香港护照的案例。

　　维卡的父亲维杰·哈贾尼说，移民局的一位官员早先曾以他的女儿没有中国血统为由，拒绝发给他申请表格。

　　哈贾尼引述香港投资推广署署长卢维思去年取得中国国籍的案例，一位高级官员后来同他谈话，并接受了维卡的申请。8 个月后，也就是今年 8 月中旬，她终于拿到了香港护照。

　　1997 年以来，数宗少数族裔的相关申请都因没有中国血统或中国亲属而被拒绝。印度商会会长拉吉·西塔尔说：“在我看来，在审批标准方面已稍有放宽。”

　　移民局表示，对那些非中国血统，但已是香港永久居民的外国人来说，如果取得了中国国籍，要拿到香港特别行政区护照就总是可能的。

（2002 年 12 月 2 日《南华早报》）

CHAPTER

第七章

长句、难句翻译

一、英文长句翻译过程

英文的句子相对较长，从句多，附加成分多，加之，西方人与中国人在思维和表达方式上又多有差别，因而在翻译英文新闻时，困难也就多些。

但是，新闻写作讲究言简意赅，段落简短，句子也短，英文新闻尤其如此。因此，在英文新闻里一般没有太长的句子。长短只是相对而言的。

并非长句就一定难于翻译，但在长句子里，义组和附加成分可能都会多些，信息量就会大些，翻译的难度当然也就因之增加。

翻译英文长句的困难，主要是因某些语法现象（如附加成分、并列成分、倒装语句等）不易理解引起的，也有的是因为对西方文化、历史背景不够熟悉造成的。

下面，就让我们就英文新闻长句的翻译方法作些探讨。

年轻翻译看到英文长句时，发怵的情况居多，因为长句的语法关系一般比较复杂，从句一个接着一个，内中还可能有一些不认识的单词，意思不易搞清，在这种情况下，情绪自然会紧张起来。

不过，这种紧张情绪其实是可以克服的。见得多了，译得多了，词汇量大了，信心自然也就有了。如能静下心来，把不认识的单词一一查出，再琢磨一下句中主句和从句的关系，往往就会产生一种豁然开朗的感觉。

翻译英文长句一般都有如下过程：

(1) 把没有把握的单词一一查出；

(2) 理清句子的语法关系；

(3) 读懂句子的基本意思；

(4) 按照中文的表达习惯，准确地把它转换成中文。

二、英文长句翻译方法

翻译英文长句有多种方法。广东学者曾庆丰提出了顺译法、逆译法、拆译法3种[1]，张培基教授提出了顺译法、逆译法、分译法、综合法4种[2]；赵桂华教授把它分为切断法（顺译法）、拆译法（分句法）、倒译法（逆译法）、插入法、重新组合法5种[3]；而台湾学者林佩汀

---

[1]　曾庆丰：《实用电讯新闻翻译教程》，84～87页，广州，暨南大学出版社，1999年。

[2]　张培基等：《英语翻译教程》，149～159页，上海，上海外语教学出版社，1998年。

[3]　赵桂华：《翻译理论与技巧》，112～120页，哈尔滨，哈尔滨工业大学出版社，2002年。

则认为,翻译英文长句应学会在该断的地方切断,把句子重新进行安排,并进而提出了包括 7 项内容的切断法:即在连接词处切断、在副词处切断、在副词片语处切断、在名词处切断、在关系代名词处切断、在关系副词处切断、在动词处切断[①]。

其实,以上学者的见解差别并不很大,不同的地方只是有的分得粗些,有的细些。如果把问题简化一点,作者以为把它分为 3 种就已足够,即曾庆丰主张的顺译法(synchronizing),逆译法(reversing)和拆译法(splitting)。综合法、重新组合法和插入法等都可归入拆译法里面。

下面,让我们就这 3 种方法一一作些探讨。

1. 顺译法

英文的语法逻辑与语义逻辑有时一致,有时不一致。而中文的语法逻辑和语义逻辑在多数情况下都是一致的。因此在着手翻译之前,应首先分清英文新闻中的这些关系。如果它的语法逻辑和语义逻辑一致,一般可按照原文语序顺译成为中文。请看例文:

(1) On November 14, Mr Tung Chee-hwa said he agreed with Mr Leung's view, saying the government should find time discussing issues related to salary increases for the public service.

这个例句中的语法逻辑和语义逻辑分别是:

a. Mr Tung Chee-hwa(on November 14, Thursday)said he agreed with Mr Leung's view

b. he said the government should find time discussing issues related to salary increases for the public service

如用中文解释,其语法逻辑和语义逻辑分别是:

语法逻辑:主语(董建华)　　谓语(说及说的内容)

语义逻辑:董建华　　说　　他同意梁(锦松)的意见,(并说)政府应该……

董建华 11 月 14 日说,他同意梁锦松的意见,认为政府应该确定时间讨论一下公务员的加薪事宜。

(2) British Prime Minister Tony Blair told the annual conference of his governing Labour Party:"There is only one outcome——our victory,not theirs."

语法逻辑:主语(布莱尔)　　谓语(向工党年会报告及报告的内容)

语义逻辑:布莱尔　报告说　战争的结局只有一个……

英国首相托尼·布莱尔向其执政党工党的年会报告说:"战争的结局只有一个:

---

①　林佩汀:《中英对译技巧》,169~174 页,北京,世界图书出版公司,1996。

胜利是我们的,不是他们的。"

（3）Mr Wen said that"Whatever Hong Kong needs——medical equipment and staff——the central government will give full support."

温先生说:"不管香港需要什么——医疗设备也好,人员也好——中央政府都会给予全力支持。"

（4）The use of force has been——and remains——our last resort. Yet all can know, friends and foe alike, that our nation has a mission: We will answer threats to our security, and we will defend the peace.

使用武力一直是——今后依然是——我们最后的选择。然而,不论是我们的朋友,还是我们的敌人,大家都知道,我们国家有这样一个使命:我们将回击对我国安全的威胁,我们将捍卫和平。

2. 逆译法

在许多情况下,英文新闻长句的语法逻辑与语义逻辑并不一致或正好相反。这时,就要采用与原文文字相反的顺序,即逆译的方法进行翻译。请看例文:

（1）Iraqis yesterday got a glimpse of what life without Saddam Hussein may hold, as protests and politicking marked the first day of meetings to decide the country's fate.

在上述例句中,新闻事件的语法逻辑与语义逻辑不一致。

语法逻辑:

a. Iraqis yesterday got a glimpse of what life without Saddam Hussein may hold

（主句,然而它又是另一新闻事件的结果,时间在后）

b. as protests and politicking marked the first day of meetings to decide the country's fate

（状语从句,是上述新闻事件的起因,时间在前）

语义逻辑:

a. meetings（first such events since the fall of Saddam Hussein）were held yesterday, and they were marked by protests and politicking

（新闻事件的起因,时间在前）

b. Iraqis yesterday got a glimpse of what life without Saddam Hussein may hold

（新闻事件的结果,时间在后）

不难看出,上述英文新闻例句的语法逻辑与语义逻辑正好相反。翻译时只能根据中文的语义逻辑和表达习惯进行,也就是说,需要把原语新闻的语法逻辑颠倒过来进行翻译。以下是中文参考译文:

昨天是伊拉克召开的讨论国家命运会议的第一天,有人举行了一系列的抗议和
其他政治活动,让伊拉克人首次体验到了没有萨达姆后的生活会是什么样子。

　　在上述译文中,语法逻辑和语义逻辑已经一致起来。由于翻译是按照原语新闻的语
义逻辑进行的,译文的语法逻辑同原文正好相反。这就是逆译的方法。采用这种方法翻
译英文长句时,原文的深层意思得以保留,但其语法顺序却与原文很不相同或完全相反。

　　(2) Demands that the inspection process should be given a chance to resolve the
conflict picked up steam on Saturday when a wave of anti-war protests rolled around the
world from Tokyo to London and the United States, where organizers estimated a
turnout of 50,000 in San Francisco and 500,000 in Washington.

　　这段新闻文字的语法逻辑是:

　　a. demands that the inspection process should be given a chance to resolve the
conflict picked up steam on Saturday

　　b. a wave of anti-war protests rolled around the world from Tokyo to London and
the United States; organizers estimated a turnout of 50,000 in San Francisco and 500,000 in
Washington

　　下面是按照这一语法逻辑翻译出的中文译文:

　　　　要求用武器核查手段来解决冲突的呼声高涨起来。
　　　　(上星期六)反战的抗议浪潮从东京到伦敦到美国都有;组织者估计,上街抗议
的人数在旧金山有50 000,在华盛顿有500 000。

　　这段文字的语义逻辑显然很不相同,大致是:

　　　　a. 上星期六,反战的抗议浪潮从东京到伦敦到美国都有。据组织者估计,上街
抗议的人数在旧金山有50 000,在华盛顿有500 000;
　　　　b. (在这种情况下)要求用武器核查手段来解决冲突的呼声高涨起来。

　　要把这段英文新闻译成中文,上述语法逻辑就要重新调整,使之符合中文的语义和语
法逻辑。下面是这段文字的中文参考译文:

　　　　上星期六,反战的抗议浪潮从东京到伦敦到美国都有。据组织者估计,上街抗
议的人数在旧金山有50 000,在华盛顿有500 000。在这种情况下,要求用武器核查
手段来解决冲突的呼声高涨起来。

　　(3) Some commentators have charged the administration with Owellian efforts at
deception in official descriptions of the invasion as a"liberation"and by telling the public
that the purpose of war is peace.

一些评论员指责说,政府冠冕堂皇地把这场入侵称作"解放",并告诉公众说战争的目的是和平,这是为达到宣传目的而进行的欺骗。

（4）Tokyo was facing the prospect of its first blackouts in nearly two decades yesterday after the city's main power company shut down the last of its 17 nuclear reactors for safety checks, after a series of damaging scandals.

　　　　由于一系列破坏性丑闻造成的影响,东京昨天关闭了它的17个核反应堆中的最后一个,以便进行安全检查。此事令东京市民陷入了近20年来第一次无电可用的境况。

3. 拆译法

　　英文新闻句子有的语法关系比较复杂,经常采用一些用关系代词、关系副词引导的从句,有的又使用插入语、倒装句等写作手段,使语法逻辑同语义逻辑出现了比较复杂的矛盾关系。使用这些语法手段写成的英文,与中文的语法逻辑和语义逻辑相去甚远。在这种情况下,翻译只能采取把原文语句拆散、重新进行安排的方法,才能顺利完成语义的转化。这种翻译方法就是拆译法。请看例文:

（1）The U. S. almost certainly will have departed from Thailand where the government has declared U. S. forces unwelcome and from Taiwan which the U. S. should evacuate under the terms of the U. S. -Chinese Shanghai Communique of 1972.

　　这段文字的语法逻辑是:

　　a. The U. S. will have departed from Thailand and Taiwan

　　b. (In Thailand), the government has declared U. S. forces unwelcome

　　c. (From Taiwan), the U. S. forces should evacuate under the terms of the U. S. -Chinese Shanghai Communique of 1972

　　然而,它的语义逻辑却是:

　　a. as the Thai government has declared U. S. forces unwelcome

　　b. as the U. S. forces should evacuate from Taiwan under the terms of the U. S. -Chinese Shanghai Communique of 1972

　　c. the U. S. will have departed from Thailand and Taiwan

　　由于中文表达特别注重语义逻辑,因此,翻译时最好根据中文表达的需要重新安排句子的结构和顺序。有鉴于此,作者认为可以把上述例句这样拆而译之:

　　　　鉴于泰国已经宣布美国军队不受欢迎,而根据中美两国1972年上海公报的规定,美国应该从台湾撤军。因此,美国将会从泰国和台湾撤离。

(2) Just advanced by the Russians and later picked up and made much of by certain American writers, was the claim that U-2 pilots were worried that if the device had to be used the CIA had rigged it in such a way that it would be exploded prematurely, thus eliminating, in one great blast, all incriminating evidence, planes and pilot. ①

这段文字的语法逻辑是：

a. (the claim was) just advanced by the Russians and later picked up and made much of by certain American writers

b. the claim (was) that U-2 pilots were worried

c. if the device had to be used

d. the CIA had rigged it in such a way

e. that it would be exploded prematurely

f. thus eliminating, in one great blast, all incriminating evidence, planes and pilot

现将这段文字的各个层次，按上述语法逻辑翻译如下：

a. 首先由俄国人提出，后来被美国的某些文人接过来大肆宣扬的是这样一种说法

b. 据说 U-2 飞行员担心

c. 如果需要启用这一装置

d. 中央情报局事先已在其中做了手脚

e. 它（该装置）就会提前发生爆炸

f. 在一声巨响之后，飞机、驾驶员以及一切证据将全部化为乌有

以上例句的语法逻辑与语义逻辑差别很大。其语义逻辑是：

a. 有这样一种说法

b. 这种说法最先是由俄国人提出来的，后来又被美国的某些文人接过来大肆加以宣扬

c. （这种说法是）U-2 飞行员担心

d. 中央情报局已在飞机上安放了一种装置

e. 这种装置在需要时会提前发生强烈爆炸

f. 把飞机、驾驶员和一切证据一下子都消灭干净

鉴于这种情况，翻译时就应按照中文的语义逻辑，对句子的各个部分加以调整，重新进行组织。

译文 1：U-2 飞行员担心的是（英文语法逻辑顺序 b——下同），中央情报局已在飞机上安放了一种装置(d)，该装置在需要时会提前发生强烈爆炸(c、e)，把飞机、驾驶员和全部证据一下子都消灭干净(f)。这种说法最先是由俄国人提出来的，后来

① 选自张培基等：《英汉翻译教程》，157 页，上海，上海外语教育出版社，1983 年。

被美国的某些文人接过来大肆加以宣扬(a)。

译文 2：有一种说法认为(a)，U-2 飞行员担心(b)中央情报局已在这种装置中做了手脚(d)，一旦需要启用(c)，该装置就会提前发生强烈爆炸(e)，令机毁人亡，一切证据都化为乌有(f)。这种说法最先是俄国人提出来的，后来被美国的某些文人接过来大肆加以宣扬(a)。

译文 3：俄国人首先提出一种说法，后来美国的某些文人又接过来加以大肆宣扬(a)，即认为：U-2 飞行员担心的是(b)，中央情报局已在这种装置中做了手脚(d)，一旦需要启用(c)，就会提前发生强烈爆炸(e)，令机毁人亡，一切证据都化为乌有(f)。

这 3 种译法各有千秋，都准确地传达了原文的中心意思，文字也都简练顺畅。但作者认为，译文 3 似更加可取，因为它不仅照顾到了原文的语义逻辑，也基本保留了原文的语法逻辑，令原文与译文既能神似，也能形合，十分难得。

作者还在新华社译审赵鑫福的专文"扎实的功底　明确的标准"[①]中，读到一个新闻长句以及赵先生提供的 3 种译文。这些译文有的好些，有的差些，对初学者领会新闻长句翻译的方法很有启示。请看：

There is no doubt that there is uneasiness in the American public，as you would expect after 10 years of being told their leaders were irresponsible or liars，that their enterprises were doomed to failure，that every setback is result of malfeasance.

译文 1：美国公众无疑感到不安，正如人们 10 年来听到有人说他们的领导人是不负责任的或是骗子，他们的事业注定要失败，每个挫折都是渎职的结果之后所预料到的。

译文 2：美国公众无疑感到不安，正如人们 10 年来听到这样一些说法以后所预料到的，即他们的领导人是不负责任的或是骗子，他们的事业注定要失败，每个挫折都是渎职的结果。

译文 3：美国公众无疑感到不安，这本是预料中的事，因为 10 年来他们一直听到有人说，他们的领导人是不负责任的或是骗子，他们的事业注定要失败，每个挫折都是渎职的结果。

赵先生还写道："译文 3 根据时间的先后和因果关系而重新安排句子的顺序，拆成几个短句，效果较好。"

---

① 刘洪潮：《怎样做新闻翻译》，"扎实的功底　明确的标准"，367 页，北京，中国传媒大学出版社，2005 年。

作者同意赵先生关于译文 3 的分析,但又认为,译文 1 语欠通顺,难以成文;译文 2 虽有改进,但也存在不妥,句中的"10 年来听到的"、"这样一些说法"等译法都还可以商榷。

三、英文长句翻译举例

如前所述,翻译英文长句的困难,主要是因某些字词或语法现象不易理解引起的,也有的是因对西方文化、历史背景不够熟悉造成的。下面的例句有的属于长句,有的虽然不长,但不好理解,现录于后,并附上作者提供的试译译文,供读者参考。

(1) In the months ahead, our patience will be one of our strengths—patience with the long waits that will result from tighter security, patience and understanding that it will take time to achieve our goals, patience in all the sacrifices that may come.

> 在今后几个月里,我们的耐心就是我们的一种力量——那种为获得更安全的环境而需要进行长时间等待的耐心,那种对耗费时间才能达到我们的目的的理解和耐心,那种为可能会有牺牲而做好心理准备的耐心。

(2) Even American fans can't get enough of him, having selected Yao in a vote for the All-Star game ahead of the legendary Shaquille O'Neal, who ran into the "Great Wall" at the weekend as the Rockets beat the Los Angeles Lakers.

> 甚至连美国的球迷也为之倾倒。他们在选举 NBA 全明星队时把姚明排在了传奇人物大鲨鱼奥尼尔的前面。在上周末火箭队挫败洛杉矶湖人队的比赛中,奥尼尔还撞在了这座"长城"的脚下。

(3) The spokesman added: "The more people see and hear his demented rantings from his cave, the more people see he is a terrorist pure and simple and his guilt is ever more apparent."

> 这位发言人补充说:"人们看到、听到他在地洞里说的那些疯话越多,就越能看清他是个不折不扣的恐怖分子,他的罪恶也就更加暴露无遗。"

(4) After all that has just passed, all the lives taken and all the possibilities and hopes that died with them, it is natural to wonder if America's future is one of fear.

> 在刚刚发生的这一切过去之后,在这么多人罹难之后,在所有的希望与可能也已随之逝去之后,人们自然都会怀疑,美国的未来是否是个充满恐惧的未来。

(5) Unlike his previous harsh report, Hans Blix steered a course which provided

reasons to Security Council members, such as France, which wants inspections to be expanded, and the United States and Britain, which say war may be the only recourse to force Iraq to disarm.

与上次措辞严厉的报告不同,汉斯·布利克斯这次遵循了一条向安理会成员国如法国、美国、英国等解释的途径。法国希望能扩大核查范围,而美国和英国则说,战争可能是唯一能迫使伊拉克解除武装的办法。

(6) Japan has decided to start joint experiments with the United States next year on shooting down ballistic missiles, a response to rising tensions over North Korea's suspected nuclear weapons programme, a Japanese newspaper reported yesterday.

一家日本报纸昨天报道说,日本已就从明年开始与美国联合进行拦截弹道导弹试验问题做出决定。这是该国对人们怀疑朝鲜正在发展核武使局势变得日益紧张一事作出的反应。

(7) About 1,200 temporary workers hired under a scheme to help middle-aged people find work will be made jobless again over the next few months after the government decided to cut their positions.

Of the 7,000 temporary jobs created after the 2000 Policy Address, 5,000 contracts will expire in the next few months, including hospital workers and cleaning staff for the Food and Environmental Hygiene Department.

在政府决定削减有关职位后,在"帮助中年人求职"计划下就业的临时人员中,约有1 200人将在今后几个月内再次失去工作。

在"2000年政策报告"后创造的7 000个临时职位中,5 000人的合同将在今后几个月内约满,其中包括医院的职工和食物环境卫生署的清洁工。

(8) The character of our military through history—the daring of Normandy, the fierce courage of Iwo Jima, the decency and idealism that turned enemies into allies—is fully present in this generation.

我国军队的历史传统——在诺曼底战役中表现出的无惧无畏,在硫黄岛战役中表现出的勇猛顽强,在化敌为友过程中表现出的理想和高尚——都在我们这一代军人身上充分体现了出来。

(9) We'll meet violence with patient justice, assured of the rightness of our cause and confident of the victories to come.

我们会以持久的正义面对暴力,确信我们的事业是正确的,也深信胜利将会到来。

（10）Dr Heymann urged Hong Kong to continue to be vigilant "until this disease can disappear from human beings, if it can," citing Canada's experience of a second outbreak when the disease was believed contained.

　　　　海曼医生督促香港保持警惕，"直至这种疾病（非典型肺炎）从人间消失——如果它能消失的话"。他以加拿大的经验为例，说原以为那里的疫情已经得到控制，但却再次爆发。

（11）There is just one choice: defeat it or be defeated by it and defeat it we must.

　　　　只有一种选择：要么打败它，要么被它打败；我们必须打败它。

（12）The official said: "It is a shame to call Sars a blessing in disguise, but if it's the best word we have, then absolutely, yes it is."

　　　　这位官员说，"说发生'非典'是塞翁失马很不应该，但是，如果我们觉得只有这种说法最好，那么，它绝对就是塞翁失马。"

（13）Saddam Hussein once (in 1979) said: "What is politics? Politics is when you say you are going to do one thing while intending to do another. Then you do neither what you said nor what you intended."

　　　　1979年，萨达姆·侯赛因有一次曾说："什么是政治？政治就是当你心里想做一件事时，你嘴上说的却是另外一件。而后，你实际做的，却既不是你所说的，也不是你想要做的。"

（14）"The President (George W. Bush) is 100 per cent opposed to any cloning of human embryos," a White House aide said.

　　　　香港某报的译文：白宫发言人说，总统"百分之百地明确表示，他反对任何形式的克隆人类"。

　　　　作者的译文：一位白宫助理说，"总统百分之百地反对任何克隆人类胚胎的行为"。

四、几个常见英文新闻短语的翻译

　　英文新闻中，有许多西方记者经常使用的词汇、短语或特殊的表达方式。它们有的明白易懂，翻译起来困难不多；但也有的一语多义，在不同场合有着不同的意思，翻译起来着实需要动番脑筋。如能掌握这些词汇、短语、表达方式的准确含义，那么，新闻翻译就会变得容易一些。

下面是这类词汇、短语、表达方式的举例，及作者提供的参考译文：

1. to come as(when，amid，with)

"to come"这个动词的基本意思是"来"，它在英文新闻中经常出现，与其搭配的表达方式也很多，它的含义也因之变得丰富起来。翻译时，必须根据上下文的内容，酌情处理。仅举几例：

（1）The move(China lifted jet fuel surcharge for the second time in a year)came as the price of aviation fuel has risen 50 per cent since March to more than 5,800 yuan(US＄725)per ton.

　　这一措施(指中国一年内第二次提高航空燃油附加价——作者注，下同)是在中国3月份决定提高航空燃油价50％后传出的。那次调整将航空燃油价提高到了每吨5 800元(合725美元)。

（2）His comments came at a time when US Assistant Secretary of State James Kelly left for the talks in Beijing.

　　他的这些评论(指美国军方正在制订轰炸朝鲜核工厂一事)是在美国助理国务卿詹姆斯·凯利准备离开美国前往北京进行谈判时发表的。

（3）The closures came amid increasingly drastic official steps to contain severe acute respiratory syndrome，including the quarantine of thousands of people this week in Beijing.

　　这个停业决定(指明令北京市公共娱乐场所暂停营业)是在官方不断采取断然措施——包括本周内将数千市民隔离起来——以遏制非典型肺炎继续扩散的情况下采取的。

（4）Hong Kong's unemployment rate fell for the first time in nearly two years yesterday—but the good news came with a warning that war in Iraq could hamper further recovery.

　　昨天，香港的失业率两年来第一次出现下降，但是同这个好消息一起传来的还有这样一个警告：对伊战争可能会妨碍香港经济继续复苏。

　　与"came"用法相近的词汇还有"followed"。请看这个词的译法。

（5）The launch(of a free newspaper in Guangzhou)follows that of Metro Express in Shanghai，which is published from Tuesday to Friday.

这份免费报纸的创刊发生在上海的《地铁快报》问世之后,后者每周周二至周五出版。

2. to be echoed

（1）Premier Wen Jiabao proposed the programme in December when he visited France. He was echoed by Chirac.

温家宝总理是 12 月份访问法国时提出这个计划的。他的建议得到了希拉克总统的响应。

（2）The President is optimistic that America's resolve to deal firmly with Saddam Hussein will soon be echoed in the Congress.

美国强硬对付萨达姆·侯赛因的决心很快就会在国会得到响应。总统对此感到乐观。

3. to be quoted(or cited)...as saying

（1）The Washington Post in a report on its Web site at www. washingtonpost. com quoted a U. S. official as saying that Li Gun had pulled Kelly aside and said,in effect:"We've got nukes. We can't dismiss them. It's up to you whether we do a physical demonstration or transfer them."

《华盛顿邮报》www. washingtonpost. com 网站的一条消息引述美国政府官员的话说,(朝鲜代表)李根在谈判期间曾把凯利拉到一边,告诉他说(大意):"我们已经拥有核武器。我们不能把它们销毁。是给你们展示一下呢,还是把它们转移到别处去,那就看你们了。"

（2）It quoted an unidentified western intelligence official as saying the find was "sensational".

这家报纸引述一位未曾披露姓名的西方情报官员的话说,这些发现(指英国《星期日电讯报》发现了一些表明萨达姆与基地组织有联系的文件)是"耸人听闻的"。

（3）"The stable I built didn't collapse,but the school did,"Anatolian quoted the parent of a rescued boy as saying.

安纳托利亚通讯社引述一个获救孩子家长的话说:"我盖的马厩好好的,但是那个学校却震塌了。"

（4）"The most important thing in our work is a happy ending,so the crew can walk around the capsule after landing and pick tulip, "Itar-Tass news agency <u>quoted</u> Yuri Koptev, head of Russia's space agency, <u>as saying</u>.

俄塔社<u>引述</u>俄罗斯宇航局局长尤里·科普切夫的话<u>说</u>, "最重要的事情是我们的工作有了一个圆满的结局,这样,宇航员就可在着陆后绕着返回舱转一转,采撷<u>些</u>郁金香花"。

在以上例句中,记者有时用 cited 一词代替 quoted,两者的意思基本相同。例如:

The submarine, which was taking part in a training exercise at the time of the accident, had lost contact with the command center several hours before the disaster in waters off the coast of Shandong's Yantai City, the newspaper <u>cited</u> a mainland military source <u>as saying</u>.

这家报纸(指香港《文汇报》——作者注,下同)<u>引述</u>中国内地军方消息人士的话说,这艘潜艇当时正在山东烟台的外海参加一次军事演习。它于出事前数小时同指挥中心失去了联系。

4. anonymity

(1) "They(the North Koreans)said what we always knew," said an administration source, <u>who asked not to be named</u>.

<u>一位要求不公开其姓名的</u>政府官员说: "他们(朝鲜人)说的,总是我们早已知道的事情。"

(2) A Central Command spokesman, speaking <u>on condition of anonymity</u>, said the US military was looking into the report.

中央司令部的一位<u>以不披露其姓名为条件的</u>发言人说,美国军方将就这一报道(指挪威报纸关于美军虐待伊拉克战俘的报道)进行调查。

(3) Registrations of marriages between Chinese citizens were unaffected, said the official, <u>who would only give his surname</u>, Wang.

一位姓王的官员说,中国公民之间的婚姻登记不受影响。<u>这位官员不愿透露他的名字</u>。

(4) City officials refused to comment on the WHO's claims. A spokeswoman <u>who refused to give her name</u> said only: "We're planning a press conference tomorrow morning on Sars. Come to that."

北京市的官员拒绝就世界卫生组织的说法发表评论。一位拒绝披露其姓名的女发言人只是说："我们计划明天上午召开记者会,请来参加。"

5. to be set

此字与下面的 poised 一样,多以被动形态出现在英文标题里,含有将要或决定要进行某事的意思,翻译时需根据新闻的内容酌定。例如:

（1）Nasa's space shuttle chief <u>set</u> to quit

（美国）国家航空航天局航天飞机项目主任(已)<u>决定</u>辞职

（2）Sharon and Abbas <u>set</u> for talks

沙龙和阿巴斯<u>将</u>举行会谈

（3）France,Russia <u>set</u> to back UN's Iraq resolution

法国、俄国<u>拟</u>支持联合国关于伊拉克问题的决议

（4）North Korea <u>set</u> to conduct its third missile test

朝鲜<u>将</u>进行第三次导弹试验

（5）Baghdad's famed museum <u>set</u> to reopen

享誉全球的巴格达博物馆下月<u>将</u>重新开放

6. to be poised

（1）China <u>poised</u> to sign US accord on tighter cargo security

中美<u>将</u>签署一项更为严格的货运安全协议

（2）Kashmiri separatists <u>poised</u> to snub India's negotiator

克什米尔分离主义分子<u>决心</u>抵制印度谈判代表

（3）US <u>poised</u> for sweeping cuts to tariffs on manufactured goods

美国<u>将</u>提议全面消除制造品进口税

（4）Welfare groups <u>poised</u> to take an early lead

福利组织<u>决定</u>率先接受足球赌博

（5）Israel <u>poised</u> to uproot Jewish settler outposts

以色列决心拆除犹太人边远定居点

五、难 句 翻 译

新闻翻译并不十分困难,因为西方媒体发往世界其他国家和地区的新闻是写给外国读者看的。为了获得最大的传播效果,西方记者写新闻也忌讳使用生僻字词,力求把句子写得短些、通俗些,避免使用过多的复合句和过分复杂的语法结构。

新华社资深译审赵师传也认为:"国际新闻翻译工作比较容易,因为国际新闻的英文比较通俗易懂,没有太难的字句,因为新闻毕竟是供平民百姓阅读的。所以,同文学著作和其他专业著作的翻译比较起来,相对说来是容易的。"①

英文新闻中的难句也是比较而言的。在许多情况下,难句之难不是记者、而是"怪异的"新闻人物造成的。在这类新闻人物中,获得英国语言组织颁发的2003年"不知所云奖"的美国前国防部长唐纳德·拉姆斯菲尔德就是一位突出代表。他创造的"不知所云"名句很多,其中最具代表性的当属2002年2月12日他在答记者问中发表的言论。他说:

Reports that say that something hasn't happened are always interesting to me, because as we know, there are known knowns; there are things we know we know. We also know there are known unknowns; that is to say we know there are some things we do not know. But there are also unknown unknowns—the ones we don't know we don't know.

上述言论的中文译文有许多版本,下面,让我们选择几个略做分析。

译文1:(北京时代广文翻译中心)

据我们所知,(because as we know 一语不可这样翻译;此前的一句漏译——作者点评,下同)

我们已经知道一些,(把 knowns 译为"一些",不确)

我们知道我们已经知道一些,(也不可把 things 译为"一些")

我们还知道,

有些我们并不知道,(没有译出 known unkowns 的意味)

也就是说,

我们知道有些事情我们还不知道,

但是,

---

① 刘洪潮:《怎样做新闻翻译》,"我的国际新闻翻译经历和体会",56 页,北京,中国传媒大学出版社,2005 年。

还有一些,(不完全)

我们并不知道我们不知道,

这些我们不知道的,

我们不知道。(未理解 the ones 的含义,也未译出它与前面句子的关系)

译文 2:(南方网)我总是对有关找不到伊拉克大规模杀伤性武器的报道很感兴趣,因为我们知道,世界上存在着已知的已知事物,也就是说有些事情我们知道自己知道,而我们也知道世上存在着被人所知的不明事物,这就是说有些事情我们知道自己不知道。同时,世上还存在着我们不知道的不明事物,也就是说我们不知道自己不知道。

作者点评:

(1)"找不到伊拉克大规模杀伤性武器"一语显然是译者添加的。尽管这些文字与原文存在出入,但不违事实,似可勉强为之。

(2)第三行的第一个逗号,应改为句号。

(3)"unknowns"意为"未知事物",与"不明事物"有别。

(4)"世上"二字加得有点多余。

译文 3:(《参考消息》报)那些说某件事情还没有发生的报道总是让我很感兴趣,因为我们知道,有已知的已知:也就是说,有些事情我们知道我们知道。我们也知道,有已知的未知。也就是说,我们知道有些事情我们不知道。但是也有未知的未知,那些事情我们不知道自己不知道。

作者点评:

(1)画了下画线的部分似可改进。

(2)最后一句未能译出"the ones"与前面句子的关系。

作者提供的试译译文:

我对那些关于尚未发生的事情的报道总是饶有兴趣,因为,正如我们知道的那样,存在着已知的已知,就是说有些事情我们知道自己知道。我们也知道,存在着已知的未知,也就是说,我们知道有些事情自己还不知道。但是,还存在着未知的未知——就是那些我们不知道自己还不知道的事情。

难句的情况,各不相同。有关翻译应根据具体情况,正确理解,反复推敲,恰当处置。

六、新闻翻译练习

Clinton:'I'm in,and I'm in to win'

Democratic senator discloses plans for presidential exploratory committee

1. NEW YORK—Democratic Sen. Hillary Rodham Clinton launched a trailblazing campaign for the White House on Saturday, a former first lady turned political powerhouse intent on becoming the first female president. "I'm in, and I'm in to win," she said.

2. In a videotaped message posted on her Web site, Clinton said she was eager to start a dialogue with voters about challenges she hoped to tackle as president—affordable health care, deficit reduction and bringing the "right" end to the Iraq war.

3. "I'm not just starting a campaign, though, I'm beginning a conversation with you, with America," she said. "Let's talk. Let's chat. The conversation in Washington has been just a little one-sided lately, don't you think?"

4. Clinton's announcement, while widely anticipated, was nonetheless an historic moment in a fast-developing campaign that has already seen the emergence of a formidable black contender, Democratic Sen. Barack Obama of Illinois.

5. In an instant, Clinton became the most credible female candidate ever to seek the presidency and the first presidential spouse to attempt to return to the White House in her own right. Her husband, Bill, served two terms as president from 1993 to 2001.

6. "I am one of the millions of women who have waited all their lives to see the first woman sworn in as president of the United States—and now we have our best opportunity to see that dream fulfilled," said Ellen Malcolm, president of EMILY's list, which raises money for Democratic women who run for office.

7. With her immense star power, vast network of supporters and donors and seasoned team of political advisers, the 59-year-old Clinton long has topped every national poll of potential Democratic contenders.

8. But her controversial tenure as first lady left her a deeply polarizing figure among voters, leading many Democrats to doubt Clinton's viability in a general election.

9. In a detailed statement posted on her Web site, Clinton sought to acknowledge and bat away such doubts.

10. "I have never been afraid to stand up for what I believe in or to face down the Republican machine," she wrote. "After nearly $70 million spent against my campaigns in New York and two landslide wins, I can say I know how Washington Republicans think, how they operate and how to beat them."

11. Clinton said the stakes are high. "As a senator, I will spend two years doing everything in my power to limit the damage George W. Bush can do. But only a new

president will be able to undo Bush's mistakes and restore our hope and optimism."

(AP，Jan. 21，2007)

词　汇　表

Democratic senator　民主党参议员

Hillary Rodham Clinton　希拉里·罗德姆·克林顿

political powerhouse　政治强人，政治明星

videotaped message　录像讲话

affordable health care　用得起的医疗保健服务

deficit reduction　减少赤字

one-sided　单向的

a fast-developing campaign　迅速展开的竞选活动

formidable black contender　难以对付的黑人竞争者

Barack Obama　贝拉克·奥巴马

Illinois　伊利诺伊州

presidency　总统职位，总统大位

presidential spouse　总统配偶（此处指希拉里·克林顿）

in her own right　以自己的资历或能力

sworn in　宣誓就任

a dream fulfilled　得以实现的梦想

Ellen Malcolm　埃伦·马尔科姆

EMILY's list　"埃米莉名单"组织

to run for office　竞选某一职位

star power　明星效力，明星力量

seasoned team　久经磨炼的竞选团队

national poll　全国性民调

tenure　占有某一职位，具有某种背景

polarizing figure　极富争议的人物，看法大相径庭的人物

viability　生存性，存活力，获胜的能力

to bat away　消除

to stand up for　面对，经得住

to face down　挫败，降服

two landslide wins　两次大胜

stakes are high　赌注很高

George W. Bush　乔治·W. 布什

to undo Bush's mistakes　纠正布什的错误

学生练习及作者点评

首先探讨新闻标题的翻译。以下文字分别是：英文新闻标题、作者对该标题的理解和解释、同学们的试译举例（共 10 个）和作者的点评。

标题：Clinton：'I'm in，and I'm in to win'

Democratic senator discloses plans for presidential exploratory committee

解析：这是一个复合标题，第一行为主题，第二行是副题。主题是克林顿夫人讲的一句话，文字简明扼要，口语意味很浓，虽不难理解，但翻译起来却有相当的难度。译文不仅要讲究神似，忠于原文，而且要注意形合，不失口语的韵味。原题既然是两个，译文最好也译成两节，至于最终怎样见报，这属编辑的事情。题中的新闻人物是 Hillary Clinton，她

是美国前总统比尔·克林顿的夫人希拉里·克林顿。翻译时最好将其译为希拉里。如果依照原文把它译为克林顿，则可能会与那位前总统发生混淆。

译文 1：克林顿："我来了，为胜利而来"

点评：此处的"Clinton"不能译为"克林顿"，应该翻成"希拉里"，下同；"我来了"属口头语言，而"为胜利而来"更像书面语言，又没有主语，读起来有些别扭。

民主党参议员透露成立总统选举试探委员会的计划

点评：此处的"Democratic senator"指的也是希拉里；把"exploratory committee"译为"调查委员会"似更准确。

译文 2：希拉里："我参加总统竞选，并且我一定会成功。"

点评：译文的前半句缺乏动作已经完成的意味，后半句不像口语，"并且"二字可以删除，标题中一般不用句号。

民主党参议员希拉里公布总统预备委员会计划

点评：把"exploratory committee"译为"预备委员会"也欠准确。

译文 3：克林顿："我参加竞选，为了胜利，我参加竞选。"

点评：此译存在的问题与上例大致相同。

民主党参议员透露总统竞选委员会计划

点评：把"民主党参议员"改译为"希拉里"，意思会更明确；把"exploratory committee"译为"竞选委员会"也不妥当。

译文 4：希拉里：我已经决定参选，我参选就是为了赢得胜利

点评：译意准确，但不够简练。

民主党参议员透露总统竞选委员会计划

点评："民主党参议员"及"竞选委员会"的译法，不妥。

译文 5：希拉里：我决定竞选，我参选只为胜利

点评："竞选"、"参选"，前后应该一致。

民主党参议员透露计划组建总统竞选探索委员会

点评："民主党参议员"应改为"希拉里"；"希拉里透露的是'组建……的计划'，而不是'透露计划组建……'"；"竞选探索委员会"比"试探委员会"、"预备委员会"和"竞选委员会"更接近于原文。

译文 6：克林顿："我参选了，我参选是为了赢得胜利"。

点评：把"希拉里"译为"克林顿"，不当；此处的句号，多余。

民主党参议员公布竞选委员会的组建计划

点评："民主党参议员"和"竞选委员会"的译法不妥,原因同上。

译文 7：希拉里·克林顿："我要参选,我会胜选"

点评：只译"希拉里"已经足够；"I'm in to win"的意思不是"我会胜选"。

民主党参议员宣布计划成立总统考察委员会

点评："民主党参议员"、"宣布计划成立"和"考察委员会"的译法,都不贴切。

译文 8：希拉里："我来了,为胜利而来。"

点评：此译与上面的译文 1 相同,副题与译文 1 的副题也大同小异。

民主党参议员计划组建总统选举试探委员会

点评："民主党参议员"、"选举试探委员会"的译法都不妥当；"discloses plans for…"不能译为"计划组建……"。

译文 9：希拉里：我来竞选,我是为了胜利而来

点评："我来竞选"一语,还可改进。

民主党参议员透露总统职位前瞻委员会计划

点评："民主党参议员"、"总统职位前瞻委员会计划"等译法,都不妥当。

译文 10：希拉里："我已经决定参选,我参选就是为了赢得胜利"

点评：译意准确,但还可更简练些。

民主党参议员公开总统选举试探委员会筹办计划

点评：欠妥之处仍然是"Democratic senator"和"exploratory committee"两个词组的译法。

参考译文:希拉里说："我已参选,我参选是为了赢得胜利"

这位民主党参议员还披露要成立总统选举调查委员会

以下是对新闻主体部分翻译的探讨。导语中电头的翻译,拟另行择机讨论。

1. NEW YORK—Democratic Sen. Hillary Rodham Clinton launched a trailblazing campaign for the White House on Saturday, a former first lady turned political powerhouse intent on becoming the first female president. "I'm in, and I'm in to win," she said.

解析：此导语有两个句子,一长一短,前者还有一个同位语,意在提供有关希拉里的更多信息。较难处理的字词分别是"a trailblazing campaign"和"a former first lady turned political powerhouse intent on…"。后者虽短,但内涵丰富,又系口语,很难翻译。不过,因其与标题内容相同,既然在标题翻译部分我们已经就其作过探讨,此处的讨论当宜从简。

译文1：民主党参议员希拉里·罗德姆·克林顿周六带头发起了进军白宫的竞选活动,这位前第一夫人已经化身为政治强人,决意成为美国第一位女性总统。她说:"我要参选,我会胜选。"

点评:"带头发起了"、"进军白宫的"、"已经化身为政治强人"等译均不准确;文中直接引语的翻译,可参见前面对标题翻译的讨论。

译文2：民主党参议员希拉里·罗德姆·克林顿在本周六宣布她将参加美国总统大选。昔日的第一夫人,摇身一变成为政治明星,并决心成为美国第一位女性总统,这无疑是具有开拓性的。"我来了,为胜利而来"希拉里说。

点评:将一个长句译成两个短句的做法,值得提倡;"……,这无疑是具有开拓性的"一句,失之理解有误;"摇身一变成为政治明星"一语,用词不当。

译文3：民主党参议员希拉里·罗德姆·克林顿21日启动了一个具有开创性的总统竞选活动。这位前第一夫人在向第一位女总统的转变过程中,显露出政治强人的意图。她说:"我来竞选,我是为了胜利而来。"

点评:"这位前第一夫人在向第一位女总统的转变过程中,显露出政治强人的意图"一语,显然存在理解和逻辑方面的问题。

译文4：民主党参议员希拉里·罗德姆·克林顿,一位前第一夫人决心成为第一位女总统的政治强人,昨天启动空前的竞选运动。"我参加竞选,为了胜利,我参加竞选。"她说。

点评:理解正确;将"trail-blazing"译为"空前的"不妥;注意:直接引语内最后一句话结束时应用句号。

参考译文:民主党参议员希拉里·罗德姆·克林顿,一位志在成为美国第一位女总统的前第一夫人出身的政治明星,1月21日发起了一场进军白宫的探路运动。她说:"我已经参选,我参选就是为了赢得胜利。"

2. In a videotaped message posted on her Web site, Clinton said she was eager to start a dialogue with voters about challenges she hoped to tackle as president—affordable health care, deficit reduction and bringing the"right"end to the Iraq war.

解析:这段文字不难理解,也不难翻译,关键是处理好译文的准确和简练。

译文1：在希拉里个人网站公布的录像带消息中,希拉里表示非常渴望与选民们就她作为一名总统希望解决的问题进行交流。它们是:可以负担得起的医疗保健服务,减少财政赤字以及让伊拉克战争"寿终正寝"。

点评:理解基本正确,但文字存在较大的改进空间。在第一句中,"希拉里"

连续出现两次,不妥;"录像带消息"最好改为"录像讲话","渴望"之前多了一个"非常","选民们"中的"们"字和"一名总统"中的"一名"均属可有可无;"寿终正寝"一语虽然加了引号,但仍有用词不当之嫌。

译文2:克林顿在她个人网站上公布的录像中说,她渴望和选民就希望作为总统解决的挑战进行对话——负担得起的医疗护理、赤字减少和正确结束伊拉克战争。

点评:此处的"Clinton"不能译为"克林顿";"希望作为总统解决的挑战"一语,不好理解;"医疗护理"和"正确结束"等译法,还可推敲。

译文3:希拉里在其个人网站的视频录像中说,她渴望与选民展开对话,讨论她一旦成为总统将会着手解决的问题——如何让医疗保健服务可负担、让财政赤字减少和让伊拉克战争"正当"的结束。

点评:译文的前半句,译意准确,言简意赅,但后半句中的"如何让医疗保健服务可负担、让财政赤字减少和让伊拉克战争'正当'的结束"一语,均失之"外语化"。

译文4:在其个人网站发布的录像带中,希拉里表示她渴望与广大选民展开涉及医疗保障,削减赤字,结束伊拉克战争的对话,而这些内容正是她希望在当选总统后解决的挑战性问题。

点评:将一个句子拆译成并列复合句的做法未尝不可,但如拆译的效果不如"一句"更好理解时,这种做法则应慎重考虑;此外,"affordable"及"right"等词均未翻译。

参考译文:希拉里在其个人网站上的公布的录像讲话中说,她很想与选民进行对话,来探讨她希望作为未来总统所应对的挑战:降低医疗保健费用、减少赤字,并以"适当的"方式结束伊拉克战争。

3. "I'm not just starting a campaign, I'm beginning a conversation with you, with America,"she said. "Let's talk. Let's chat."

解析:这是一个直接引语,译好的关键是译出原文的深层意味。

译文1:"我不仅仅是开始了竞选活动,我开始和你们,和美国在交谈,"她说,"让我们来谈一谈,聊一聊。"

点评:理解正确,但表达方面还可改进;"不仅仅是"之后,还应有"而且也是"之类的字词与之呼应;标点符号的用法,欠规范。

译文2:她说"我启动的并不仅仅是一项竞选活动,同时也是和你们和我们的国家之间的对话","我们可以尽情表达。"

点评:标点符号的用法,不规范;将"Let's talk. Let's chat"译为"我们可以尽情表达",失之过度"意译"。

译文 3："我并不只是在开启一个运动,我是正在和你们,和美国开启一个对话,"她说。"让我们谈话,让我们聊天。"

点评:"开启一个运动,……开启一个对话"的搭配,不妥。

译文 4："我不是仅仅参加一次竞选,我在开始一场跟你们的对话,跟整个美国对话。"她说,"让我们来谈论,让我们来聊天。"

点评:译文大致准确,惟表达方面还可改进;"conversation"的意思就是"谈话",不必译为"对话"。

参考译文:"我发起的不仅仅是一场竞选活动,也是一次与你们、与整个美国的谈话。"她说。"让我们谈吧、让我们聊吧。"

4. Clinton's announcement, while widely anticipated, was nonetheless an historic moment in a fast-developing campaign that has already seen the emergence of a formidable black contender, Democratic Sen. Barack Obama of Illinois.

解析:这是一个复合句,主句是"Clinton's announcement was an historic moment","that has already seen the emergence of ... Obama"修饰的是主句中的一个次要成分"a fast-developing campaign"。"while widely anticipated"是一个插入语,修饰主句中的主语。翻译时,首先要抓住重点把主句译好,其余部分则可视行文需要酌情安排。

译文 1:在迅速展开的美国总统竞选活动中,来自伊利诺伊州的贝拉克·奥巴马被视为一个难以对付的黑人竞争者。然而,受到广泛期待、来自希拉里的声明发表,仍然是这其间一个历史性的时刻。

点评:译者显然误判了句子的重点,错把次要内容安排在主句的位置上。此外,把主句的主语译为"受到广泛期待、来自希拉里的声明发表",也十分不妥。

译文 2:尽管此前已经被普遍预料到,但是,随着伊利诺伊州的民主党参议员、难以对付的黑人竞争者贝拉克·奥巴马的出现,希拉里的宣言依然成为迅速展开的竞选活动中的一个历史性时刻。

点评:对原文的理解正确;"随着"的用法还可推敲。

译文 3:尽管意料之中,克林顿的决定依然算得上快速展开的竞选活动中一个历史性时刻。而另一位难对付的黑人竞争者贝拉克·奥巴马则已经在这场竞选中崭露头角。

点评:句中的 Clinton 指的是 Hillary Clinton,可译为"希拉里",即克林顿夫人,但不能翻成"克林顿"。此外,"尽管意料之中"一语限定的是"希拉里宣布参选",并非"一个历史性时刻"。

译文 4：希拉里的参选公告,尽管之前已经被广为期待,但是在这个瞬息万变的竞选活动中也绝非是一个仅有的历史时刻。因为而在此之前,同样受到期待的,来自伊利诺伊州的民主党参议员贝拉克·奥巴马也宣布参加竞选,对希拉里而言,他将是一个难以对付的黑人竞争者。

点评：译文的句子结构大致可以,但失之语欠通顺;"也绝非是一个仅有的历史时刻",表述不当;此外,后一句的行文赘语过多,"因为而在此之前"和"同样受到期待的",不好理解;增译"同样受到期待的"和"对希拉里而言",没有必要。

参考译文：希拉里宣布参选尽管在意料之中,但在迅速展开的竞选活动中仍然是一桩历史性事件。在她之前,伊利诺伊州的民主党参议员、难以对付的黑人竞争对手贝拉克·奥巴马已经宣布进场角逐。

5. In an instant,Clinton became the most credible female candidate ever to seek the presidency and the first presidential spouse to attempt to return to the White House in her own right. Her husband,Bill,served two terms as president from 1993 to 2001.

解析：此段包括两个句子,第一个句子有两个表语,分别是："the most credible female candidate ever to seek the presidency"和"the first presidential spouse to attempt to return to the White House in her own right"。第二个句子是个简单句,两个句子都不难理解,不难翻译。

译文 1：随即,希拉里成为了美国历史上竞选总统职位的最可信的女性候选人,也是第一位试图凭借自己的能力而重返白宫的总统夫人。她的丈夫,比尔,从 1993年到 2001 年曾连续担任两届美国总统。

点评：译文基本准确;"In an instant"的意思是"很快地"或"顷刻之间",不宜译为"随即",也不能翻成"此时此刻"、"于是"或"立刻之间"。

译文 2：顷刻间,希拉里成为最值得信任的女性总统候选人,并且也是第一个想凭借自己能力来重新回到白宫的总统配偶。她的丈夫,比尔·克林顿,曾经在 1993年至 2001 年,担任了两届美国总统。

点评：此译小的毛病较多："成为"宜改为"成了","并且也是"可简化为"也是","来重新回到"中的"来"字应该删除,"2001 年"后面的逗号可以不用。

译文 3：于是,希拉里树立起这样一个自己的形象,一位最可靠的女性总统候选人,第一个将要以自己能力重回白宫的总统夫人。她的丈夫,比尔·克林顿曾在1993 年至 2001 年连任两届美国总统。

点评："于是"，应当修改；"希拉里树立起这样一个自己的形象"一语属无故加译，原文中并无这样的意思。

译文4：立刻之间，希拉里就成了有史以来最具资格的女性总统候选人，也是第一位试图以总统身份重返白宫的总统配偶。她的丈夫比尔·克林顿在1993年到2001年担任了两届美国总统。

点评：可以说"顷刻之间"，但不能说"立刻之间"；"the most credible"不能译为"有史以来最具资格的"；"第一位试图以总统身份重返白宫的总统配偶"一语，未能充分表达原文原意。

参考译文：顷刻之间，希拉里就成了竞争总统大位的最可信的女性候选人，一位凭借自己的能力谋求重返白宫的前第一夫人。她的丈夫比尔·克林顿曾于1993年至2001年担任过两届美国总统。

6. "I am one of the millions of women who have waited all their lives to see the first woman sworn in as president of the United States—and now we have our best opportunity to see that dream fulfilled,"said Ellen Malcolm,president of EMILY's list, which raises money for Democratic women who run for office.

解析：引语中的文字是一个并列复合句。第一个子句是"I am one of the millions of women …"，而紧随"women"之后的是一个定语从句"who have waited all their lives to see the first woman sworn in as president of the United States"，修饰"women"。再后的"now we have our best opportunity to see that dream fulfilled"则是并列复合句的第二个子句。"said"之后的文字都属信息来源。句末的"EMILY's list"后面有一个定语从句，是解释性文字。此段语句较长，内容较多，翻译时如沿用原来的语序可能存在困难。

译文1："数以百万的女性终生期待目睹第一位女性宣誓就任美国总统，我是其中的一员——现在我们有最好的机会来目睹这一梦想的实现，""埃米莉名单"组织主席埃伦·马尔科姆说。"埃米莉名单"组织为竞选职位的民主党女性筹集资金。

点评：作者赞赏上述译文使用的语序；不足之处多是一些小的问题，如"the millions of women"不宜译为"数以百万的"，对"EMILY's list"的解释还有改进空间。

译文2："埃米莉名单"是一个为女性民主党人竞选职位筹资的组织。其会长埃伦·马尔科姆说道："我是美国数百万用她们毕生时间等待第一个女性总统出现的女性之一，现在，我们有了最好的机会去实现这个梦想。"

点评：译者对"EMILY's list"的翻译令人称许，只是将这一解释放在句首，可能会因上下文内容的突然转换给读者带来理解方面的困难；此外，"to see that dream fulfilled"暗含"看见这一梦想由别人实现"的意思，将其译为"我们有了最好的机会去实现这个梦想",不妥。

译文 3：一个专为女性民主党参选筹款的组织,"埃米莉名单"组织的主席,埃伦·马尔科姆说"和成千上万的女人一样,我毕生都期待着美国出现第一位女总统,现在我们有望实现我们的梦想了。"

点评：译文的大意尚可,但在语序、标点及遣词造句方面都有较大的改进空间;此外,与上例一样,对"to see that dream fulfilled"的理解有误。

译文 4：埃伦·马尔科姆说："数百万女性终其一生都在等待着能够看到有一位女性宣誓成为美国总统,我也是她们中的一员——现在,我们有一个绝好的机会可以看到这一梦想成为现实。"马尔科姆是"埃米莉名单"组织的主席,该组织致力于为民主的女性候选人募集竞选资金。

点评：此译甚佳,可圈可点,惟"该组织致力于为民主的女性候选人募集竞选资金"一语存在不应有的笔误。

参考译文："几百万妇女终生终世都在期盼能有位女性宣誓就任美国总统,我就是其中之一。现在,我们终于有了最好的机会目睹这一梦想变成现实。""埃米莉名单"组织主席埃伦·马尔科姆如是说。"埃米莉名单"组织是个筹款机构,旨在帮助女性民主党人竞选公职。

7. With her immense star power, vast network of supporters and donors and seasoned team of political advisers, the 59-year-old Clinton long has topped every national poll of potential Democratic contenders.

解析：这是一个简单句,突出介绍希拉里的竞选优势,翻译上的难点是句首那个长长的前置词短语。

译文 1：凭借她强大的明星效力,庞大的支持者和捐助者网络,以及久经磨练的由政治顾问组成的竞选团队,在每一次关于潜在的民主党竞争者的全国民意调查中,59 岁的希拉里始终占据着首位。

点评：此译理解正确,主要问题是句子结构,头重脚轻,有失平衡。

译文 2：59 岁的克林顿借助她的明星力量,巨大的支持者、捐赠者网络以及久经磨练的政治顾问团队,问鼎每次就潜在民主党竞争者进行的全国民意调查。

点评：此译以 59 岁的希拉里为主展开,甚好,只是"克林顿……借助……问鼎……民意调查"的句子结构还需改进;句中的"Clinton"应译为"希拉里"。

译文 3：凭借她巨大的明星效应,广泛的支持者、捐献者网络和源源不断的政治幕僚,59 岁的克林顿一直以来都在全国民意测验中雄踞民主党准候选人榜首。

点评：理解和句子结构均好，但在遣词造句方面问题较多。"广泛的支持者"、"源源不断的政治幕僚"、"克林顿"和"在全国民意测验中雄踞民主党准候选人榜首"等语，均有改进空间。

译文4：由于拥有巨大的明星效应，庞大的支持和捐赠网以及一个久经历练的政治顾问团，59岁的希拉里在很长一段时期内，在历次全国性民主党候选人民意测验中都名列前茅。

点评：译文不错；"topped"的意思是"居于首位"，比"名列前茅"还要高些。

参考译文：59岁的希拉里具有无与伦比的明星感召力，众多的支持者和捐助人，以及成熟的政治顾问团队，在最近举行的全国性民调中一直是民主党角逐总统大位最有希望的竞争者。

8. But her controversial tenure as first lady left her a deeply polarizing figure among voters, leading many Democrats to doubt Clinton's viability in a general election.

解析：这是一个简单句，句子后面带有一个动名词领导的短语，翻译时可将"leading"当作"and led"或"which leads"看待。作者倾向于"and led"。

译文1：但是她富有争议的第一夫人职位使得她在选民中成为极富争议的人物，导致许多民进党人怀疑克林顿在大选中的可行性。

点评：译文内容大致正确，但存在不应有的错误或瑕疵：如"民进党"、"克林顿"，"在大选中的可行性"等；此外，将"tenure"译为"职位"也不妥当。

译文2：然而，希拉里作为第一夫人时那段极富争议的任期，使她在选民心中留下了一个极为两极化的复杂形象，这也导致许多民主党员对她在大选当中的获胜能力表示怀疑。

点评：译文中"那段极富争议的任期"、"一个极为两极化的复杂形象"以及"在大选当中的获胜能力"等语，都带有明显的外语化痕迹。

译文3：但是她曾经的第一夫人的身份也颇具争议，在选民的意见中形成了很深的两极分化，这也使很多民主党人纷纷质疑她在全面大选中的生存能力。

点评：此译中的问题与上例基本相同。

译文4：但是她颇具争议的第一夫人经历也令她成为选民中褒贬不一的人物，很多民主党人因此怀疑她能不能担当大选重任。

点评：对原文的理解准确；"两极分化"较之"褒贬不一"、"能否获胜"较之"获胜能力"似更接近原文。

参考译文：但是，曾是第一夫人这个备受争议的背景却令她的选民两极分化，并使许多民主党人怀疑她能否在大选中胜出。

9. In a detailed statement posted on her Web site, Clinton sought to acknowledge and bat away such doubts.

解析：这个句子比较简单,但将简单的句子译好也不容易。请注意关于“sought to”的译法。在这里,它有“试图”、“希望”的意思。

译文1：克林顿在她个人网站张贴了一份详细的声明,寻求承认和消除这类疑惑。

点评：理解正确,但表达方面存在问题：将此处的“Clinton”译为“克林顿”,不妥,将“sought to acknowledge”译为“寻求承认”,不当。

译文2：希拉里在其个人网站上发表了一份详细声明,期待能够回击并消除这些疑虑。

点评：将“sought to acknowledge”译为“期待能够回击”,不当。

译文3：在个人网站上的一份详细声明中,希拉里承认并寻求消除这些疑问。

点评：“寻求”二字的位置用的不对。

译文4：在希拉里网站上一份细致的声明中,她寻求支持并排除这些质疑。

点评：译文中“希拉里网站”和“她”的用法值得商榷；“细致的”、“详细的”两个词的含义并不相同；“寻求支持并排除这些质疑”一语与原文也有较大距离。

参考译文：希拉里在其个人网站上发表了一个详尽的声明,试图承认并消除这些怀疑。

10. “I have never been afraid to stand up for what I believe in or to face down the Republican machine,”she wrote. “After nearly＄70 million spent against my campaigns in New York and two landslide wins, I can say I know how Washington Republicans think,how they operate and how to beat them.”

解析：这个段落包括两个句子。前句比较简单,后句内容较多,而且涉及一些说话人的背景情况。译好这个句子,需要对希拉里曾经是第一夫人和两次竞选纽约州参议员、两次均获大胜的背景有所了解。

译文1：“我从未因面对我的信仰或挫败共和党而害怕,”她写到,“我在纽约的竞选运动遭到了7 000万美元的进攻以及取得两次大胜后,我可以说我知道了华盛顿的共和党人怎么想,他们怎么操作以及如何击败他们。”

点评：译者显然没有理解“I have never been afraid to stand up for what I believe in or to face down the Republican machine”一语的确切含义。根据上下文研判,这句话的大意是：我相信我会赢,我相信我会打败共和党提出的候选人,因为上次在纽约州的参议员选举中,我曾两次轻松地战胜过他们。此外,译文中的"写到"应为"写道","写道"之后的逗号最好改为句号;"我在纽约的竞选运动遭到了 7 000 万美元的进攻以及取得两次大胜后"一语,不仅理解有误,也存在表达上的缺憾;句中的"New York"指的是"纽约州",因为当年希拉里竞选的是纽约州的参议员。

译文 2:她在声明中写道:"我从不惧怕为我所坚信的挺身而出、挫败共和党集团。在花费了 7 千万美元在纽约的竞选活动上、并取得两场绝对胜利后,我可以说我已经知道华盛顿的民主党人是怎么想的、怎么操作的以及如何才能挫败他们。"

点评:此译的前半句"我从不惧怕为我所坚信的挺身而出、挫败共和党集团。在花费了 7 千万美元在纽约的竞选活动上、并取得两场绝对胜利后"一语,存在与上例类似的错误;将"华盛顿的共和党人"译为"华盛顿的民主党人",虽然可能是笔误,但这类笔误的性质却难以原谅。

译文 3:"我从未因为恐惧而不敢面对我的信仰,也不曾向共和党的老爷们屈服过",她写到"在纽约他们曾花费 7 000 万美元试图阻止我当选参议员,而我却两次大获全胜。可以说我了解华盛顿这帮共和党人怎么想的,怎么做的,以及如何打败他们。"

点评:"我从未因为恐惧而不敢面对我的信仰,也不曾向共和党的老爷们屈服过"的措辞虽与以上两例不尽相同,但同样存在理解和表达方面的错误;"the Republican machine"一词可以理解为"共和党的领导机构",也可泛泛地理解为"共和党人",但却难于将其译为"共和党的老爷们";"她写到"应为"她写道",前一段引语结束时的逗号应改为句号,并将其置于引号之内。

译文 4:"我从来不惧怕坚持我所信仰的东西,也从不惧怕挫败共和党的领导核心。"她写道,"在纽约花费将近 7 千万美元的竞选经费并获得了两次大胜之后,我可以说我知道了华盛顿的共和党人是怎样想的,知道了他们是如何运作的,也知道了怎样打败他们。"

点评:此译的前半部分,理解正确,表达也还不错;但译者对"After nearly $70 million spent against my campaigns in New York and two landslide wins"的理解和翻译有误;此外,"她写道"后的逗号应改为句号。

参考译文:她写道:"我从不担心我所相信的事情,也从不担心我能不能挫败那些共和党人。在纽约州,他们花了近七千万美元与我竞选,但两次选举我都大获全胜。我可以说我已掌握了华盛顿共和党领导人的想法,熟悉了他们的运作方式,也学会了打败他们的方法。"

11. Clinton said the stakes are high. "As a senator, I will spend two years doing everything in my power to limit the damage George W. Bush can do. But only a new

president will be able to undo Bush's mistakes and restore our hope and optimism. "

解析：这句话讲得含蓄，但却十分精彩。译文最好能把内中的奥妙揭示出来。讲话人的意思是：在布什任期的最后两年里，需要做的事情很多。作为参议员，我会代表民意，尽量减少布什在此期间可能造成的破坏，但要彻底纠正共和党人犯下的错误，只有把我这样的民主党人选为总统才有可能。

译文 1：希拉里说，回报将会是很高的。"作为一个参议员，我将花两年的时间，尽我所能来控制乔治·W.布什所造成的损害。但是，只有一个新的总统才能纠正布什的错误并且使我们重拾信心和乐观。"

点评：根据上下文，此处的"stakes"指的是"要把共和党总统扳倒，要做的事情很多"。"回报"、"胜出的把握"、"利害关系"、"竞选的成本"等译法，都不妥当；"只有一个新的总统才能纠正布什的错误并且使我们重拾信心和乐观"一语，可以改为："只有选出一位新的总统才能纠正布什的错误，恢复我们的信心和乐观"。

译文 2：希拉里说利害关系很大，"作为参议员，我会用两年时间尽自己的力量限制乔治·W.布什造成的损害。但是只有新任总统能够纠正布什犯下的错误，使我们恢复希望与乐观。"

译文 3：希拉里对胜出很有把握。她说："作为一名参议员，我将在未来两年竭尽所能去限制乔治·W.布什对美国造成的损害，但只有一位新总统才能纠正布什所犯的错误，恢复美国人民的希望和乐观精神。"

译文 4：希拉里说竞选的成本是相当高的，"作为一名参议员，我将用两年的时间在我的职权范围内尽我所能去减低乔治·W.布什所可能造成的损害。但是，只有一位全新的总统才有能力去完全纠正布什的错误，同时重新恢复我们的希望与乐观主义精神。"

以上 3 段译文存在的问题与译文 1 大致相同，改进的方法可参见作者提供的参考译文。

参考译文：希拉里说风险将会很高。她说："作为参议员，我会利用这两年的时间，竭尽所能把乔治·W.布什可能造成的破坏减至最小。但是，要纠正布什的错误，要恢复我们的希望和乐观，只有选出一位新的总统才有可能。"

作者提供的参考翻译译文：

希拉里说："我已参选，我参选是为了赢得胜利"
这位民主党参议员还披露要成立总统选举调查委员会

1. 美联社纽约 1 月 21 日电　民主党参议员希拉里·罗德姆·克林顿，一位志在成为美国第一位女总统的前第一夫人出身的政治明星，1 月 21 日发起了一场进军白宫的探路运动。她说："我已经参选，我参选就是为了赢得胜利。"

2. 希拉里在其个人网站上公布的录像讲话中说，她很想与选民的进行对话，来探讨她希望作为未来总统所应对的挑战：降低医疗保健费用、减少赤字、并以"适当的"方式结束伊拉克战争。

3. "我发起的不仅仅是一场竞选活动，也是一次与你们、与整个美国的谈话。"她说。"让我们谈吧，让我们聊吧。"

4. 希拉里宣布参选尽管在意料之中，但在迅速展开的竞选活动中仍然是一桩历史性事件。在她之前，伊利诺伊州的民主党参议员、难以对付的黑人竞争者贝拉克·奥巴马已宣布进场角逐。

5. 顷刻之间，希拉里就成了竞争总统大位的最可信的女性候选人，一位凭借自己的能力谋求重返白宫的前第一夫人。她的丈夫比尔·克林顿曾于 1993 年至 2001 年担任过两届美国总统。

6. "几百万妇女终生终世都在期盼能有位女性宣誓就任美国总统，我就是其中之一。今天，我们终于有了最好的机会目睹这个梦想变成现实。""埃米莉名单"组织主席埃伦·马尔科姆如是说。"埃米莉名单"组织是个筹款机构，旨在帮助女性民主党人竞选公职。

7. 59 岁的希拉里具有无比的明星感召力，众多的支持者和捐助人，以及成熟的政治顾问团队，在最近举行的全国性民调中一直是民主党角逐总统大位最有希望的竞争者。

8. 但是，曾是第一夫人的背景却令她的选民两极分化，致使许多民主党人怀疑她能否在大选中胜出。

9. 希拉里在她的网页上发表了一项声明，意在承认并消除这种怀疑。

10. 她写道："我从不担心我所相信的事情，也从不担心我能不能挫败那些共和党人。在纽约州，他们花了近七千万美元与我竞选，但两次选举我都大获全胜。我可以说我已掌握了华盛顿共和党领导人的想法，熟悉了他们的运作方式，也学会了打败他们的方法。"

11. 希拉里说风险将会很高。她说："作为参议员，我会利用这两年的时间，竭尽所能把乔治·W.布什可能造成的破坏减至最小。但是，要纠正布什的错误，要恢复我们的希望和乐观，只有选出一位新的总统才有可能。"

七、新闻翻译参考练习

Region will get more oil if war starts, report says

Opec, which supplies 70 per cent of Northeast Asian oil demand, has promised to boost shipments to South Korea, Japan and China by 17 per cent in the event of a crisis such as a US-led war, according to a South Korean report.

Saudi Arabian Oil Minister Ali al-Naimi told visiting Korean Commerce Minister Shin Kook-hwan that the Organization for Petroleum Exporting Countries will increase supply of crude oil to the region by as much as 360 million barrels a year if needed.

Mr Shin is touring the Middle East, asking companies such as state-owned Saudi Aramco, the world's biggest oil company, for assurances on supply. Oil prices have gained two-thirds from a year ago because of concerns over a possible US-led attack on Iraq and strikes in Venezuela. South Korea imports all its oil.

Opec, which pumps about a third of the world's oil, on January 12 agreed to raise output quotas by 6.5 per cent to help lower oil prices. It supplies about 900 million barrels of oil to Korea, 1.6 billion barrels to Japan and 500 million barrels to China each year, the report from Korea's commerce ministry said.

Saudi Arabia's oil minister also gave a "positive" response to Korea's request to get rid of the so-called "Asian premium," which refers to the extra US＄1 (HK＄7.8) to US ＄2 a barrel Asian countries pay for Middle East crude oil relative to buyers in Europe or the US, the report said.

Korea and Saudi Arabia will hold a meeting on oil supply in April or May, it said.

(SCMP, January 16, 2003)

词　汇　表

Opec（Organization for Petroleum Exporting Countries）　欧佩克（石油输出国组织）

to boost shipments　增加供应量，增加运输量

in the event of a crisis　如发生危机

Saudi Arabia　沙特阿拉伯

Saudi Arabian Oil Minister　沙特阿拉伯石油大臣

Ali al-Naimi　阿里·阿尔-纳伊米

Korean Commerce Minister　韩国商业部长

Shin Kook-hwan　申辜焕

crude oil　原油

the Middle East　中东（地区）

Saudi Aramco　沙特阿拉伯石油公司

Venezuela　委内瑞拉

to pump　泵出（石油），生产（石油）

to raise output quotas　提高产油配额

to get rid of　消除

Asian premium　亚洲附加费

relative to　相对于

参考译文：

如发生战争东北亚地区将获更多石油供应

韩国商业部的一份报告称，假如发生像美伊战争那样的危机，石油输出国组织（欧佩

克)会把对韩国、日本和中国的石油供应增加17％。欧佩克目前对东北亚地区的石油供应占其需要量的70％。

沙特阿拉伯石油大臣阿里·阿尔-纳伊米告诉到访的韩国商业部长申喜焕说,如果有需要,欧佩克会把对东北亚地区的原油供应每年增加3.6亿桶。

申先生现正在中东访问,要求世界上最大的石油公司沙特阿拉伯石油公司等企业保证石油供应。由于担心可能会发生美国领导的对伊攻击,担心委内瑞拉的罢工,石油价格已经比一年前上涨了2/3。韩国的石油完全依赖进口。

欧佩克的石油产量占世界产量的1/3。为了帮助降低油价,这些国家今年1月12日同意将石油生产配额增加6.5％。韩国商业部的这份报告说,欧佩克每年向韩国提供9亿桶石油,向日本提供16亿桶,向中国提供5亿桶。

该报告说,对韩国提出的取消"亚洲附加费"(指亚洲国家购买中东原油比欧美买主每桶多付的1至2美元)问题,沙特阿拉伯石油大臣也给予了"正面的"回应。

该报告还说,韩国和沙特阿拉伯将于4月或5月开会商讨石油供应问题。

(2003年1月16日《南华早报》)

CHAPTER

第八章

翻译与数字有关的新闻

数字创造新闻,但新闻中的数字形形色色,虽为翻译带来了不少乐趣,但也制造了许多困难。

新闻中,特别是在经济新闻、科技新闻及民调新闻中,经常出现许多与数字有关的语句、表达方式和段落,翻译时麻烦较多,必须认真对待,稍有疏忽就可能铸成大错。所谓"差之毫厘,谬以千里",在翻译与数字有关的新闻时,一点都不夸张。

一、数 词

英语里的数词与汉语一样,共分 3 种,即基数词、序数词和倍数词。

基数词——用以指量计数的词,叫基数词,英文的书写是 one,two,three…或 1,2,3…;中文的书写是一、二、三……或 1,2,3……

在英文新闻中,当基数词出现时,一般都使用阿拉伯数字形式,但 1 至 9 的写法不同,它们需要拼写出来,即 one,two,three … nine。此外,当数字出现在句首时,这个数字也应拼写出来。

在我国内地,中文报刊的排版均已改为横排,有关机构早已就数字的书写形式做出了明确规定,即统一使用阿拉伯数字形式,如 1,2,3……。

序数词——表示一系列事物的位置或顺序先后的词,叫序数,如 the first,the second,the third…;第一、第二、第三……

上述对基数词的解释和拼写都适用于序数词,不同之处在于个别数字的拼写形式,如 the first(第一),the second(第二),the third(第三),the fourth(第四),the fifth(第五)…

倍数词——表示增加的倍数或减少的幅度的词,叫倍数词。如 one time,two times (twofold),three times(threefold);一倍、两倍、三倍;又如 reduced by one third,by half,by 75 percent;减少了 1/3,减少了一半,减少了 75%。

除上述三种数词外,还有两个数字概念也经常出现在新闻里,即百分比和百分点。

百分比——把两个数量的比值用百分之几来表示的形式,称为百分比。英文为 percent,percentage。

百分点——也称点数。统计学上称 1% 为一个百分点。英文为 one percentage point。

举例:The jobless rate for the three months to the end of November had climbed to 5.8 percent,up 0.3 percentage point in the August-October period.

译文:截至 11 月底的 3 个月的失业率较 8 至 10 月 3 个月的失业率上升了 5.8%,增加了 0.3 个百分点。

二、数 量 单 位

中文数字实行十进位制，即个、十、百、千、万……依此类推，写起来简单，用起来也方便。

英语数字以千为单位，没有"万"的说法，"万"和"10 万"均以"千"的累计数来表示。ten thousand（10,000）为 1 万，one hundred thousand（100,000）为 10 万。

百万（million）以上的大数字，英文里有两种体制，翻译时需要特别注意。美国、法国、俄罗斯及欧洲其他大多数国家采用大陆体制，以"千"（thousand）为单位；英国及德国采用英国体制，以"百万"（million）为单位。这两种体制的重大差别表现在：

billion　　　大陆制等于 10 亿（1 之后加 9 个 0，即 1,000,000,000）

　　　　　　英国制等于 1 万亿（或一兆、1 之后加 12 个 0，即 1,000,000,000,000）

trillion　　　大陆制等于 1 万亿（或一兆、1 之后加 12 个 0，即 1,000,000,000,000）

　　　　　　英国制等于 1 百京（1 之后加 18 个 0，即 1,000,000,000,000,000,000）

两种体制的异同详见下表：

两种英语数字体制与汉语数字体制比较表[1]

	1 10 10 10	10 10 10 10	10 10 10 10	10 10 10
汉语数字体制	个 十 百 千	万 十 百 千 / 万 万 万	亿 十 百 千 / 亿 亿 亿	兆 十 百 / 兆 兆
大陆英语体制	个 十 百	千 十 百 / 千 千　　M 十 百 / M M	B 十 百 / B B	T 十 百 / T T
英国英语体制	个 十 百	千 十 百 / 千 千　　M 十 百 / M M	千 十 百 / M 千 千　M M	B 十 百 / B B

（M：million；B：billion；T：trillion）

---

[1]　周兆祥：《翻译初阶》，178 页，香港，商务印书馆，1996 年。

在翻译过程中遇到这些数字时,首先要弄清楚它属哪一种体制,然后才能进行翻译,否则就可能铸成大错。

不过,在当今国际新闻信息传播过程中,用美国英文写成的新闻占压倒性多数,在一般通讯社播发的电讯(包括英国路透社播发的电讯)中,记者使用的也是大陆体制,具体地说就是:one billion 指的是 one thousand million,即 10 亿。

三、数词的复数形式及其翻译

英文里的数词有复数形式,它们一般都有特殊的意思。还有一些含有数词的短语,属习惯用法,翻译时应根据不同的情况,选用适当的汉语字词来表达。在新闻报道中经常出现的这类短语有:

by twos, by hundreds, by millions

Visitors came to the exhibition by twos and threes.

观众三三两两地来到展览会。

The dead and wounded are counted by hundreds.

伤亡人数多达数百。

in tens, in hundreds

The dumplings are packed in tens.

饺子十个、十个地装成一盒。

Examples might be quoted in hundreds.

可以举出许许多多的例子。

tens of, hundreds of, thousands of, millions of

He visits tens of websites each day.

他每天都浏览几十个网站。

Hundreds of urban residents took part in the demonstration yesterday.

数百市民参加了昨天的游行。

Thousands of besieged Taleban fighters in the northern city of Kunduz have reportedly agreed to surrender to the United Nations.

有消息说,数千名被围困在北部城市昆都士的塔利班士兵已同意向联合国部队投降。

有些数词的复数形式还构成了以它们为主的短语,并不时出现在新闻里,如:

dozens of	数打,数十个
sell by the dozen	论打出售
packed in dozens	成打包装

have dozens of chances	有许多机会
scores of	二十,许多
a score of people	二十人
three scores of visitors	六十位观众
scores of times	很多次
scores of years ago	若干年前

四、含有数词的短语

许多英文短语是由数字组成的。新闻稿里常见的有:

a few tenths of	十分之几,零点几
a hundred and one	无数的,很多的
a thousand and one	无数的,很多的
a hundred and one ways	千方百计
at sixes and sevens	乱七八糟
by halves	不完全,不彻底
by 100 percent	百分之百地,全部地
fifty-fifty	一半一半,均分
first of all	首先,第一
hundreds of	数百,数以百计
in halves	分为两半
in two twos	立即,转眼,在极短的时间里
nine cases out of ten	十之八九
on second thought	重新考虑,改变主意
second to none	无与伦比,无所匹敌,首屈一指
ten to one	十之八九
thousands upon thousands	成千上万
two figures;double-digit	二位数,两位数字的

五、常用货币单位的表示方法

在英文新闻里,以下货币单位经常出现:

US＄5.4 million	540 万美元
HK＄5.4 million	540 万港元
£5.4 million	540 万英镑

C $ 5.4 million	540 万加元
A $ 5.4 million	540 万澳元
NT $ 5.4 million	540 万元(新台币)
NZ $ 5.4 million	540 万新西兰元
S $ 5.4 million	540 万新加坡元
5.4 million yuan	540 万元(人民币)
5.4 million yen	540 万日元
5.4 million euro	540 万欧元
5.4 million fracs	540 万法郎

六、表示数量增加的倍数

"增加"一词在英文和中文里的含义有些差别。在英文里,说"增加了几倍"是连基数包括在内的,表示增加后的结果。而汉语中却不算基数,只表示纯粹增加的数量。两者之间恰好相差一倍。这一点翻译时应特别注意。

关于与倍数有关的语句的汉译,有以下两种情况:

1. 表示增加后的总数的

在英文里,表示增加后的总数的用语有"to be ... times over ..."、"to be a ...-fold increase"等,翻译时应将英文里增加的倍数减一后译为"增加了……倍"。例如:

(1) By 1990, China's urban population was 10 times over that of 1960.

中国 1990 年的城市人口比 1960 年增长了 9 倍。(……是 1960 年的 10 倍)

(2) In 1975, the export value of Hong Kong garments was 6.3 times that of 1965.

香港 1975 年的服装出口额比 1965 年增加了 5.3 倍。(……是 1965 年的 6.3 倍)

(3) Grain production is double what it was five years ago.

粮食产量比 5 年前增加了一倍。(……是 5 年前的两倍)

(4) Shanghai is three times as large as Qingdao.

上海的面积比青岛大两倍。(……是青岛面积的 3 倍)

(5) China's steel output in 2000 is 250 times over that of 1949.

中国 2000 年的钢产量是 1949 年的 250 倍。

在类似例句(5)的情况下,由于数字太大,"减一"的意义已经不大,翻译时可不必那么认真。但是,如这种情况出现在有关数学、科技的文章里,"减一"问题仍需一丝不苟,马虎不得。

2. 表示纯粹增加数的

英文里表示纯粹增加数的用语有"go up by...","rise by ...","increase by...","expand by ..."等,可分别译为"提高了"、"增加了……"、"增长了……"、"扩大了……"。例如:

(1) Annual production of computers has gone up by more than 60%.

电脑的年产量提高了60%以上。

(2) The average income of the rural population has risen by 45% since 1995.

1995年以来,农村人口的人均收入增长了45%。

(3) The number of jobless people has increased twofold in five years.

失业人数5年里增加了两倍。

(4) The provisional underemployment rate expanded (or edged up)from 2.8 percent to 2.9 percent,meaning 98,000 people involuntarily worked less than 35 hours a week.

暂时就业不足率从2.8%增至(或小幅增至)2.9%,这就是说,全港有9.8万人非情愿地每周工作不到35小时。

七、表示数量减少的幅度

英文里表示减少时,一般直接用相关数字来表示,翻译时把原文中的数字转化为中文形式即可。例如:

(1) The controversial party(One Nation)slumped to 4.3 percent from 8.4 percent three years ago.

这个有争议的政党(单一民族党)的得票率从3年前的8.4%猛跌至4.3%。

(2) "The borrowing this year will be reduced by 10 to 15 percent," Mr. Lai said.

赖先生说,"今年的借贷将比去年减少10%至15%。"

（3）Hong Kong's jobless rate next year may rise to 7.5 percent from the current forecast of 5.6 percent.

香港明年的失业率可能会从现在预测的5.6%上升到7.5%。

（4）China's consumer price in the third quarter was reduced by 5 percent, compared with the previous quarter.

中国第三季度的日用品价格比上个季度下降了5%。

曾有学界人士表示，英语里也有"成倍减少"的说法（类似 cut down by two times），但作者认为，这种说法不能成立。按常理理解，如某一数量被减少一倍，那无异于归零，既然是归零，那何必还要用如此复杂的说法来表达？

作者曾就此事请教过一位英籍新闻学教授和一位美籍新闻编辑，他们也都同意作者的见解。

八、表示增加、减少的常用词汇

to add	增加	(to be) down	下降,减少
(to be) up	上升	to bring down	降低,减少
to build up	增长	to come down	下降,减少
to climb	上升,增长	to cut	减少,降低
to come up	上升,增加	to decline	下降,减少
to edge up	上升	to decrease	下降,减少
to enhance	提高,增长	to descend	下降,减少
to gain	增加,增长	to drop	下降,减少
to go up	上升,提高	to fall	下降,降低
to grow	增长,增加	to go down	下降
to increase	增加,增长	to lessen	减少
to jump	跃升	to lower	降低,减少
to push up	上升	to plummet	猛然下降
to raise	增加,增长	to plunge	跌落
to rise	增加,增长	to reduce	减少
to rocket	猛增	to retreat	后退,下降
to shoot up	猛增	to slide	下滑
to surge	大幅度上升	to slow down	减速,减缓,减少

九、新闻翻译参考练习

练　习　一

China's economy grows at fastest pace in 11 years

1. BEIJING(Reuters)—China's economy grew 10. 7 percent in 2006, its fastest rate in more than a decade, as investment and exports powered ahead despite a raft of government curbs to keep the pace of expansion in check.

2. The world's fourth-largest economy has now grown at double-digit rates for four years in a row.

3. At that pace, China's output could leapfrog Germany's and catapult it into third place in the global rankings as soon as 2008, when it will showcase its meteoric rise by hosting the Olympic Games. It overtook Britain in 2005.

4. "The message is that the economy is booming and I'm forecasting that it will grow 10. 7 percent again in 2007," said Tim Condon, head of Asian financial market research at ING in Singapore.

5. China has almost doubled its national output in five years, riding an unprecedented wave of industrialization, urbanization and inward investment, the latter galvanized by China's accession to the World Trade Organization in 2001.

6. The tone of recent comments by China's leaders, anxious to create jobs, suggests they believe that breakneck growth can be sustained and that the risks it entails are manageable.

7. With gross domestic product now totaling 20. 94 trillion yuan($ 2. 7 trillion), income per head of China's 1. 3 billion people now exceeds $ 2,000 but is still a far cry from America's $ 42,000.

8. Still, several economists said they expected the authorities to tamp down the economy by raising interest rates, possibly this quarter, and by letting the yuan rise faster to dampen exports.

9. Fears of tighter policy helped push the benchmark Shanghai stock index down 3. 96 percent to 2,857. 365 points, its sharpest fall since July, while the five-year government bond yield rose to 2. 6218 percent, its highest level in two months.

10. "Macroeconomic adjustments will certainly be strengthened, and an interest rate hike is possible soon," said Wang Haoyu, an analyst at First Capital Securities in Shenzhen.

11. The 10.7 percent GDP clip was faster than preliminary official estimates of 10.5 percent. It was up from 10.4 percent in 2005 and was the briskest rate since 10.9 percent in 1995.

12. The National Bureau of Statistics said GDP between October and December rose 10.4 percent from a year earlier, slowing a bit from an upwardly revised 10.6 percent pace in the third quarter.

13. Economists traced the modest slowdown to the ripple effects of a spate of tightening measures in recent months.

14. Since April, the central bank has raised interest rates twice and increased four times the proportion of deposits that banks must hold in reserve instead of lending out.

15. The central government has also cracked down on wasteful investments, naming and shaming officials and provinces that fail to comply with orders to tighten up planning procedures and observe tougher environmental protection criteria.

16. The curbs succeeded in slowing down growth in investment in fixed assets such as flats and factories in urban areas to 24.5 percent in 2006 from 27.2 percent in 2005.

17. "Our investment structure has improved and investment in sectors experiencing overcapacity has been brought under control," statistics chief Xie Fuzhan told a news conference.

18. In December alone fixed-asset investment growth sank to 13.8 percent from a year earlier.

19. Economists dismissed the figure as unreliable but said Beijing would have to keep the economy on a fairly tight leash in 2007, especially as annual inflation jumped to 2.8 percent in December from 1.9 percent in November.

20. Stephen Green with Standard Chartered Bank in Shanghai said the central bank could bring forward the next increase in interest rates and let the tightly controlled yuan rise faster.

21. "From our read of the economy, it would do no harm. We hear that bank lending in the first few weeks of the year has been really substantial," Green said in a note to clients.

22. Capital spending has been driving China's boom, pushing up commodity prices around the globe and fanning fears in Beijing that the sheer scale of investment is

creating serious pollution and depleting water and other resources.

23. "We're facing problems of energy saving and doing better in environmental protection,"Xie said.

24. He said policy makers also faced a challenge to mop up the money pouring into the economy from China's trade surplus, which rose 74 percent last year to a record $ 177. 47 billion.

25. China is striving to rely less on exports and investment and more on consumption. But Xie conceded: "We're finding it hard to meet the target of changing our economic structure. "

(January 24,2007)

词　汇　表

double-digit rates　双位数增速

to leapfrog　超越

to catapult　弹入,射入

meteoric rise　飞速升起,迅速增长

Tim Condon　蒂姆·康登

ING(Internationale Nederlanden Group)　荷兰国
　际集团

industrialization　工业化

urbanization　城市化

inward investment　内向投资,对国内投资

galvanized　被激励的

the World Trade Organization　世界贸易组织

breakneck growth　危险的高速增长

gross domestic product(GDP)　国内生产总值

a far cry　一大段距离

to tamp down　夯实,搞实

to dampen exports　阻抑出口,限制出口

Shanghai stock index　上海证券指数

government bond yield　政府债券收益

macroeconomic adjustments　宏观调整,宏观调控

interest rate hike　利率增长

First Capital Securities　第一创业证券有限责任

公司

preliminary official estimates　官方预估

the 10. 7 percent GDP clip　10.7％的国内生产总
　值增速

the briskest rate　最高的增幅

the National Bureau of Statistics　国家统计局

an upwardly revised pace　向上调整过的增幅

the modest slowdown　向下微调

ripple effects　"涟漪"效应

a spate of tightening measures　大量紧缩措施

lending out　贷款,借贷

to crack down　打击,制裁

naming and shaming officials　点名批评政府官员

to observe tougher environmental　遵守更为严格
　的环保规定

protection criteria

investment in fixed assets　固定资产投资

Xie Fuzhan　谢伏瞻

fixed-asset investment　固定资产投资

to sank to　降至

a fairly tight leash　比较严格的控制

Stephen Green　斯蒂芬·格林

Standard Chartered Bank　标准渣打银行
from our read of the economy　根据我们对（中国）经济的解读
bank lending　银行贷款，银行借贷
capital spending　资本投资
fanning fears　激起（对某问题的）担心

the sheer scale of investment　如此规模的投资
depleting water resources　掏空水资源
to mop up　不再，结束
trade surplus　贸易盈余，贸易余额
to be striving to　努力

参考译文：

中国去年经济增长 10.7％　创 11 年来最快增速

1．路透社北京 1 月 24 日电　2006 年中国经济增长 10.7％，创 11 年来新高。尽管政府采取了一系列限制措施，但投资和出口仍然长势迅猛。

2．四年来，这个世界第四大经济体一直以两位数的速度增长。

3．按照这一速度发展，中国经济总量最快可于 2008 年超越德国，排名世界第三。那时，中国将通过举办奥运会来显示它的飞速崛起。这个国家已于 2005 年超过了英国。

4．荷兰国际集团驻新加坡的亚洲财务市场研究处主任蒂姆·康登说："此事透出的信息是中国经济十分火爆，我的预测是中国经济 2007 年的增速还会达到 10.7％。"

5．中国通过工业化、城市化及投资国内，使国内生产在 5 年内几乎翻了一番。而国内投资的活跃是由 2001 年加入世贸组织带动起来的。

6．中国领导人急于创造更多的就业机会，其最近言论的调查显示，他们确信这种高速增长是可以持续的，伴之而来的风险是可以控制的。

7．去年中国的国内生产总值达 20.94 万亿元（合 2.7 万亿美元），13 亿人的人均收入超过了 2 000 美元，但与美国的人均 42 000 美元相比还相去甚远。

8．然而，有经济学家说，他们预期当局可能会于今年提高利率，加快人民币升值以抑制出口，从而把经济基础夯实。

9．对政策收紧的担心令上海证券指数推低了 3.96％，至 2 857.365 点，为 7 月份以来的最大跌幅；与此同时，5 年期的政府债券收益率增长了 2.6218％，为两个月来的最高位。

10．深圳第一创业证券有限责任公司分析师王浩玉（音译）说："宏观经济调整肯定会加强，利率很快也会提高。"

11．10.7％的国内生产总值增速比官方早先 10.5％的预估要高，较之 2005 年的 10.4％也高，是 1995 年增长 10.9％以来最大的增幅。

12．国家统计局说，2006 年 10 月至 12 月的国内生产总值比前一年同期增长 10.4％，比上调至 10.6％的第三季度增速放慢了一些。

13. 经济学家把这种轻微放缓归之于近几个月来政府采取一系列措施后带来的"涟漪"效应。

14. 4 月份以来,中央银行曾两次提高存款利率,并 4 次提高了银行的存贷比例。

15. 中央政府还曾打击过浪费性投资,点名批评一些官员和省份,指责他们不遵守报批程序,违反了严格的环保规定。

16. 政府的限制措施取得了成功,降低了城市住房、工厂等领域的固定资产投资增长速度,使之从 2005 年的 27.2% 减至 2006 年的 24.5%。

17. 国家统计局局长谢伏瞻在记者会上说:"我们的投资结构已有改善,过热投资现象也已得到控制。"

18. 仅在去年 12 月,固定资产投资增长与前一年同期相比已下降到 13.8%。

19. 经济学家认为这个数字并不可靠,但也认为在 2007 年里,特别是在年通胀率已从 11 月份的 1.9% 猛增至 12 月份的 2.8% 的情况下,中央政府会更加严厉地控制经济。

20. 上海标准渣打银行的斯蒂芬·格林在发给客户的便笺中写道:中央银行会再次提高利率,并让严格控制的人民币更快地升值。

21. "根据我们对中国经济的认识,这事并无不利。我们听说,今年年初几个星期内的贷款情况一直很好。"格林说。

22. 资本投资一直在驱动中国的经济繁荣,抬高了世界各国的商品价格,也在北京引发了这样一种担忧:如此规模的投资造成了严重的污染,掏空了水资源和其他资源。

23. 谢伏瞻说:"我们正在处理节约能源的问题,在环保问题上也已取得进步。"

24. 他说,政策制定者也面对着是否应将贸易盈余大量投入经济发展的挑战。中国去年的贸易余额达到了创纪录的 1 774.7 亿美元,同比增长 74%。

25. 中国正在努力减少对出口和投资的依赖,更多地依靠国内消费。但是,谢伏瞻也承认:"我们发现,要达到改变经济结构的目标并不那么容易。"

练 习 二

US trade deficit with China breaks the US $ 100b barrier

The United States' trade deficit with China has risen above the US $ 100 billion level.

According to figures released yesterday by the Department of Commerce, the US trade deficit with China last year was US $ 103 billion. This accounted for almost one-fourth of America's total US $ 435 billion trade deficit for 2002—the largest imbalance in history, surpassing the US $ 379 billion mark set in 2000.

The monthly deficit with China for December reached US $ 9.5 billion, up a remarkable 73 per cent over December 2001. No reason was given for the year-on-year surge.

China overtook Japan three years ago as the country with which the US has its largest trade deficit, and has maintained that position ever since.

China posted a trade deficit with its global trading partners of US $1. 25 billion in January, attributing its first monthly trade deficit for at least five years to rising oil imports.

(SCMP, February 21, 2003)

<h1 align="center">词　汇　表</h1>

trade deficit　贸易逆差	year-on-year surge　按年增长
monthly deficit　月度逆差,按月计算的逆差	to overtake　超过
barrier　关口,大关	trading partner　贸易伙伴
surge　大幅度上升,大幅度增长	to surpass　超过
the Department of Commerce　商务部	to post　录得
to account for　占	to attribute to　归之于,归功于,归咎于
imbalance　失衡、不平衡,失调	

参考译文:

<h3 align="center">美国与中国的贸易逆差突破千亿美元大关</h3>

美国与中国的贸易逆差已超过了一千亿美元的水平。

美国商务部昨天公布的数字显示,去年美国与中国的贸易逆差为 1 030 亿美元。这几乎相当于美国当年 4 350 亿美元总贸易逆差的 1/4。这一总贸易逆差是历史上最大的贸易失衡,超过了 2000 年创下的 3 790 亿美元的纪录。

如按月计算,去年 12 月美国与中国的贸易逆差达到了 95 亿美元,比 2001 年 12 月大幅度增长了 73%。商务部没有提供这一强劲同比增长的原因。

中国是 3 年前超过日本成为美国与之有最大贸易逆差的国家,这种情况一直保持到现在。

今年 1 月份,中国与其全球贸易伙伴的总贸易逆差达到了 12.5 亿美元。这是过去 5 年来中国第一次出现月度贸易逆差。中国把这种情况归咎于石油进口的增加。

(2003 年 2 月 21 日《南华早报》)

<h1 align="center">练　习　三</h1>

After a decade at the economy's helm, statistics tell Zhu Rongji's story

Former German chancellor Helmut Schmidt has a telling anecdote about Premier Zhu Rongji.

"Mao 〔Zedong〕 used to talk to me about 〔19th century strategist Carl van〕 Clausewitz,"he related to friends. "Deng 〔Xiaoping〕 talked to me about how to get German investments,and Zhu talked to me about monetary policies. "

An economic planner for the past four decades,China's economic tsar,who steps down next week,has lived,talked and breathed his job.

His serious demeanour and his critical,no-nonsense,hands-on approach to economic management have won him a large number of fans—and a fair number of foes—at home and abroad.

Mr Zhu is retiring after more than a decade as China's economic chief. Handpicked by paramount leader Deng Xiaoping to run the economy in 1991,he has steered the nation through many domestic difficulties and global volatility. His performance is spoken for by China's statistics：

Foreign exchange reserves stand at US＄286 billion(HK＄2. 23 trillion),the second highest in the world behind Japan's,up from US＄21. 7 billion a decade ago.

Gross domestic product growth has averaged more than 7 per cent in the past decade and is forecast to be maintained for the coming five years.

Foreign direct investment(FDI)reached US＄700 billion by the end of last year. In 2002,FDI was more than a record US＄50 billion.

Total debt levels are just a third of the world average among developing countries：with 1. 93 trillion yuan(HK＄1. 81 trillion)in domestic government bonds,and US＄165 billion in foreign borrowings,China has a healthy debt ratio that comprises only 32 percent of GDP.

At year-end 2002,the mainland's GDP reached US＄1. 25 trillion,just less than one third of Japan's and 10 per cent of the US figure. However,economists believe the mainland is well on its way to surpassing Japan's GDP in the coming decade.

Consumer savings stand in excess of US＄1 trillion,and though 2. 4 million super-rich people control 65 per cent of the nation's US＄1. 6 trillion liquid assets,there is now a rising middle class of 65 million,each earning an average of US＄5,000 a year.

(SCMP,February 28,2003)

词 汇 表

German chancellor 德国总理

Helmut Schmidt 海尔穆特·施密特

Carl van Clausewitz 卡尔·克劳塞维奇

strategist 战略家

economic tsar　经济沙皇	to comprise　包括,组成,构成,占
monetary policy　货币政策,金融政策	total debt levels　总债务水平
telling anecdote　绝妙的轶事	domestic government bonds　国内政府债券
demeanour　行为,举止	healthy debt ratio　安全债务比率
no-nonsense　务实	world average　世界平均水平
hands-on approach　亲自动手,事必躬亲	consumer savings　消费者储蓄
global volatility　全球性的动荡	foreign borrowings　国外借贷
paramount leader　最高领导人	in excess of　超过
hand-picked　亲自选定的	liquid assets　流动资本
foreign exchange reserves　外汇储备	super-rich　特别富有阶层,超富阶层
gross domestic product　国内生产总值	middle class　中产阶级
foreign direct investment　外国直接投资	

参考译文:

掌管经济十载　数字彰显功绩
中国"经济沙皇"将任满荣休

关于朱镕基总理,德国前总理海尔穆特·施密特曾讲过一段绝妙的轶事。

施密特同他的朋友们说:"毛(泽东)总跟我谈论克劳塞维奇,邓(小平)跟我谈论怎样吸引德国投资,而朱则跟我谈论金融政策。"

在过去40年里一直负责经济计划工作的这位中国"经济沙皇"下个星期将退出政坛。40年来,他以经济工作为职业,他毕生致力于经济事务,他同中国的经济同呼吸,共命运。

他举止严肃。对经济管理,他经常有批评性的见解;他做事事必躬亲,讲究实际。这一切使他在国内外赢得了众多的崇拜者,但同时也得罪了不少这样那样的人物。

在掌管中国经济十多年后,朱先生行将退休。他是1991年由中国的最高领导人邓小平亲自挑选而出掌经济事务的。自此以后,在国内他领导中国克服了重重困难;在国外,他带领这个国家度过了全球性的动荡年月。至于他的表现,以下有关中国经济情况的数字就是最好的说明:

外汇储备从10年前的217亿美元升至2 860亿美元(22 300亿港元),仅次于日本,居世界第二位。

在过去10年里,国内生产总值的年均增长为7%以上;在今后5年里,这一增长速度预计会得以保持。

截至去年年底,外国直接投资已达7 000亿美元。2002年,外国直接投资达到了500亿美元,创历史之新高。

中国的总负债水平仅为世界发展中国家平均水平的 1/3：其中国内政府债券为 19 300 亿元（18 100 亿港元）；国外借债 1 650 亿美元；中国的债务比例仅占国内生产总值的 32%，属"安全"水平。

　　截至 2002 年年底，大陆的国内生产总值达到了 12 500 亿美元，比日本的国内生产总值的 1/3 略少一些，相当于美国国内生产总值的 1/10。但是，经济学家们相信，今后 10 年内中国的国内生产总值肯定会超过日本。

　　国内消费者的储蓄已经超过一万亿美元。尽管 240 万最富有人士控制着全国 16 000 亿美元流动资本的 65%，但日益增多的中产阶级人士也已多达 6 500 万，他们的年均收入为 5 000 美元。

（2003 年 2 月 28 日《南华早报》）

CHAPTER

第九章

新闻标题翻译

作者讲授新闻写作时,标题写作总是放在课程的后半部;现在讲新闻翻译,我将遵循同一做法。原因主要有以下两点:

（1）记者写作标题,特别是把标题最后确定下来,一般都是在新闻完稿之后。

（2）标题制作主要是编辑的职责,记者的任务更像是给编辑打个草稿。不管你多么用心,标题到了编辑那里,一般都要大修大改,甚至另起炉灶。因此,在标题上过早、过多地下工夫,有时会得不偿失。

翻译新闻标题,有诸多制约因素。这些因素主要有:

（1）译者对英文新闻及其标题的正确理解。

（2）编辑、读者对标题翻译的期望。

（3）翻译的中文功底和知识水平。

一、英文新闻标题的特点

熟悉英文新闻标题的特点是正确理解和准确翻译的基础。英文字长,占空间大,因此,新闻标题写作更强调言简意赅,注重省略,精彩的标题往往还伴有典故或俚语。这些都给正确理解造成困难。

英文新闻标题的特点主要体现在以下几个方面。

1. 新闻标题具有导读作用

英文新闻标题是新闻内容的高度概括或浓缩,其作用是帮助读者挑选新闻、阅读新闻。这也就是人们常说的导读作用。

Bomb kills hundreds at Baghdad market

这个标题只有 6 个字,着墨显然不多,但揭示的信息却很有广度：在巴格达的一个市场里,一声爆炸,竟夺去了数百无辜平民的宝贵生命。

"Love triangle" astronaut charged

这个标题更短,只有 4 个字,却道出了一个令人难以置信的八卦故事。一位半年前（2006 年 7 月）乘坐发现号航天飞机征服太空的美国母亲,竟为"三角恋爱"所累,可能被判有罪而变成阶下囚徒。

看过这样的新闻标题,你肯定希望继续往下阅读新闻,探究事件的原委,把这种不可思议的变故弄个明白。这,就是新闻标题具有的魅力。这,就是新闻标题的导读作用。

2. 许多英文新闻标题还具有明显的政治倾向

媒体编辑往往利用制作标题的机会"借题发挥",在概括或浓缩新闻内容的同时,巧妙地将自己的政治取向溶入其中,借以体现媒体的编辑方针,宣传自己的政治主张,起到对读者阅读新闻时的"导向"作用。请看以下标题:

Do Not Play With Fire

这个标题是 1999 年下半年《中国日报》为报道朱镕基总理在记者招待会上警告台湾台独势力时使用的。它义正辞严,惊天骇地,表达了中国人民反对台独的严正立场和坚强决心。这样的标题自然会把读者引向了 13 亿中国人民希望大家理解的方向。

下面这些标题,字里行间都渗透着媒体对新闻人物、新闻事件的评价或政治取向,同样具有明显的导向作用。

China to fulfil Sino-African Forum pledges(Xinhua)

Space test 'did not break any rules'(China Daily)

3. 用词讲究,尽量使用短的、通俗的词汇,不用长的、生僻的词汇

论及新闻写作中的词汇选择,美联社资深记者瑞纳·卡彭在其专著《美联社新闻写作指南》一书中写道:

Prefer the short word to the long,

Prefer the familiar word to the fancy,

Prefer the specific word to the abstract,

Use no more words than necessary to make your meaning clear. [1]

(宁要短的字词,不要长的。

宁要通俗字词,不要花哨的。

宁要具体的字词,不要抽象的。

用字务求节省,达意即为上乘。)

这段文字本身就极其精练。实际上,美联社的记者和编辑都把卡彭的这些指教奉为新闻写作和标题制作的圭臬。

---

[1] Rene J. Cappon: *The Word—Associated Press Guide to Good News Writing*, Second Edition, p. 20, New York: the Associated Press, 1991.

4. 尽量使用单行标题，使用 SVO（主语＋动词＋宾语）结构，以增加标题的动感和力量

例如：

> Chirac retracts remarks on Iran bomb
> Manila postpones Asian summits
> Holiday greetings help crime prevention
> Cold keeps Beijing's hospitals packed

5. 如需使用复合句，应将其尽量简化

例如：

> Russian says U. S. expansion a threat
> Castro's brother says leader recovering
> Iran to hit U. S. interests if attacked
> Streets deserted as strikes begin
> 118 die as planes collide on runway

6. 标题简练、醒目

为了能够发挥导读和导向作用，英文记者、英文编辑总是想方设法把标题写得尽量的简练，尽量的醒目，力求充分利用有限的时间和空间，在最小的时空内传递最多的信息，以便迅速把读者抓住，获取最大的传播效果。为此，他们在标题写作方面采取了以下措施。

1）节省空间，突出核心内容，尽量使用有实质内容的字词，把一切可以省略的成分（如系动词、连接词、冠词等）全部省略

例如：

a. 省略 verb to be

Ronaldo still United's golden boy

Copyright campaign an 'everyday' affair

No party a clear leader in(Canadian)opinion polls

Blistering sun main threat so far for Amazon swimmer

3 killed，scores hurt in rally violence

Australia-Japan accord 'not aimed at China'

Nations divided over how to punish Iran

Filipino woman，Frenchman kidnapped

b. 省略冠词

Tornado hits town

'City needs more job training'

Putin accuses US of bid to force will on world

Nation boosts political，economic ties with Zambia

Australian PM reshuffles cabinet；faces tough battle to win re-election

Apartment prices climb to new peak

c. 省略连接词

Beijing leader hopes for 'warm，festive' Games

Israeli police，Muslim rioters clash

China，India to connect over IT

Millions to go hungry，waterless：climate report

2）在句法、语法省略方面下工夫,其主要形式有几个几种

a. 过去的动作用现在式表达

German TV station apologizes for picture 'in wrong context'

Greeks gather to welcome torch relay

U.S. airstrike kills 5 Kurds in Iraq

Al-Qaida-tied insurgents release video

Floods inundate 75％ of Jakarta

Lowest earners get 14％ rise

b. 将来发生的事件用 to do 形式表达

Gas to prop up output in Daqing

Climate change to hit poor most：Ban

Australia，Japan to sign defense pact

Pact with Slovakia to beef up ties

Pentagon to extend troops in Afghanistan

Blair to fly to US for war summit with Bush

c. 正在进行的动作用 Gerund 表达

Diesel running short in Guangdong

Dalai Lama 'seeking to restore theocracy'

Infighting hampering Baghdad crackdown

French intellectuals abandoning Royal

Russia investigating camel smuggling

Husbands struggling to rekindle marriages

为了达到省略的目的,英文新闻标题在标点符号使用上也力求简约,将所有引号均定为单引号,把连接词 and 均改为逗号,等等。

二、中文读者对新闻标题的期望

中文读者对新闻标题期望甚高,这些期望主要包括以下几个方面。

1) 能言简意赅,提示全文,或能提供尽量多的信息,当好读者阅读和理解新闻的向导

英文新闻标题,特别是通讯社的英文新闻标题,多为单行,但译成中文时,特别是译成中文报纸新闻标题时,记者、编辑往往会通过制作多行标题(引题、主题、副题等)的方法,达到上述目的。例如:

Pentagon Sets up Africa Military Command
(International Herald Tribune)

专设非洲司令部
美涉"非"意图高涨
(《新华每日电讯》)

(引题)一方面通过经济手段加强渗透　另一方面打着"反恐"旗号扩大军事存在
争夺非洲:美设非洲司令部用意深
(《北京青年报》)

2) 突出重点

如英文信息涉及诸多内容,译文新闻的标题应突出中文读者更为关心的部分。例如:

Chinese, U. S. diplomats appointed as senior UN officials(AP)

沙祖康出任联合国副秘书长
(《新华每日电讯》)

(引题)联合国秘书长潘基文任命高层团队
沙祖康担任联合国副秘书长
(副题)负责经济和社会事务
(《北京青年报》)

Putin Blasts US For Its Use of Force(ABC News)

(引题)抨击美国单边主义和"过度武力"

质问北约东扩　当选总统以来针对美国发出最激烈批评

(主题)普京"狂轰滥炸"美国与北约

(《北京青年报》)

3）文字工整对仗,体现中文标题的魅力

请比较：

U. S. astronaut arrested for trying to kidnap love rival(Xinhua)

美宇航员三角恋　千里追情敌遭拘(《北京青年报》)

10 die in S. Korea detention center fire(AP)

韩收容所大火　十中国人遇难

(《新华每日电讯》)

4）富有文采和创意,使用典故或成语,给读者以美的享受

论及这个题目,作者备觉尴尬,因为当今的报纸编辑,好像"没有时间"在翻译、制作标题方面多下工夫,精彩的标题实在鲜有所见。

2008 年 4 月 4 日的《参考消息》曾经翻译并刊登过法新社从首尔播发的一条新闻,译者在标题翻译方面显然是下过一些工夫的。请看：法新社电讯的标题和导语：

N Korea suspends dialogue,closes border with South

North Korea announced yesterday it was suspending all dialogue with South Korea and closing the border to Seoul officials,its toughest action in a week of growing cross-border tensions.

Pyongyang said it went ahead with its threatened retaliatory action after Seoul refused to apologize for recent remarks by its military chief.

《参考消息》的译文：

(引题)朝关闭边界停止对话　韩警告对方收敛言行

(主题)朝韩紧张关系雪上加霜

三、英文新闻标题的汉译

译好英文新闻标题,作者有以下建议：

1. 准确理解原文标题的深层意思

如前所述,英文新闻标题的语法并不规范,省略较多,加之不时使用英文中的习语、成

语甚至俚语,为译者理解造成困难。因此,在汉译时应特别注意准确地理解原文,做到意在笔前,"三思而后行"。如果理解有误,译出的标题必然不确切,有时甚至会闹出笑话。下面的几个标题在理解方面就可能存在一些困难:

> Which came first, North Korea talks or Aesop's fables?
>
> Clinton: 'I'm in, and I'm in to win'
>
> Food drops 'great TV' but almost useless
>
> IIs bound for vice trade found on ship
>
> Gaddafi goes bananas for Caribbean
>
> McDonald's wakes up to coffee culture
>
> Democrats accuse the White House of mass deception
>
> Japan's stolen five return home
>
> 'Do not tar all' with the same brush
>
> President talks up down visit down under

如果标题没有看懂,切勿急于翻译。这时,最好的办法是认真阅读新闻的导语或正文。文章看懂了,理解标题方面的困难自会迎刃而解。

2. 在有限空间内提供尽量多的信息

翻译时应利用中文字短、占空间小的特点,在给定空间内提供尽量多的信息。请比较以下两个标题在文字和信息量方面的差别。它们报道的都是关于美国第一天轰炸阿富汗的战况:

30 targets hit, says US

（SCMP）

三波攻击　拉登未死

坎大哈满目疮痍

奥马尔寓所冒烟

喀布尔电力中断

（《大公报》）

U. S. astronaut arrested for trying to kidnap love rival

（AP）

为三角恋失去理智　穿纸尿裤飞车千里

美宇航员绑架情敌未遂被捕

（《齐鲁晚报》）

以上两个标题,特点都很清楚。英文标题文字简洁,多有省略,信息量相对少些;中文标题虽然字数较多,语句也长,但所占空间并不太大,而其信息量要比英文标题多出好几倍。

3. 标题翻译应讲究文采与创意

中文标题讲究文字工整,语句对仗;加之汉字词义丰富,成语和典故繁多,翻译时应在文采和创意方面多下工夫。

中文里的成语、特别是四字成语,具有奇特的魅力和表现力。在翻译过程中,如能巧用中文成语,往往会得到意想不到的感染效果。如:groundless 一词,它的基本意思是"没有根据",但你可根据内文的需要而把它译为"毫无根据",也可把它译为"空穴来风"或"子虚乌有"。如果使用恰当,后者要比前者具有更多的美感。同样,in low spirits 一语,你可以把它译为"情绪不高",也可把它译为"意志消沉"或"垂头丧气";at one's wits end 一语,你可以把它译为"才穷智尽",但也可把它译为"江郎才尽"或"黔驴技穷";to kill two birds with one stone 一语,有人把它译为"一石两鸟",但如把它译为"一举两得"会更符合中文的表达习惯,如进而把它译为"一箭双雕",也许还会为你的译文平添一些文学色彩。

在翻译过程中,还应特别注意以下事项:

(1) 翻译的首要任务是把英文标题准确地译成相应的中文。因此,译文准确与否是翻译时的中心考虑,不可本末倒置。

(2) 标题翻译与标题写作一样,贵在创意。在不违原意的情况下,初稿译就之后不妨根据中文标题的写作特点,对文字多做润饰,如使用贴切的成语或典故,把中文标题译成两句,尽量把两部分的文字写得工整、甚至对仗等。

(3) 如需对译文标题做出超出原文标题意思的改动(如想根据"本报"的编辑方针改写标题等),则应由主管编辑做出决定,或根据主管编辑的指示进行。翻译不应擅自对标题的原意进行"加工",也不可随意增删。

四、新闻标题翻译练习

(1) China to fight the big bullying the small, vows Hu Jintao

　　译文 1:胡锦涛誓言中国反对以大欺小

　　译文 2:胡锦涛:中国反对以大欺小

　　译文 3:胡锦涛访美前夕誓言
　　　　　反对恃强凌弱

(2) Kowloon to get its own version of Lan Kwai Fong

　　译文 1:九龙拟建"兰桂坊"

译文2：港岛兰桂坊　将现尖沙咀

译文3：九龙斥资六十亿　复制港岛兰桂坊

(3) Go-it-alone US fails to heed September 11 lesson, says Keating

译文1：澳前总理抨击美国

无视"9·11"教训　执意推行单边政策

译文2：基廷："9·11"教训不可忘

我行我素政策不可行

(4) Food drops 'great TV' but almost useless

译文1：空投食品　煞是好看

杯水车薪　于事无补

译文2：美国人空投食品　好一出电视秀

阿富汗百姓骂道　这种事情少来

(5) Gaddafi goes bananas for Caribbean

译文：大量购买加勒比香蕉

卡扎菲施援拉美兄弟

(6) McDonald's wakes up to coffee culture

译文：推介西方饮食文化

麦当劳早餐供咖啡

(7) Astronaut Lisa Nowak arrested for attempted kidnapping(www. nasawatch)

译文1：美国宇航员莉萨·诺瓦克因涉嫌绑架被捕(《新华每日电讯》)

译文2：去年还是航天英雄　而今因情成阶下囚(作者)

(8) 23 lawmakers quit from South Korea's ruling party(Xinhua)
ROK ruling party hit by defections(China Daily)

译文：韩国执政党丧失第一大党地位(《参考消息》报)

韩国执政党议员集体退党(《北京青年报》)

欲"另起炉灶"韩执政党23议员退党(《新华每日电讯》)

(9) Putin accuses U. S. of sparking arms race(AP)

译文：普京批评美"无节制"使用武力(《参考消息》报)

普京再次抨击美国　斥其挑起军备竞赛(作者)

(10) Iran to hit U. S. interests if attacked

　　译文：伊朗最高领袖称如果遭到美国袭击将发动全球反击(中国经济网)

　　伊朗：如果遭到侵略将全面攻击美国目标(作者)

(11) Which came first, North Korea talks or Aesop's fables?

　　译文：孰先孰后：朝核谈判，还是伊索寓言？（作者）

(12) Clinton：'I'm in, and I'm in to win.'

　　译文：欲"重返"白宫　希拉里"为胜利而来"(《新华每日电讯》)

　　(引题)宣布成立总统选举试探委员会　希拉里迈出竞选总统第一步

　　(主题)前第一夫人欲入主白宫(《北京青年报》)

　　希拉里高调参选　宣称："我已参选，我参选是为了赢得胜利"(作者)

(13) Democrats accuse the White House of mass deception

　　译文：民主党人斥责布什进行"大规模欺骗"(作者)

(14) 'Do not tar all' with the same brush

　　译文：一棵树不是整个森林　先富者何曾人人违法(作者)

(15) Man United stretch lead

　　译文：曼联队继续领先(作者)

五、课堂标题翻译练习及点评

请将以下英文新闻标题译成中文：

1. Yao-less NBA injures TV rating

　　译文 1：姚明受伤，NBA 收视率下降
　　点评：题中的逗号最好不用。

　　译文 2：姚明缺席　NBA 联赛收视率下滑
　　点评："缺席"应改为"缺阵"。

　　译文 3：姚明缺席 NBA 导致收视率下降
　　点评："导致"一词，还可改进。

译文4：姚明缺席 NBA,挫伤电视收视率

点评：译意准确；但"挫伤"一词,欠妥。

参考译文：姚明缺阵 NBA　电视收视率下降

2. Japan's stolen five return home

译文1：五名被绑日本人回家

点评："被绑"与"被绑架"、"回家"与"回国",含义不同。

译文2：朝鲜返还5名日本人质

点评："返还"另有含义,被绑架的日本人不是人质。

译文3：绑架入朝数十载日本人质终返还

点评："绑架入朝"? 不确；"人质",非也；"返还"? 不当。

译文4：5名1978年被朝鲜抓去当间谍的日本百姓获准回国

点评：此译信息量很大,但作为标题,有失简练。

译文5：五名被绑人员今日回国

点评：未能揭示被绑架者是日本人。

译文6：二十四年悠悠长夜在朝鲜
　　　　日夜盼望今朝终究归故里

点评："悠悠长夜"及"终究归故里"等语,都很文雅,但用在这里则略嫌失当。此外,译文也未能揭示被绑架者是日本人。

以下是作者提供的参考译文：

被劫5日本人获准回国

3. 'Wealth god' adds color to festival
Fireworks not lucky for all—124 reported injured,1 killed

译文1："财神"节日添喜气　爆竹伤人不留情
　　　　据报道,燃放烟花爆竹已造成124人伤,1人死亡

点评：主题可圈可点；副题中"据报道"一语,可删除,"已"字也可不要；揭示伤亡情况时,宜先报死亡数字,后报伤者人数。

译文2：财神新年添喜庆　爆竹佳节伤人命
　　　　124人燃放爆竹受伤,1人受伤

点评：划下画线部分,可能是笔误。

参考译文：（引题）"财神"虽添喜庆　爆竹无情伤人
（主题）节日纵情燃放致1人死亡124人受伤

4. Pulitzers Scattered Among News Outlets(AP,April 17,2007)

NEW YORK—With no single event dominating front pages in the manner of Hurricane Katrina or Sept. 11, the Pulitzer Prizes were scattered among 13 news organizations on a variety of subjects,and a live jazz recording won in the music category for the first time.

译文1：普利策结果出炉　获奖作品主题分散
点评：内容贴近原文,译题可圈可点。

译文2：没有"9·11",普利策遍及名家
点评：只提"9·11",不提"katrina",不妥;"遍及名家",不当。

译文3：普利策花落13家
点评：这样的标题,会令读者感到茫然。

译文4：普利策关照人间万象
点评：此译过分自由,离题远了一些。

译文5：普利策花落百家
点评："花落百家"？言过其实。

作者提供的两个参考译题：

(1)（主题）普利策奖今日揭晓
　　（副题）获奖作品主题纷繁　多家媒体榜上有名
(2)（引题）没有"9·11"没有飓风灾难
　　（主题）今年普利策奖缺少大主题

5. Stocks Surge,Dow Closes Near 13,000(AP,April 21,2007)

NEW YORK—Wall Street bounded higher Friday, hurtling the Dow Jones industrial average to a record close approaching 13,000 as investors celebrated a week of surprisingly strong earnings reports. The major indexes all had their third straight winning week,their longest such streak since October.

译文1：股市连续三周牛市　道琼斯今日升至13 000点
点评：说"道琼斯……升至",不够贴切;"今日"可以不用。

译文2：股市盘升　道琼斯收盘近13 000

点评:"盘升"疑是"攀升"之误。此处用"飙升"似更准确些。"道琼斯收盘近 13 000"宜改为"道琼斯近 13 000 点收盘"。

译文 3:股市飙升,道·琼斯指数升至 13 000 点

点评:译意准确,惟"Near"的意思没有译出。

译文 4:股市飙升　道·琼斯指数几近 13 000 点收盘

点评:译意准确,但"几"字还可省略。

作者提供的参考译文:

股市继续飙升　道指近 13 000 点收盘

6. Mystery yacht found without crew off Australia(April 20,2007)

SYDNEY(AFP)—A yacht has been found drifting off the Australian coast with computers running and a table laid for a meal—but no sign of the crew,puzzled officials said Friday.

The 12-metre catamaran was spotted by a customs helicopter about 80 nautical miles off Townsville on Australia's northeast coast,near the outer Great Barrier Reef on Thursday,national radio reported.

译文 1:澳大利亚附近海域发现无人的"幽灵游艇"

点评:宜提供更多具体信息;"幽灵游艇"含义不够确切;"的"字可以省略。

译文 2:(主题)神秘游艇现身澳洲海岸

(副题)有餐桌、电脑,但无人迹

点评:"off Australia"不能译为"澳洲海岸";副题(未能揭示"餐桌"、"电脑"、在什么地方)。

作者提供的参考译文:

(主题)神秘游艇现澳洲近海

(副题)桌上摆满美食　电脑仍在运作　主人不知所终

标题翻译练习总体讲评:

(1)学生对原文的理解基本正确,理解有误的属个别现象,如有的同学没有读懂"With no single event dominating front pages in the manner of Hurricane Katrina or Sept.11"一语的意思。

(2)译文多数都能反映新闻的主要内容。

(3)表达还应更准确些,注意词义的细微差别,避免重复:"普利策遍及名家"、"普利

策关照人间万象"、"普利策花落百家"、"道琼斯收盘近13000"等译法都不够精准。

（4）翻译标题讲究简练，只要能把内容交代清楚，宜将可有可无的字词全部省略。

（5）译完后切记进行检查、再检查。"124人燃放爆竹受伤，1人受伤"、"五名被绑人员今日回国"、"绑架入朝数十载 日本人质终返还"、"二十四年悠悠长夜在朝鲜 日夜盼望今朝终究归故里"等译法在检查中就可改进。

（6）翻译时切记：忠实于原文（"信"）是第一位的。"达"、"简"、"雅"只能在"信"的基础上积极追求。

CHAPTER

第十章

特 稿 翻 译

一、什么是特稿

特稿(准确地说应该是新闻特稿)是用文学手法报道新闻事件或新闻人物的特殊文体。它与通讯、特写和报告文学有些近似。广义地说,特稿还包括评论、社论、述评、综述、故事、花絮等等。

特稿的定义很多,其中经常被人引用的包括:

特稿是新闻报道和报告文学的完美结合。

特稿是文字组成的画面。

特稿是一种深度报道,即对新闻背后的事实的报道。

特稿是一种创造性的、有时也是主观性的文章。

普通新闻之外的其他一切新闻文体都是特稿。

美国哥伦比亚大学新闻学教授迈尔文·孟澈对特稿的界定则更具体些。他写道:"特稿报道的目的是为了使读者获得新闻信息,获得精神享受。特稿记者利用新闻人物所做的事、所说的话来讲述新闻故事。特稿每每以一个微型故事开篇,这个微型故事可能是一个事故,也可能是一桩逸事,这个事故、这桩逸事能揭示新闻事件的中心思想。特稿的主体部分包含着更多的新闻事件,更多的新闻引语,更多的新闻由头。其结尾部分可能是新闻事件的总结,也可能是新闻故事的高潮。"[①]

以上这些定义分别从不同角度揭示了新闻特稿的特点,总结了新闻特稿的一些共同的东西,即:

(1)特稿是新闻文体的一种。既然是新闻报道,其内容必须真实,不允许凭空虚构,也不允许合理想象或有意无意地夸张。

(2)特稿的功能除了向读者提供信息之外,还应该给读者以教育和启迪,或使他们获得精神上的愉悦和享受。

(3)特稿写作运用了某些文学技巧。

鉴于以上情况,作者认为,特稿的定义可以这样归纳:

特稿是用文学技巧来报道新闻事件、新闻人物、社会生活的特殊新闻文体。与普通新闻一样,特稿的内容必须完全真实;与普通新闻不同,它虽然也向读者提供信息,但却更侧重于向读者提供教育和启迪,或使他们得到精神上的愉悦和享受。

把普通新闻文体之外的其他一切新闻文体都看作是特稿的,在国外也大有人在。日

---

① Melvin Mencher: *News Reporting and Writing*, Ninth Edition, p. 190, NewYork: McGraw-Hill Education, 2000.

本共同社的领导层就这样认为。该社特稿部聘用了 200 多位编辑和记者,担负着除新闻部负责的、普通新闻之外的其他一切新闻文体的采写,其中包括社论、评论、综述、人物特写、新闻花絮、体育新闻、社会新闻、娱乐性新闻等。

美联社对特稿也非常重视。特稿部名下的专职记者共有十多位,其中大部分都是"久经沙场"、经验丰富的资深记者。他们办公的地方被人尊称为"诗人角",部主任杰克·卡彭(Rene J. Cappon,现已退休——作者注)被公认为新闻写作领域的权威。他们每天通过专线播发的特稿被美国国内报刊广泛采用。卡彭本人撰写的《美联社新闻写作指南》(*The Word—An Associated Press Guide to Good News Writing*)一书,一直是该社编辑、记者的"业务必读"。

二、特稿翻译,两种情况

特稿翻译包括倒译和翻译两种情况:

特稿倒译是指中国记者将自己采写的英文特稿翻译成中文,供境外中文媒体选用、供中文读者阅读。倒译多半由英文记者本人完成,其特点是翻译的自由度较大,译者可根据对外报道的需要将文字作适度改写,进行必要的增删。在翻译过程中,译者尽可假定自己是中文特稿的原作者,在用中文写作[①],以致最终拿出一篇与原来的英文特稿相比其中心思想未变,但具体细节多有不同的"新作"。

特稿翻译是将外国媒体播发的英文特稿翻译成中文,供国内中文媒体选用、供中文读者阅读。一般媒体在选用外语传媒刊载的特稿时,经常采用这种翻译方法。这种翻译可由任何通晓英文的记者或编辑完成。翻译时,译稿不能脱离原文,自由度相对较小。特稿翻译与通讯、报告文学、小说、散文的翻译没有太大差别。

三、译好特稿的几点建议

特稿兼有新闻故事和文学作品两者的特性。因为特稿报道的是新闻,因此,译文必须体现新闻的特点,事实准确无误,行文言简意赅,用词浅显易懂;特稿又是用文学形式写成的新闻,其译文必须富有文学作品的特色,注重写作技巧,长于细节描写,较多地使用引语和对话。

特稿翻译的最高境界当然还是严复先生倡导的"信、达、雅",内容忠实于原文原意,文字朴实华美,行文流畅顺达,不失原作的韵味,令读者读后即能获得信息,增长知识,扩大视野,又能受到教育,得到启迪,获得信息和文学方面的享受。

---

① 怒安:《傅雷谈翻译》,38 页,沈阳,辽宁教育出版社,2005 年。

翻译特稿并无特殊技巧,关键是在处理以下 5 个方面时多做斟酌:

(1) 标题(Headline)

(2) 开篇(Intro)和结尾(Ending)

(3) 过渡(Transition)

(4) 引语(Quotes and Dialogues)

(5) 细节(Details)

1. 标题(Headline)

新闻特稿的标题,如同新闻消息的标题一样,具有导读和导向两种作用,旨在使读者读过标题之后就能获悉新闻的梗概,并把他们悄悄地引入"继续阅读的圈套"。

特稿标题又像杂志标题,有时开门见山,单刀直入;有时又故弄虚悬,仅仅释放点滴暗示;有时像个"路标",有时又类似"陷阱",令读者在好奇和朦胧之中产生"刨根问底"的欲望。

特稿的标题(不管是英文还是中文),在见报之前都已经过"千锤百炼",饱含着记者和编辑的艰辛与智慧,其文字之清新,其内涵之丰富,几乎都已达到了炉火纯青的水准。因此,翻译特稿标题时,"直译"可能是一种不二的选择。

此外,既然标题的主要作用是"导读"和"导向",译就的标题只要能较好地发挥这些功能,翻译的目的也就基本达到。

以下列举的 4 个英文标题,有的选自对外特稿,有的摘自境外报章。请读者仔细体味它们的魅力以及原文与译文间的细微差异。

例1:

A Taste of Home
品味家的感觉

这篇特稿报道的是上海人踊跃认养孤儿、弃儿的故事,标题是原英文记者自己的劳动成果。作者以为,这一译文在理解上无可挑剔,但在表达方面却存在较大的改进空间。"品位"虽然含有"仔细体会"的意思,但更易让读者联想起的是"品尝"和"玩味"。"品味"是成年人对生活的一种"高级"体验,一般不与孩子的活动联系在一起。当一个流浪儿突然得到"家"的温暖时,这种感觉是不能用"品尝"或"玩味"之类的字词来形容的。

另外有一点也必须考虑:这篇特稿的是专为不熟悉中国情况的外国读者采写的英文文章,其中文译文是发往境外供那里的中文读者阅读的。在将英文译成中文时,如若在标题里增加一点资讯,也许会更能诱发读者的阅读兴趣。因为,标题的作用之一就是"导读",就是"诱使"读者阅读您的作品。

有鉴于此,作者建议可将以上标题改为:

让孤儿体味家的感觉

或

上海人热心领养孤儿

例 2：

Winning formula for Muslim girls
"为她们提供一张摆脱贫困的通行证"

这篇特稿报道的是联合国教科文组织帮助我国青海省山区穆斯林女孩学习技术，通过自己的劳动自立致富的故事。标题选用的是新闻人物说过的一句话，为此，译者还为标题加了引号。

译题总体上不错，但略微有点生硬，缺乏特稿标题的"典雅"。如果作者是一个用户编辑，我可能会将译题改为：

山村穆斯林女孩的致富经

作者以为，把"winning formula"翻成"致富经"，要比将其译为"致富之路"或"摆脱贫困的通行证"通俗一些，得体一些。译题中的"山村"二字是作者根据文章内容添加的，因为有了这两个字，标题便把文章报道的范围缩小到中国山区农村的穆斯林女孩，而不再是英文标题所提示的"整个中国的穆斯林姑娘"，从而使标题的"导读"功能上了一个台阶。

例 3：

Boris Yeltsin 1931-2007

Man of all seasons：hero，villain，buffoon

鲍利斯·叶利钦 1931—2007
风雨一生 评说由人：英雄，粗汉，小丑？

上面这个标题是作者的试译。"Man of all seasons"的主要意思是"一个饱经风霜的人"或"一位久经沙场的斗士"。但当它与后面的"hero，villain，buffoon"连在一起时，其含义已经变得更加复杂曲折、耐人寻味。将其译为"风雨一生 评说由人：英雄，粗汉，小丑"并且在后面加上一个问号，这会更好地揭示文章的原意，对叶利钦其人的评价也更为客观，避免可能产生的"武断"或"不敬"。

例4：

1 dollar & 8 teeth

—Secrets for the success of a billionaire

一个美元和八颗牙齿

——一位亿万富翁的成功奥秘

"1 dollar & 8 teeth"从字面上看，很难理解，很难看懂。其实，这也是一门"致富经"，是一位美国亿万富翁成功经营超级市场的奥秘。"一个美元"指的是此人经营的货品总比同行的售价更低，"八颗牙齿"说的是这位老板对员工服务提出的要求（面对顾客，售货员需笑脸相迎，而最好的笑脸是微笑时能让人看到口中正面的八颗牙齿）。此标题本身并未揭示文章的内容，但因其措辞含糊，语带突兀，反而给读者留下了诸多好奇和悬念。此外，原文还有一个副题。若把主题与副题联系起来，标题的内涵会立即变得明朗，变得诙谐。不是吗？

翻译这个标题只需按照原文直译即可。原题含义朦胧，故弄玄虚，这未尝不是一种表达手法，一种写作技巧，个中含义可由读者自己慢慢追寻，细细品味。标题的作用之一就是"诱使"读者"眼睛向下"，阅读文章的正文。

2. 开篇（Intro）和结尾（Ending）

特稿的开篇和结尾，多种多样，各领"风骚"，但其中使用最多、效果最好的当属体现在"华尔街日报体"（Wall Street Journal Formula）里的那种模式。

"华尔街日报体"是一种使用文学手法报道新闻事件的尝试，其方法是：记者从与新闻事件有关的一个小故事开始写起，在小故事讲完后再用一两个过渡段将小故事与新闻事件联系起来，待新闻事件写完之后再把笔锋一转，折回到开篇时讲的那个小故事。这种写作体例的最大特点就体现在它的开篇和结尾：开篇讲的小故事饶有情趣，能抓住读者，引人入胜；结尾又回到了那个小故事，令"剧情"首尾相接，令文章浑然一体，使读者重温已经获悉的人物或情节，进一步加深新闻事件在读者脑海中的印象。

特稿开篇和结尾的写作，本来都已十分讲究，百分成熟。因此，翻译开篇和结尾的"奥秘"主要体现在译者驾驭直译的功夫上。

下面列举的是《中国日报》1999年1月14日刊登的一篇特稿，译文是作者提供的参考文字。请读者在阅读时特别注意文章的开篇和结尾（即英文、中文稿中画有下画线的部分）。

Adopted girls are seeking their mothers in Taiwan

1. TAIBEI(Agencies via Xinhua)—When an Australian couple adopted Lucci Gill

18 years ago, they promised relatives of her teenage mother that they would bring the girl back to Taiwan someday.

2. Cecil and Halina Gill kept their promise last week, after a lengthy search helped by enthusiastic church workers and journalists.

3. Lin Chia-hao, the mother, who married years later but does not have a second child, was all tears, only too happy at seeing a grown-up, bright-eyed Lucci.

4. "I am grateful for just seeing her," she said in a telephone interview from southern Kaohsiung city, where she lives with her husband.

5. The meeting was one of a growing number of high-profile reunions that stir memories of a largely forgotten past, when many Taiwanese women secretly gave away babies born out of wedlock to observe the society's high morals.

6. About one in five of the Taiwanese adoptees return to find their biological mothers, usually in searches they keep private. But some like Lucci go public after running out of clues.

7. Some 4,000 Taiwanese babies were adopted by foreigners over the past two decades through Christian adoption organizations. Hundreds more were illegally transferred to foreigners, social workers say.

8. All the known returning adoptees have been girls, reflecting a society that has given preference to boys because they are believed to be able to better support their parents in their old age.

9. Two decades later, the adoptees have grown up in Western countries, where their dark hair and skin colour didn't seem to fit. Eventually, some became desperate to know their roots.

10. Meanwhile, the opening of Taiwanese society under Western influences combined with the natural bonding of mother and child have encouraged the mothers to embrace their lost daughters—all in the public eye.

11. Lucci was the fourth Australian girl to have found her biological mother in Taiwan in the past year. But some of the stories have yet to reach a happy ending.

12. Hanna Anderson, a 22-year-old Swedish college student, began to search in earnest when she arrived in Taiwan in December, posting ads on apartment walls and distributing her picture to passers-by.

13. All she knew from her adopted parents was that she was born out of wedlock to a 16-year-old girl from southern Taiwan. As a baby, she was given away to a Swedish priest, who then took her to a couple in Sodertalje, Sweden.

14. Several women responded to her appeals, but DNA tests turned out negative.

15. "I wondered why I looked different when I was small, and then found out I was adopted from Taiwan," she said.

16. "I don't know why it is so important for me, but since then I've wanted to find my mother. Maybe she is scared because she has a new family. I'll give her time to come forward. I'll never find my peace until I see her."

17. For the natural mothers, the reunions have become a vindication of a shameful and long-buried past in addition to bringing the joy of finding their lost children.

18. Lucci's mother, Lin, recalled she fell in love with a fellow worker at an electronics factory. She became pregnant, but kept the secret from her parents and 10 siblings until she went into labour.

19. Three days after the baby was born, an older sister told her the baby had been given away, but that the adopted parents promised to bring her back after she grew up.

词　汇　表

Taibei (Taipei)　台北
Lucci Gill　露茜·吉尔
teenage mother　未成年妈妈,不满20岁的母亲
Cecil and Halina Gill　塞西尔、哈莉娜·吉尔夫妇
to keep a promise　遵守承诺,兑现承诺
Lin Chia-hao　林佳浩(音译)
to be all tears　哭得像泪人一样
Kaohsiung　高雄
only too happy at seeing …　(因)看到……而感到极为高兴
to stir memories of a largely forgotten past　勾起对已经淡忘了的旧事的回忆
babies born out of wedlock　非婚生婴儿,私生子
to observe the society's high morals　屈从社会道德的高压

adoptees　被领养的孩子
biological mother　生身母亲,生母
after running out of clues　失掉线索后
to have preference to boys　偏重(要)男孩(儿)
to become desperate to know their roots　因想寻根而变得歇斯底里
to have yet to reach a happy ending　尚未出现令人满意的结局
Hanna Anderson　汉娜·安德森
Sodertalje, Sweden　南特耶(瑞典)
to turn out negative　结果是否定的
a vindication of a shameful and long-buried past　重又记起一些早已忘却、不堪回首的往事
to become pregnant　怀孕
to go into labour　分娩

参考译文：

领养女千里回台寻母
亲骨肉重逢哭作泪人

1. 当澳大利亚吉尔夫妇18年前领养露茜时,他们曾答应她的亲戚说日后一定还会

把她送回台湾,送回到她那当时还不满 18 岁的母亲身边。

2. 上个星期,在热心的教会人士和记者的帮助下,经过长时间的查询,塞瑟尔和哈莉娜·吉尔夫妇终于兑现了当年许下的诺言。

3. 当露茜的生母林佳浩(音译)看见眼前这个亭亭玉立的大眼睛姑娘时,一下子就哭成了泪人。18 年前,在孩子给人以后她就结了婚,但却再也没有生育。

4. 林佳浩现在住在高雄,同她的丈夫生活在一起。她在接受电话采访时说,"能再看到自己的孩子,我已心满意足。"

5. 这样的亲情会见今天在台湾已经越来越多。它勾起了许多台湾妇女对已经淡忘了的旧事的回忆。当年,她们曾迫于社会道德的高压,把婚前生下的孩子偷偷送给别人。

6. 在今天的台湾,在那些被领养的孩子中,约有两成能寻回故土,找到生身母亲。对于这样的重逢,她们一般都不愿声张。那些像露茜一样与母亲失去联系的,则不得不公开寻求社会各界拨冗相助。

7. 在过去的 20 年里,有 4 000 多个台湾婴儿经教会领养机构的安排,被外国人领养。据一些社会义工说,非法转给外国人的台湾婴儿比这还要多些。

8. 迄今为止,返回台湾来的被领养孩子一般都是女孩。它反映了台湾重男轻女的社会风气。这里的人都认为,当人老了的时候,能靠得上的还是儿子。

9. 20 年后,这些被领养到西方国家的孩子将长大成人。他们会发现自己的黑头发和黄皮肤与众不同。有的最终会变得歇斯底里,闹着要去寻根。

10. 当前,台湾社会在西方影响下正逐渐开放,加之母子之间又有一种自然亲情,这些都促使那些失去孩子的母亲不顾一切地去寻找自己的亲生骨肉。

11. 露茜是去年第四个到台湾找到自己生身母亲的澳大利亚姑娘。然而,像她那样如愿以偿的事情却十分罕见。

12. 22 岁的汉娜·安德森是个来自瑞典的大学生。她于去年 12 月来到台湾后就一直四处查询。她曾在墙上贴过海报,也在行人中散发过自己的照片。

13. 关于自己的身世,她只从养父养母那里听说她生在台湾南部,母亲是个 16 岁的未婚姑娘。还在很小的时候,她的母亲就把她给了一位瑞典传教士,这位传教士后来又把她送给了家住南特耶的一对夫妻。

14. 好几位女士曾主动同她相认,但 DNA 化验结果却否定了她们之间的亲情关系。

15. 她说:"还在很小时候,我就觉得自己跟人家不一样,后来才知道自己是从台湾领养过来的。"

16. "自那以后,我就一直希望找到自己的母亲。"她说。"我也说不明白为什么这事对我这么重要。母亲可能害怕见我,因为她已经有了个新的家庭。我会给她时间让她考虑。不找到她,我的心境就平静不下来。"

17. 这样的母亲见到失散的孩子时会感到十分欣喜,但也会陷入一些原本已经忘却了的不堪回首的往事。

18. 露茜的母亲林佳浩说,当年她在一家电子工厂上班时,与一个一起干活的工人产生了恋情。怀孕后直到分娩,她一直都设法瞒着自己的父母和 10 个姐妹兄弟。

19. 生完孩子后的第 3 天,她的一个姐姐告诉她说,孩子已经给了别人,但是人家答应说,等她长大了,一定再送还回来。

(据外国通讯社 1999 年 1 月 12 日台北报道)

3. 过渡（Transition）

过渡是特稿写作中经常使用的一种技巧或手段。它可能是一个字词,一个词组,也可能是一两个句子,一两个段落,用以将其前其后的义组、新闻情节、新闻事件连接起来,使文章有如行云流水,平稳而流畅。

英文特稿写作特别讲究行文中的过渡。特稿里,故事里面套着故事,逸事后面又有逸事,细节很多,篇幅很长,其间的过渡手法随处可见,俯拾即是。

下面引述的英文特稿使用的也是《华尔街日报》体例。不过,这次请大家特别关注的却是英文、译文中频繁使用的过渡技巧(即英文、中文稿中画有下画线的部分)。

For young Japanese adults, life with parents a ticket to luxury

By Chisaki Watanabe（Associated Press Writer）

1. Tokyo(AP)—Eriko Komatsu knows she has a good thing going.

2. Her paycheck may be humble, but it all goes straight into dinners at trendy restaurants, cooking and flower arrangement classes, golf on weekends, vacations abroad.

3. She drives a BMW, pays no rent, does no laundry and hardly any cleaning. And whenever she isn't dining out, her meals are free.

4. Komatsu, who is 35, belongs to a slice of the population that Japanese lifestyle watchers have dubbed the "single parasites". And though that designation may be a tad harsh, she and millions of others like her wouldn't have it any other way.

5. "I've never thought about leaving home," said Komatsu. "Why should I?"

6. That's a question many in Japan are asking.

7. An estimated 10 million Japanese between the ages of 20 and 34 including 60 per—cent of the unmarried men and 80 per cent of the unmarried women live with their parents.

8. Masahiro Yamada, an associate professor of sociology at Tokyo Gakugei University, put the stay-at-home singles in the national spotlight with his recent

bestseller, "The Age of Parasite Singles".

9. Yamada says the number of singles living with their parents has probably more than doubled over the past 10 years, and he sees this trend as boding ill for the future of Japan.

10. "These are people who still depend on their parents for the basics of their life even after they reach an adult age,"he said. "They are not aware that they are leading a kind of life that is more than their salary alone can afford them. "

11. The phenomenon isn't wholly unique to Japan, of course. Italy, Spain and South Korea also have a high percentage of stay-at-homes, Yamada said.

12. But the idea has a logic that hits a particularly sympathetic chord with the Japanese.

13. First of all, there's the housing situation.

14. In central Tokyo, rent for a cramped, one-bedroom apartment is typically around 80,000 yen($734)a month.

15. This is a considerable burden on a young person. And though some larger companies offer dormitories for unmarried employees, Japan's slow economy is forcing smaller companies to cut back or freeze housing allowances—making the stay-at-home option all the more attractive.

16. More importantly, however, striking out on one's own isn't seen as necessary rite of passage in Japan, and there is also little or no stigma attached to living with one's parents.

17. For single women, in fact, living at home was until recently almost a social requirement.

18. Until last spring, companies often said in want ads that only those women able to commute from their parents' homes would be hired. A gender equality law banned that in April.

19. For men, meanwhile, Japanese tradition holds that eldest sons should remain in their parents' home after marriage to assume the role as head of the household and, later, support their mother and father in old age.

20. Economists are also not all convinced the stay-at-home philosophy is such a negative factor for the nation.

21. Yuji Fukuda, senior research director at the Dentsu Institute for Human Studies, said that even if stay-at-homes were to move out there would be no significant benefit for the economy.

22. "The only change would be what they spend their money on," he said, adding that they are now an important market for luxury items such as DVDs and other new, high-price products.

23. Still, Yamada said that it is the responsibility of adults to live on their own, and their parents' responsibility to kick them out of the nest when the appropriate time comes.

24. Many parents choose not to, he said, because they survived the hard times Japan suffered after World War Ⅱ and don't want their children to go through the same kind of hardships they had to.

25. Shigeko Ohashi, a 50-year-old Tokyo housewife, agreed that her live-at-home daughter may not be particularly independent-minded, but defended her choice of lifestyles just the same.

26. "There are things like housing and commuting that need to be taken into consideration," she said. "She can get to work in 30 minutes from our home."

27. Besides, Ohashi said, she likes her daughter's company.

28. "We can have chats," she said.

词　汇　表

Associated Press（AP）　美联社

Chisaki Watanabe　渡边苣木

Tokyo　东京

Eriko Komatsu　小松惠理子

paycheck　付薪金用的支票,薪金,工资

trendy restaurant　时尚餐厅,高档餐厅

flower arrangement class　插花培训班

BMW　宝马车

to do no laundry　不需要(自己)洗衣服

dining out　外出就餐,在外就餐

the "single parasites"　"单身寄生虫"

a tad harsh　有点过分,有些过于严厉

Masahiro Yamada　山田正浩

Tokyo Gakugei University　东京学艺大学

stay-at-home singles　啃老单身

to put … in the national spotlight　将……在全国曝光

a recent bestseller　最近出版的畅销书

"The Age of Parasite Singles"　《单身寄生虫时代》

boding ill　凶兆,凶险征兆

stay-at-homes　啃老族,跟父母住在一起的成年子女

sympathetic chord　值得同情的琴弦(曲调)

all the more attractive　更具吸引力

striking out on one's own　独立生活,自立

necessary rite of passage　必须遵从的习俗

no stigma attached to living with one's parents　与父母住在一起并不丢人

want ads　招聘广告

gender equality law 性别平等法
Yuji Fukuda 福田雄二
the Dentsu Institute for Human Studies 电通人文学苑

Shigeko Ohashi 大桥茂子
independent-minded 独立生活意识很强的

参考译文：

日本啃老族：与父母住在一起日子就是好过
——美联社记者渡边苣木

1. 小松惠理子觉得她的日子过得非常舒心。

2. 她的工资不算高，但悉数花在了在高档餐厅用餐、学习烹调和插花艺术、周末打高尔夫球以及去国外旅游上面。

3. 她开着宝马车，不需要付房租，也用不着自己洗衣服、烫衣服。如果不下馆子吃饭，她也用不着交伙食费。

4. 小松今年 35 岁，属于日本生活方式观察家所说的"单身寄生虫"那一小撮人群中的一员。对她来说，这一称呼可能有点过分，但数以百万计的"小松们"却也找不出别的什么称谓。

5. "我从来就没有想过要离开父母。"她说。"我为什么要离开呢？"

6. 而今，许多日本人都在问这个问题。

7. 约有 1 千万日本人（其年龄在 20 岁至 34 岁之间，其中包括 60％的未婚男人，和 80％的未婚女人）与其父母生活在一起。

8. 东京学艺大学副教授山田正浩以其最新畅销书《单身寄生虫时代》把这些"啃老单身"在全国曝光。

9. 山田说，在过去 10 年中，与父母住在一起的单身人士增加了一倍还多。他认为，这一趋势是关乎日本未来的凶险预兆。

10. "这是一些虽已达到而立之年但在吃饭穿衣方面却依旧离不开父母的人。"他说："他们不知道，他们过的是一种远非他们的工资所能支付的日子。"

11. 当然，他说，这种现象绝非独现日本。在意大利，在西班牙，在朝国，啃老人士也占很高的比例。

12. 然而，"啃老"思想也有自己的逻辑，这种逻辑在日本拨动的是一根值得特别同情的琴弦。

13. 其一，有个住房问题。

14. 在东京市市中心，租一个单一卧室的窄小公寓，月租是 8 万日元（约合 734 美元）。

15. 对一个年轻人来说，这是一个不小的负担。尽管有些大的公司为单身雇员提供宿舍，但增长缓慢的日本经济却迫使一些较小的公司取消或冻结了住房补贴，致使"住在家里"变得更为诱人。

16. 更重要的是，在日本，独立生活并不是一种必须遵从的习俗，再说，与父母住在一起并不丢人。

　　17.　事实上，对单身女人来说，直到不久以前几乎还是一种社会风尚。

　　18.　直到今年春天，企业在招聘广告中还常说，只有那些其父母的住处交通方便的女性才能被录用。今年 4 月颁布的性别平等法取消了这些规定。

　　19.　对于男性人士来说，日本的传统是长子婚后应继续住在父母家中，以便日后负起家长的责任，当父母年迈时还应赡养双亲。

　　20.　也不是所有的经济学家都认为"与父母住在一起"的哲学对国家是种消极因素。

　　21.　电通人文学苑的高级研究主任福田雄二说，即便"与父母住在一起的人士"搬出来住，这对国家经济也无重大裨益。

　　22.　"唯一的变化可能体现在他们花钱购买的物件方面。"他说，现在，这些年轻人是DVD 及其他高价商品等奢侈品的重要市场。

　　23.　还有，山田说，生活独立是成年人的责任，而把他们踢出家门的时间则要看父母觉得何时条件才算成熟。

　　24.　他说，许多父母都不愿这样做，因为他们都经历过二战结束后日本的困难时期，不希望自己的孩子再遭受他们遭受过的苦难。

　　25.　家住东京、今年 50 岁的大桥茂子是个家庭主妇。尽管与她住在一起的女儿也不怎么喜欢独立生活，但她还是为女儿的选择进行辩解。

　　26.　她说："住房和上下班之类的事情也得考虑。从我们这里去上班，30 分钟就到了。"

　　27.　此外，她说她也喜欢女儿陪伴。

　　28.　"我们可以聊聊家常。"她说。

4. 引语和对话（Quotes and Dialogues）

　　引语是新闻中引述的新闻人物讲过的话。如前所述，引语的形式主要有 3 种，即直接引语，间接引语和部分引语。直接引语是指直接引用新闻人物讲过的原话，所引部分需加引号；间接引语指记者概括或转述的新闻人物的谈话，引文不用引号，但需忠实于谈话的原意；部分引语指引文中部分是新闻人物的原话，部分是记者的转述，原话需加引号，转述部分则不需要。

　　对话是新闻中新闻人物之间的谈话，一般在两位或多位新闻人物之间进行。它是故事中的故事，能生动地再现新闻事件的发生和演变，为新闻故事增添许多令人难忘的细节和信息。

　　翻译特稿中的引语和对话与翻译一般新闻中的引语和对话并无明显不同。如果说它们之间还有差别的话，那么，差别可能体现在量的方面：一般来说，特稿中的引语和对话要比一般新闻中的引语和对话来得更多,更加生动,更加精彩。

翻译引语和对话,不仅要译出原文的意思,还要译出原文的文风,最好还能译出讲话人的口气、年龄、身份和职业。

下面引述的是一位美国校园报纸编辑和一位实习生 John Camp 之间的对话,接下去的文字是作者提供的参考译文:

> "Camp,you have done any news?"
>
> "Nope,"he quickly shot back.
>
> "You ever want to do any news?"
>
> "Nope. "
>
> "Well,you're going to do the news. "
>
> "Okay. "
>
> "坎普,你以前做过新闻吗?"
>
> "没,"他想都没想就回了过去。
>
> "想过要做新闻吗?"
>
> "没。"
>
> "好啊,那现在你就做吧!"
>
> "成。"

以上对话,简短干脆,"原味原汁",饱含着年轻人的活力和稚嫩、雄浑和劲健。英文原文如此,希望译文大体上也是这样。

5. 细节(Details)

细节是记者用感官体察到的细微情节。好的特稿不可没有令人心动的细节。有学者曾提出,特稿是靠 DAD(dialogue,action and description,即对话、动作和细节描写)支撑起来的。有了 DAD,你的特稿就可能是一篇骄人之作;没有它们,读者就会环顾左右,另寻"新欢"去了。

下面的描写引自一个关于联合国扶贫机构帮助中国西部穆斯林女孩脱贫致富的故事。英文原文和中文译文都出自同一位特稿记者笔下。故事的情节生动细腻,有如画卷;中文译文也较准确,只是在文字方面还存在一些可以改进的地方。请看:

> The most eye-catching ornament in Ke Xiuhua's home is a white cotton cloth embroidered with striking colors. It is carefully arranged atop three folded comforters on the family's clay bed,which fills up one-third of the living room. The traditional Chinese love motif in the stitching shows a pair of birds singing in a tree,a family of mandarin ducks swimming together,and a lion playing with two balls on the ground.

原译译文：

　　柯秀花家最引人注意的装饰，是一张色彩绚丽的绣花布。这张装饰布被小心地摆放在三床折叠好的被子上。堆放着被盖的土炕，占据了客厅三分之一的面积。装饰布上表现的是中国传统的关于爱的主题：小鸟唱歌，鸳鸯戏水，狮子玩绣球。

　　以上译文的遣词造句显得有些僵硬，像"一张色彩绚丽的绣花布"、"这张装饰布被小心地摆放在三床折叠好的被子上"、"占据了客厅三分之一的面积"等语都失之过分文字化，存在改进的空间。切记，故事发生的地方是山村农舍的一间堂屋，不是城市公寓里的客厅。

　　以下是作者提供的参考译文：

　　在柯秀花家里，最抢眼的摆设就是那块绣着花的白布。这块布整整齐齐地摆放在三床叠好的被子上。堆放着铺盖的土炕占了屋子的将近三分之一。绣花布上绣的是中国传统的关于爱的主题：小鸟唱歌，鸳鸯戏水，狮子滚绣球。

　　但愿作者提供的译文较之原译有所改进。

CHAPTER

第十一章

新闻编译（上）

201

一、什么是新闻编译

新闻编译是新闻翻译的一种方法,而且是一种主要方法,被通讯社、报纸、广播、电视、网络等新闻媒体广泛采用。

新闻编译是通过翻译和编辑的手段,将用原语写成的新闻转化、加工成为译语语言新闻的翻译方法。与原来的新闻相比,经编译而成的新闻保留了原语新闻的中心思想和主要信息,但其内容却更加集中,更加精练,更加可读,更适合于在译语国家或地区进行二次传播,也更适合于译语语言读者们阅读和理解。

新闻翻译(全译)是新闻翻译工作者的基本功,而新闻编译则是他们的"实用功"。基本功不可或缺,但实用功却最为有用。我国新闻翻译工作者工作中经常使用的实际上就是新闻编译这种方法。

新闻编译准确地说应该叫译编新闻。它含有两个层次或程序,一是翻译,一是编辑,而且两者常常是交织、融合在一起的。

编译是与"全译"相对而言的。如前面第一讲所述,全译是将某一原语新闻全文译出,而编译则只翻译其中的一部分。翻译全文,强调"信、达、简、雅",译文应绝对忠实,既讲究形似,更重视神合。编译工作则有所不同,译者既可对原语新闻做适当"增"删,又可对其进行必要的编辑和加工。经编译而成的产品,既能反映原语记者的中心思想和新闻事实,又可以找到编译工作者编辑和"雕琢"的痕迹。它是一种源自原语新闻、但又有别于原语新闻的"新型产品"。报纸上经常出现的"综合通讯社消息",广播电视播音员经常说的"本台综合编译报道",指的就是这种新闻。

新闻媒体需要编译新闻的原因包括以下几点:

(1) 大千世界中的信息多得令人眼花缭乱,目不暇接,其中80%又是用英文写成。这些英文新闻鱼龙混杂,质量良莠不齐,非经认真筛选、再次加工,就无法在非英语世界进行二次传播。

(2) 原语新闻中含有一些不宜在译语国家或地区传播的政治因素。

新闻事件是一种客观事实,本无政治倾向,但在媒体的编辑过程中,往往都被加入一些人为因素,从而具有了某种政治倾向。这种政治倾向破坏了新闻的客观公正,致使不同国家、不同地区的媒体在进行二次传播之前,必须进行再编辑、再加工。这种再编辑、再加工的过程,就是新闻编译。

(3) 原语新闻一般篇幅太长,内容多有重复,而新闻媒体的版面不多,播出时间有限,若要在新的环境中进行二次传播,就必须对其进行"增"删、压缩或综合。

鉴于以上原因,有意进行二次传播的媒体就只能根据自己的需要和可能,对这些新闻进行挑选,删繁就简、去伪存真、去粗取精,通过编辑和加工,将其制成一些综合性的新闻产品。

　　新闻编译,一般有两种情况：一是对单独一条新闻进行编译,一是对在题材、内容方面有某种关联的两条或两条以上的新闻进行综合编译。在编译过程中,翻译工作者一边翻译,一边综合,把需要的部分保留,将与"本媒体"受众关系不大的部分删除,最终拿出一条符合本媒体需要的编译新闻。

　　编译新闻是编辑部的重要工作之一,由专职翻译人员或记者(或编辑)完成。这些编译人员既会外语,又懂新闻,也熟悉编辑业务。报纸的编译工作,一般由编辑主任在白天选稿,交由夜班翻译人员进行翻译和编辑；如果翻译人员已经相当熟练,他们也可自行挑选稿件,独立进行编译。通讯社的编译工作一天到晚都在持续进行,任务的下达或组织与报纸的有关运作类似。

　　经编译而成的新闻,都应在电头(或在文尾)中交代新闻来源,即说明原语新闻是由哪一个或哪几个新闻媒体播发或报道的,以示尊重他人版权,尊重他人劳动。如果分明编译的是外电、外报,而见报时还要标明是"本报讯",这种做法有违职业道德,不应提倡。

二、新 闻 摘 译

　　本章讨论的新闻编译,是一个涵盖很广的概念。有人主张把它再具体分为摘译、节译和编译。

　　作者以为,摘译和节译实际上是一回事情,它们都是根据二次传播的需要,对原语新闻摘要或节略进行翻译和编辑。经摘译或节译而成的译语新闻应保留原语新闻的中心思想、主要观点和主要信息,而将对译语读者来说相对次要的内容适当剔除,以使译语新闻读者能在较短的时间内获悉原语新闻读者所获悉的主要信息。广义地讲,摘译和节译都属新闻编译的范畴。至于真正意义上的新闻编译,作者计划稍后专作具体探讨。

　　摘译(节译)新闻,有以下特点：

　　(1) 摘译新闻尽管篇幅短于原语新闻,但其中心思想、主要观点、主要新闻事实应与原语新闻保持一致。

　　(2) 未能编入摘译新闻的部分,一般都是对译语新闻读者来说相对次要或无关紧要的资讯；有的则是因其有悖于译语国家或地区的政情国情。删除这些材料应不会影响译语新闻读者对原语新闻中心思想和主要观点的了解。

　　(3) 摘译新闻时,不能断章取义、扭曲原语新闻记者的主要观点,也不能强加于人,添加一些原语新闻中没有的实质性资讯。但在摘译过程中允许加入少量起连接或过渡作用的语句,也允许以适当方式(如在文内加注的方式)提供必要的解释性文字,以帮助读者解决因省略过多或因文化差异等因素造成的阅读方面的困难。

(4) 摘译的方法特别适用于篇幅较长的报告、讲话、社论、评论、署名文章、特稿、专稿的翻译。

下面,让我们选择一些新闻实例,就摘译方法进行探讨。

2007 年 2 月 10 日,俄罗斯总统普京在德国慕尼黑的一次国际安全会议上,发表了猛烈抨击美国政策的讲话。讲话涉及许多重大国际问题,言辞之激烈为多年所罕见,新闻价值很高。

假定决定对其进行摘译的是北京某大报纸的值班编辑。原语新闻是路透社当天从慕尼黑发出的新闻电讯。粗读这条外电之后,他认为有必要将其作为头条刊登在次日"本报"的国际版上。但是,他也知道,当天的重要国际消息很多,而报纸的版面十分有限。因此,他要求编译人员就路透社的相关报道(长 25 段,约 1 000 个英文字)摘编出一条长约 600 字的中文新闻。

编译人员通读全文后发现,该新闻主要报道了两件事情:一是普京总统对现行美国政策的抨击,二是欧美国家政要对讲话做出的初步反应。鉴于"讲话"本身的重要性,他决定以四分之三的篇幅报道讲话内容、以四分之一的文字概括欧美人士的反应。

下面是路透社的新闻原文(文中下画线系作者所加):

Putin accuses US of bid to force will on world

Reuters, Feb. 10, 2007

By Louis Charbonneau

MUNICH, Germany (Reuters)—Russian President Vladimir Putin, in one of his harshest attacks on the United States in seven years in power, accused Washington on Saturday of attempting to force its will on the world.

In a speech in Germany, that one U. S. senator said smacked of Cold War rhetoric, Putin accused the United States of making the world a more dangerous place by pursuing policies aimed at making it "one single master".

Attacking the concept of a "unipolar" world in which the United States was the sole superpower, he said: "What is a unipolar world? No matter how we beautify this term it means one single center of power, one single center of force and one single master."

"It has nothing in common with democracy because that is the opinion of the majority taking into account the minority opinion," he told the gathering of top security and defense officials.

"People are always teaching us democracy but the people who teach us democracy don't want to learn it themselves,"he said.

The Kremlin has for several weeks been dropping hints that Putin,who steps down next year after two terms in power,was preparing a major foreign policy speech that would point the way for his successor.

Its delivery at the prestigious annual Munich meeting on security was clearly aimed at attracting maximum attention.

Putin spoke against a background of increasing Russian agitation over U. S. policy on Iraq,and on the Iran and North Korea nuclear issues,as well as growing self-confidence as an emerging energy superpower.

U. S. plans to deploy parts of an anti-missile defense system in Poland and the Czech Republic have become a fresh irritant in U. S. -Russian relations. Washington says the system is needed for defense against rockets launched by Iran and North Korea—an argument rejected by Moscow.

Putin said the United States had repeatedly overstepped its national borders in questions of international security,a policy that he said had made the world less,not more,safe.

"Unilateral actions have not resolved conflicts but have made them worse,"Putin said,adding that force should only be used when backed by the United Nations Security Council.

"This is very dangerous. Nobody feels secure any more because nobody can hide behind international law,"he said.

Putin also said the increased use of force was"causing an arms race with the desire of countries to get nuclear weapons". He did not name the countries.

Putin mentioned no specific conflicts. But he has been very critical of the U. S. -led invasion of Iraq in 2003,where U. S. soldiers are still struggling to crush an insurgency.

New U. S. Defense Secretary Robert Gates,the top U. S. official at the conference, said Putin's comments were"interesting,very forthright".

U. S. Senator Joseph Lieberman said the speech was provocative and marked by "rhetoric that sounded more like the Cold War". Republican Senator Lindsey Graham dismissed it as"long on bravado and short on realism".

NATO Secretary-General Jaap de Hoop Scheffer said he was disappointed by Putin's statement that alliance enlargement was "a serious factor provoking reduced mutual trust".

"I see a disconnection between NATO's partnership with Russia as it has developed and Putin's speech," he said.

Kremlin spokesman Dmitry Peskov, however, denied the Russian president was trying to provoke Washington. "This is not about confrontation. It's an invitation to think," he told reporters.

Though Russia is frequently at odds with the United States on a wide range of policy issues, Putin has generally avoided direct criticism of Washington and makes no secret of his personal friendship with President Bush.

He stressed this again on Saturday, saying Bush was a good man, despite their many disagreements.

"I consider the president of the United States a decent man. He is also a friend. He is criticized for everything he does but he is a decent man. He says Russia and the U. S. will never be enemies and I agree with him," he said in answer to a question.

Putin also called on European states, many of which have disagreed with U. S. policy in Iraq and elsewhere, to be more active in international affairs.

He added that Russia had no intention of changing its approach to foreign policy, one Western diplomats say frustrates European and U. S. leaders when it stands in the way of a consensus they have reached.

"Russia has always pursued an independent foreign policy," he said. "We are not going to change this tradition today."

为便于讲解,作者决定先将上述新闻全文译出,并把有意删除的内容加了下画线。紧接画线部分后面括号内的文字是作者提供的为何删除这些文字的原因。请看:

普京抨击美国妄图把自己的意志强加给全世界

路透社德国慕尼黑2月10日电　俄罗斯总统普京今天在慕尼黑安全会议上指责美国妄图把自己的意志强加给全世界,这是他执政7年来对美国做出的最猛烈的抨击。

普京指责美国奉行的旨在使自己成为"唯一主宰"的政策,使得这个世界变得更加危险。美国一名参议员说,普京的讲话类似冷战辩论。(上下文报道的都是普京的讲话,此处突然插入一句评论,令行文显得突兀,如果将其删除,可使新闻主题更加集中)

普京抨击美国是唯一超级大国的"单极"世界概念。他说:"什么是单极世界? 不管我们怎样美化这个词,它指的都是只有一个权力中心,一个军事中心,一个首领。"

他对在场的负责防务和安全的高级官员们说："这跟民主完全是两回事情，因为这是要大多数人的意见顺从少数人的意见。"

他说："有人总在教我们什么是民主，可是教我们的人自己却不想学习什么是民主。"

几周来，克里姆林宫曾多次暗示，普京准备发表一次重要的外交政策讲话，该讲话会为他的接班人指明方向。普京已连任两届总统，将于明年下台。

普京此次在影响很大的慕尼黑安全年会上发表这样的讲话，显然是想引起尽可能多的关注。

当前，针对美国的伊拉克政策、伊朗及朝鲜核问题政策，俄罗斯越来越多地扮演搅局者的角色。此外，作为新兴的超级能源大国，俄罗斯的自信与日俱增。普京就是在这样的背景下发表这次讲话的。

美国计划在波兰和捷克共和国部署反导弹防御系统一事也已成为美俄关系中新的刺激因素。华盛顿说该系统是为了防范伊朗和朝鲜发射的导弹。莫斯科驳斥了这种说法。（以上4段均系背景性资料，非讲话内容，篇幅所限，只能割爱）

普京说，在国际安全领域，美国一再超越自己的边界，这样的政策让整个世界变得更不安全。

"单边行动不仅没有解决冲突，反而让形势更加恶化。"他说，只有在得到联合国安理会支持的情况下，才能动用武力。

"这是非常危险的。因为失去了国际法的保护，没有人再会感到安全。"普京说。

他说："越来越多地使用武力带来的是军备竞赛，许多国家都渴望获得核武器。"他没有指出这些国家的名字。

普京也没有提及具体的冲突，但他一直激烈批评2003年美国主导的对伊拉克的入侵。就在今天，美国士兵还在为镇压反叛武装进行战斗。（以上画线部分，均系背景性、解释性文字，篇幅所限，只能删除）

新任国防部长罗伯特·盖茨是普京讲话现场的最高级别的美国官员。他说，普京的言论"很有趣，也很坦率"。

美国参议员约瑟夫·利伯曼说这个讲话是挑衅性的，听起来很像"冷战言论"。而共和党参议员林赛·格雷厄姆则把它斥之为"精于虚张声势，缺少现实精神"。

北约秘书长夏侯雅伯说，他对普京关于北约扩大是"造成互信降低的重要因素"的说法感到失望。

他说："我认为北约与俄罗斯正在发展的伙伴关系同普京的讲话没有共通之处。"

不过，克里姆林宫的发言人德米特里·佩斯科夫否认俄罗斯总统想触怒华盛顿。他对记者说："这与对抗无关，它只是想引起大家的思考。"

尽管俄美两国在许多政策问题上争吵不休，但普京总是避免直接批评华盛顿。

他也毫不掩饰自己与布什总统的私人友谊。

普京星期六再次强调说布什是个好人,尽管他们之间有许多分歧。

他在回答提问时说:"我认为布什是个正直的人,是位朋友。他做的事情,人们都在批评,但他是个正直的人。他说过俄罗斯与美国将永远不会是敌人。我同意他的说法。"

普京还号召欧洲国家在国际事务中更加积极。在欧洲,许多国家都不同意美国的伊拉克政策或在其他问题上的政策。

他还说,俄罗斯无意改变它的外交政策。而西方外交人士则说,俄罗斯的外交政策有时妨碍欧美国家领导人达成的一致,让他们感到沮丧。

"俄罗斯一直奉行独立的外交政策,"普京说。"今天,我们也不会改变这一传统。"

(以上7段与编译主题的关系稍远一些,篇幅所限,建议不编)

如将以上画线部分删除并对文字稍做编辑后,一条13段、长约600字的编译新闻就可基本完成,其内容和长度也大致符合摘译前提出的编译意图和要求。在对译文进行编辑时,只要不违原语记者的原意,允许对文字作些技术性的润色。请看:

普京:美国不应把意志强加给全世界

路透社德国慕尼黑2月10日电 俄罗斯总统普京今天在慕尼黑安全会议上指责美国妄图把自己的意志强加给全世界。这是他执政7年来对美国进行的最猛烈的抨击。

普京指责美国奉行使自己成为"唯一主宰"的政策,这一政策令世界变得更加危险。

普京抨击美国是唯一超级大国的"单极"世界概念。他说:"什么是单极世界?不管我们怎样美化这个词,它指的都是只有一个权力中心,一个军事中心,一个首领。"

他对出席防务和安全会议的高级官员们说:"这跟民主完全是两回事情,因为这是要大多数人的意见顺从少数人的意见。"

他说:"有人总在教我们什么是民主,可是教我们的人自己却不想学习什么是民主。"

普京说,在国际安全领域,美国一再超越自己的边界,这样的政策让整个世界变得更不安全。

"单边行动不仅没有缓解冲突,反而使形势更加恶化。"他说,只有在得到联合国安理会支持的情况下,才能动用武力。

他说:"因为失去了国际法的保护,没有人再会感到安全。这是非常危险的。"

"频繁使用武力带来的是军备竞赛，许多国家都渴望获得核武器。"

新任国防部长罗伯特·盖茨是普京讲话现场的最高级别的美国官员。他说，普京的言论"很有趣，也很坦率"。

美国参议员约瑟夫·利伯曼说这个讲话是挑衅性的，听起来很像"冷战言论"。而共和党参议员林赛·格雷厄姆则把它斥之为"精于虚张声势，缺少现实精神"。

北约秘书长夏侯雅伯说，他对普京关于北约扩大是"造成互信降低的重要因素"的说法感到失望。

他说："我认为北约与俄罗斯正在发展的伙伴关系同普京的讲话没有共通之处。"

以上摘译主要还是技术性的，如果原语新闻杂有某些政治因素，翻译人员则还需从政治上多加考量，从政策的高度斟酌新闻材料的取舍，这就给摘译工作带来了许多新的困难。编译下面的署名文章（见 2003 年 4 月 29 日《南华早报》）就属这种情况。请看：

Why a free press is vital for development
By Sunanda Kisor Datta-Ray

Even in late February, as we toured Shanghai and Beijing, people were wearing strips of gauze across their mouths, rather like the strictly vegetarian Jain Hindus of western India, who are fearful of swallowing any living thing. Our guides murmured something vague about visiting villagers dreading big city smells.

Looking back, I wonder if they were ignorant or playing dumb. Either way, with Premier Wen Jiabao meeting Association of Southeast Asian Nations leaders today in Bangkok to discuss the severe acute respiratory syndrome (Sars) crisis, it is pertinent to reiterate Indian Nobel Laureate Amartya Sen's thesis that press freedom is vital for development. The distinguished economist meant that no country can advance without transparent governance; rulers must always take the ruled into their confidence.

Candour alone can justify tough measures and make them acceptable to the populace. The need goes beyond epidemics. Transparency is not only an instrument of crisis management. In a democracy, it should constantly reveal government policy.

America's invasion of Iraq is a case in point. Last September, US Vice-President Dick Cheney accused Saddam Hussein of "actively and aggressively" trying to make nuclear bombs. The world is still waiting for evidence of this.

A month later, President George W. Bush said Iraq's growing fleet of unmanned aircraft could be used "for missions targeting the US". Again, for America's credibility, there needs to be evidence to prove (a) the existence of such a fleet, and (b) the intent to use it against the US.

These are also aspects of the "culture of secrecy" that the Vienna-based International Press

Institute criticizes in China. Fearing loss of face or the political and economic consequences of adverse publicity, many governments try to suppress bad news, whether it is cholera or corruption.

The old Soviet Union's desperate efforts to conceal earthquakes resulted in even higher loss of life and property. The secrecy only ended in 1986 when, pursuing openness, president Mikhail Gorbachev overruled communist officials and threw open the Chernobyl nuclear plant to global scrutiny.

Professor Sen argues that although Mao Zedong was committed to eliminating hunger, up to 30 million people died in the 1958-1961 famine because "the lack of a political opposition and absence of an independent critique from the media" prevented officials drawing the right lessons from the disastrous failure of the Great Leap Forward.

Similarly, he blames the 1934 Bengal famine, which he witnessed, on censorship compounded by British India's lack of democracy. The colonial regime took remedial action only when a Calcutta newspaper, the Statesman, "decided to break ranks by publishing graphic accounts and stinging editorials".

Responsible government cannot function in a vacuum. It must enjoy consent, which implies consultation. It must respond constructively to democratic pressure. That is where the media comes in. Niu Wenyuan, the scientist who helped set up China's social stability predetermination and early warning system, said: "With bad information, policymakers cannot make wise decisions."

Professor Niu claims the social factors that led to the Tiananmen Square protest surfaced at least four months earlier. Timely attention might have averted the tragedy.

Apart from its intrinsic importance, Professor Sen gives three reasons why free speech and communication is crucial.

First, a free press disseminates knowledge and allows critical scrutiny. Second, it provides protection by giving a voice to the neglected and disadvantaged, and thus providing greater human security. Third, free public discussion contributes in shaping values and in the emergence of shared public standards that are central to social justice.

It adds up to feedback. Without it, Mao's government believed it had 100 million more tonnes of grain than was the case at the peak of the famine, says Professor Sen.

Hopefully, China has learned its lesson. Chinese newspapers have certainly become vocal about Sars. But what of other governments, whose reasoning—like America's for invading Iraq—is still shrouded in the culture of secrecy?

(SCMP, April 29, 2003; Sunanda Kisor Datta-Ray is a senior fellow at the School of

Communication and Information of Nanyang Technological University，Singapore)

参考摘译译文：

为什么说新闻自由对发展至关重要

作者：新加坡南洋理工大学传播与
信息学院高级研究员苏南达·凯瑟·达塔-瑞

印度诺贝尔奖获得者阿玛特雅·森教授在他的一篇论文中曾经指出，新闻自由对发展来说是至关重要的。这位著名经济学家的意思是：没有透明的政府，国家就不可能发展；统治者必须使被统治者对他们具有信心。

如需采取严厉的施政措施，只要坦诚透明，就能证明这些措施正确，并能让大众接受。这一论断适用于对疫情的控制，也适用于其他事情。透明不仅仅是处理危机的工具。在民主国家，应经常公布政府的政策。

美国对伊拉克的入侵就是很好的例子。去年9月，迪克·切尼副总统指责萨达姆在"积极地、挑衅性地"制造核武器。但时至今日，世人仍在等待美国人拿出证据。

一个月后，布什总统说伊拉克日益壮大的无人驾驶飞机机群可能会用来"攻击美国"。但时至今日，为了自己的信誉，美国仍然需要拿出证据，证明：一、这样的机群是否真的存在；二、如果存在，这些飞机是否是针对美国的。

还有一个维也纳国际新闻学院批评中国"保密文化"的问题。由于担心失掉面子，或担心负面消息会造成政治、经济后果，许多政府都试图封锁霍乱、腐败等负面新闻。

前苏联曾竭力隐瞒发生过地震的消息，结果造成了更加惨重的人员和财产损失。这种情况一直延续到1986年戈尔巴乔夫主席实行"公开化"政策，否定了许多共产党官员的"保密"做法，才把切尔诺贝利核电站事故公开，让世人审查。

森教授还谈到了他目睹过的、1934年发生在孟加拉的饥荒。他把责任归咎于当时的新闻审查以及英属印度的缺乏民主。"只是在加尔各答《政治家》报详细揭露此事并发表了言辞激烈的社论"后，殖民当局才采取了一些补救措施。

负责任的政府不可能在真空中运作。它必须通过咨询取得公众的认同。对于通过民主方式施加的压力，它必须做出建设性的回应。在这方面，新闻媒介扮演着重要角色。

森教授对言论和传播自由的重要性从以下3个方面进行了阐述：

第一，新闻自由能传播知识，允许发表批评性的意见。第二，它对被忽视的人群及弱势人群的声音提供保护，从而保障了更多人的安全。第三，自由、公开的讨论有利于价值观念的形成和公认标准的出现，而这种标准是社会正义的核心。

希望中国已经取得了教训。中国报界对非典型肺炎的报道已变得很有气势。

但是,那些仍然用"保密文化"把自己的解释——如美国政府对侵略伊拉克的解释——隐藏起来的政府,怎么办?

(2003 年 4 月 29 日《南华早报》)

　　显然,摘译新闻也存在一个政治取向的问题。翻译工作者应在保留原语新闻基本思想的前提下,精心取舍新闻中的材料。摘译出来的一般都是附和"本报"编辑方针的内容,而未曾选入的部分应该是有损国家形象、有悖国家政策、有违编辑方针的文字。对这种方法,作者并不苟同,但它却是许多媒体在摘译新闻时的不成文的指导原则。

　　如果读者仔细研究一下上述摘译文章中"摘入"(见原文未画下画线的文字)和"摒弃"(画有下画线的文字)部分,你们一定会发现,作者的摘译也未能摆脱上述套路。

CHAPTER

第十二章

新闻编译（中）

一、新闻稿编译过程

新闻稿编译大致有如下过程：

(1) 通读全文，熟悉材料，确定编译新闻的主题。

(2) 在通读过程中，宜将重点情节和可能编入的材料做些记号。

(3) 如系编译两条以上的新闻，宜选定"基础新闻"和"辅助新闻"。

(4) 一边翻译，一边编辑，直至编译完毕。

(5) 检查、修改、润色。

二、新闻稿编译

外电、外报新闻稿件一般都比较长，内容丰富，背景材料充分。中文新闻较短，读者不习惯于阅读长篇大论。作为消息意义上的新闻，五六百字、七八百字已属相当可观。

这样，在新闻编译过程中，删繁就简就成了翻译人员的经常性任务。好在，英语新闻一般都是用"倒金字塔"体例写成的，重要的信息都安排在新闻的最前面，排在稍后的大都是一些相对次要的信息或背景资料。因此，编译过程中的删减任务并不如想象的那么可怕。如版面编辑对译文篇幅限制较大，只要从后面依次往前删节就是。假如要求编译的原语新闻有20个自然段，而编译的长度要求仅为500字，那么，在多数情况下，第15段、甚至第10段之后的内容基本上就可忽略不计，只在前10段范围内搜寻编译内容也就可以了。

如前所述，新闻编译通常有两种情况：就一条新闻进行编译和就两条或两条以上的新闻进行编译。现在，让我们先从第一种情况开始探讨。

1. 单条新闻的编译

编译单条新闻的方法与摘译单条新闻的方法大同小异。它们都是通过翻译和编辑的方法把原语新闻转化成译语新闻，译文均需保留原语新闻的中心思想和主要新闻资讯，不同的是摘译新闻的文字使用的基本上是翻译译文(translation)，信息只能删减，不能增添，成文更接近于"翻译"文稿；而编译新闻时则可使用更多的"编辑文字"(transcribing or paraphrasing)，信息既可删减，也可根据情况适当"增添"，成文更接近于"新闻写作"。鉴于编译译文在文字上与原文相去较远，在提供新闻来源(giving credit)时已不便再使用提供此一新闻的新闻机构。如不再使用"法新社×月××日电"，而说"据法新社消息"或"据外电编译报道"等。

例文 1：

Australian teens planned school 'massacre'
Wednesday May 23,3：32 PM

Two Australian teenagers who reportedly planned a US-style school massacre were in psychiatric care Wednesday after police swooped when their concerned headmaster alerted authorities,<u>officials said</u>.

The 16-year-olds planned a <u>Columbine-style massacre</u>, drawing up a hit-list of students and staff they planned to target and discussing their plans on an Internet chat site,<u>Sydney's Daily Telegraph newspaper reported</u>.

The paper said a fellow student at <u>Crookwell High School in Goulburn</u>,about 200 kilometres（125 miles）southwest of Sydney,<u>raised concerns with the principal,who passed on the information to police</u>.

"Both boys are now in psychiatric care,"a police spokesman told AFP.

Deputy police commissioner Andrew Scipione,<u>who did not provide details of the alleged plot</u>,said authorities had to take threats seriously,particularly after school shootings in the United States.

"It would be naive of me to even consider ruling out a similar type incident here in Australia,"he told reporters.

Gunman Cho Seung-Hui killed 33 people,including himself,in last month's Virginia Tech massacre,while students <u>Eric Harris and Dylan Klebold</u> shot dead 13 then turned their guns on themselves in the 1999 Columbine school killings.

Australia had one of the world's worst massacres by a lone gunman in 1996,when <u>Martin Bryant</u> killed 35 people in a rampage through <u>Port Arthur in Tasmania</u>, prompting the introduction of strict gun control laws here.

全译译文：

澳大利亚少年策划校园枪击案

法新社 5 月 23 日电　澳大利亚官员说,两个澳大利亚少年据信暗中策划了一桩美国式的校园屠杀。在校长向当局报告后,警方于 5 月 23 日对他们实施了精神病监护。

悉尼《每日电讯报》报道说,这两个 16 岁的学生计划实施"克伦拜恩"式的屠杀,事前开列了一个准备枪杀的学生和教师名单,并在网上的一个聊天室进行了讨论。

这家报纸说,古尔本市克鲁克韦尔中学的校长向警察局报了案。一个学生为校长的安全感到担心。克鲁克韦尔位于悉尼西南约 200 公里(125 英里)。

　　警方对法新社说："已对这两个男生实施了精神病监护。"

　　市警察局副局长安德鲁·斯西皮昂说,当局必须认真对待这种威胁,尤其是在美国发生校园枪击案之后。但他没有对这一密谋提供细节。

　　他对记者说："如果排除也会在这里发生类似事件的可能,那我就太天真了。"

　　上个月发生在弗吉尼亚州理工大学的血案中,枪手赵承熙杀死了 33 个人(包括赵本人)。1999 年发生在克伦拜恩一所中学的枪击案中,埃里克·哈里斯和迪伦·克莱博尔德打死了 13 个人,然后开枪自杀。

　　1996 年,澳大利亚也曾发生过世界上最严重的枪击案之一。在那次事件中,马丁·布莱恩在塔斯马尼亚的阿瑟港疯狂扫射,杀死了 35 个人。这一事件促使澳大利亚制定了严格的枪支控制法。

　　以上译文显示,原语新闻的写作并不严谨,起伏较大,文字不够简练,信息重复,而且含有许多对国外读者来说过细的资讯。这些问题,在编译过程中都应加以解决。以下是作者提供的编译译文:

澳大利亚中学生密谋美国式校园惨案

　　悉尼《每日电讯报》报道说,两个澳大利亚中学生因密谋美国式校园惨案于 5 月 23 日被警方实施精神病监护。

　　这两个 16 岁的男生计划搞一次大屠杀,事先拟好了一份计划枪杀的学生和教师名单,并在聊天室进行过讨论。

　　事情发生在澳大利亚南部小城古尔本的一所中学里。该校校长获悉此事后报告了警察局。

　　警察局副局长安德鲁·斯西皮昂说,当局必须认真对待这种威胁,尤其是在美国发生校园惨案之后。他说："如果排除也会在这里发生类似事件,那我就太天真了。"

　　上个月发生在美国弗州理工大学的血案中,枪手赵承熙杀死了 33 人(包括赵本人)。1999 年发生在克伦拜恩一所中学的枪击案中,两个学生杀死了 13 人,然后开枪自杀。

　　1996 年,澳大利亚也曾发生过类似事件。在那次血案中,两名凶手向人群疯狂扫射,打死了 35 人。这一事件促使政府制定了严格的枪支管制法。

(据法新社 2007 年 5 月 23 日报道)

　　以上全译译文是典型的翻译译稿,而编译译文则更接近于新闻写作,其行文体现了新闻写作的主要特点,把最重要的信息安排在了最前面。此外,编译译文还删除了一些重复的或对外国读者来说并不重要的信息(见原文和全译译文中划有下画线的部分),令故事情节更加集中,文字更加简练(译文长度只及全译译文的四分之三),因而也更加可读。

例文 2：

Akbar charged in grenade attack on 101ˢᵗ Airborne Division

Fort Campbell, Ky. —A soldier from the 101ˢᵗ Airborne Division has been charged with murder in a grenade attack on officers' tents in Kuwait that killed two.

The charges against Sgt. Hasan K. Akbar, 32, were announced Friday afternoon. Fort Campbell officials said Akbar was charged March 25 with two counts of premeditated murder and 17 counts of attempted murder, under military law.

If convicted, Akbar could face the death penalty, according to Dennis Olgin, a retired military judge.

Akbar was also charged with one count each of aggravated arson of an inhabited dwelling and misbehavior as a sentinel while receiving special pay.

Akbar was returned to the United States last Friday and was being held at an undisclosed military facility.

Akbar is the only person charged in the grenade attack that killed two U. S. officers and wounded 14 other soldiers on March 23. He was transferred from Kuwait to the military detention center in Mannheim, Germany, after the attack, then to the United States.

Officials are still investigating the attack, which killed Army Capt. Christopher Scott Seifert, 27, of Easton, Pa. , and Air Force Maj. Gregory Stone, 40, of Boise, Idaho.

The attack happened in the early morning hours in the command center of the 101ˢᵗ Division's 1ˢᵗ Brigade at Camp Pennsylvania. Days later, the 1ˢᵗ Brigade began moving into Iraq.

Fort Campbell said military defense counsel had been assigned to Akbar and that he could hire a civilian lawyer on his own. Military lawyers representing Akbar said they had no comment.

Akbar, a black Muslim, has been described as resentful about alleged religious and racial discrimination in the Army.

(AP, March 25, 2003)

全译译文：

用手榴弹炸死己方军人的美国兵被控谋杀罪

美联社肯塔基州坎贝尔要塞电 美军第 101 空降师的那个用手榴弹炸死了帐篷内两名军官的士兵已被控犯有谋杀罪。

对 32 岁的哈桑·K. 阿克巴尔中士的指控是星期五下午宣布的。坎贝尔要塞的军官说,根据军事法,阿克巴尔于 3 月 25 日被指控,说他犯有两宗预谋杀人罪、17 宗故意杀人罪。

据退休军事法官丹尼斯·奥尔金说,如判定有罪,阿克巴尔可能会被判处死刑。

阿克巴尔还被控犯有一宗在居住区纵火罪及一宗接受特殊津贴哨兵行为严重异常罪。

阿克巴尔于上星期五被遣送回国,关押在一个秘密军营里。

今年 3 月 23 日,阿克巴尔用手榴弹炸死了两名美军军官、炸伤了 14 名士兵。他是这一事件中唯一被指控的人。事件发生后,他被押送到了设在德国曼海姆的美军军事拘留所,然后又被遣送回美国。

军官们正在就这一袭击事件进行调查。被杀死的两名军官分别是 27 岁的克里斯托弗·S.塞弗特陆军上尉(家住宾夕法尼亚伊斯顿市)和 40 岁的空军少校格雷戈里·斯通(家住爱达荷州波伊斯市)。

这次袭击发生在第 101 空降师第 1 旅(宾州兵营)的指挥中心,时间是当天清晨。数日后,该旅移师伊拉克。

坎贝尔要塞的军官说,已经为阿克巴尔指定了军事辩护律师,他也可以自己聘请地方律师。代表阿克巴尔的军事律师说,他们无可奉告。

阿克巴尔是个黑人穆斯林,有人说他对军中的"宗教歧视和种族歧视"有不满情绪。

编译译文:

炸死己方军人的美国兵被控谋杀罪

美联社肯塔基州坎贝尔要塞 3 月 25 日电　那个用手榴弹炸死两名军官、炸伤 14 名士兵的美国兵今天被控犯有谋杀罪。

对哈桑·阿克巴尔的指控是今天宣布的。这名 32 岁的中士被控犯有两宗预谋杀人罪和 17 宗故意杀人罪。

一位军法法官说,如判定有罪,他可能会被处以死刑。

阿克巴尔已于上星期五被遣送回国。

上述事件于 3 月 23 日发生在美军第 101 空降师驻科威特的兵营里,一名少校、一名上尉被当场炸死。

阿克巴尔是黑人穆斯林,有人说他对美军内部存在的"宗教歧视和种族歧视"有不满情绪。

编译新闻的导语突出并简化了最重要的新闻事实,译文保留了重要的故事情节,删除了对我国读者来说并不重要的资讯(见原文、译文中划有下画线的部分),全文只有 219 个字,比原文缩短了一大半。作者以为,对于中文报纸来说,对于中文读者来说,对这样题材的新闻,提供这样的信息量是适当的。因此,这一编译大体上也是合适的。

2. 多条新闻的编译

前面已经讲过,编译两条以上的新闻时,事先应把有关新闻材料快速浏览一遍,掌握每条新闻的重点,并确定编译新闻的主题。在阅读新闻的同时,最好在重要的地方作些记号,把编译时可能使用的部分标识出来。

此外,还应确定以某一条新闻为"基础新闻",而将其他新闻作为"辅助新闻"。

编译新闻的标题必须具有综合的性质,能涵盖或反映入选编译新闻的各主要新闻事件的要旨,或突出主要新闻事件的主要内容。

编译新闻的导语处理,大致有以下两种方法:一是编写一条总结性的导语,概括两个新闻事件的中心内容;二是在导语里突出主要新闻事件,而把入选编译新闻的其他新闻事件作为次要内容写在导语的后面。

下面,让我们根据以上方法将例文一和例文二编译成一条综合新闻。请看:

例文 1:

WHO assembly rejects proposal on Taiwan membership

GENEVA,May 14(Xinhua)—The 60th World Health Assembly(WHA)announced Monday that a proposal on making Taiwan a "member state" of the World Health Organization(WHO)will not be included in the conference's provisional agenda.

The announcement was made by Jane Halton,president of the Assembly and secretary of the Department of Health and Aging of Australia,following a recommendation from the 25-member General Committee and then a roll call vote by member states at the plenary session.

The result of the vote showed that an overwhelming majority of WHO member states are opposed to including the Taiwan-related proposal in the agenda.

This is the 11th time in as many years that a Taiwan-related proposal was rejected in the assembly.

In the following interventions,many states also stressed that they support the one-China policy,and Taiwan,as a province of China,is not eligible for WHO membership.

The WHA is the supreme decision-making body of the WHO. It meets in Geneva in May each year,attended by delegations from all 193 member states.

The proposal,put forward by a small number of countries,ignored related UN resolutions and claimed that Taiwan should be a"member state"of the WHO.

The Taiwan authorities have attempted in vain to become an observer of the WHA，but this year it tried to become a"full member state"of the WHO.

Addressing Monday's conference，Chinese Minister of Health Gao Qiang reiterated that Taiwan is a province of China and it is not eligible for WHO membership，which is only open to sovereign states.

"Taiwan is an inalienable part of China. Although the reunification of the mainland and Taiwan has yet to be achieved due to historical reasons，the fact that the mainland and Taiwan both belong to one China will never change，"Gao said.

Gao noted that the focus of attention of the"Taiwan membership"proposal is not the well-being of the Taiwan people，but to seek"Taiwan independence"in the international arena，and serves the election campaign of certain political figures on the island.

"This proposal disregards the UN Charter and the WHO Constitution，violates the resolutions of the UN General Assembly and the WHA，challenges the internationally-acknowledged One China Principle，sabotages the consensus of the WHA of the past 10 consecutive years，and seriously hurts the feelings of the member states，"Gao said.

全译译文：

世界卫生大会拒绝接受台湾为正式成员提案

新华社日内瓦 5 月 14 日电　第 60 届世界卫生大会今天宣布，旨在使台湾成为世界卫生组织"成员国"的提案将不列入大会的临时议程。

此前，由 25 个成员组成的总务委员会向大会提出建议，然后由世卫组织成员国在大会全体会议上进行了唱名表决。表决后，大会主席、澳大利亚卫生与老年部秘书简·霍尔顿宣布了上述决定。

投票结果表明，世卫组织的绝大多数成员国都反对将涉台提案列入议程。

这是近些年来世卫大会第 11 次拒绝讨论涉台提案。

大会期间，许多国家都强调指出，他们支持一个中国政策，台湾作为中国的一个省，没有资格成为世卫组织的成员。

世卫大会是世卫组织的最高权力机构，每年 5 月在日内瓦召开，193 个成员国组团出席。

上述由极少数国家提出的涉台提案无视联合国的有关决议，声称台湾应该成为世卫组织的"成员国"。

台湾当局曾试图成为世卫大会的观察员，但一直没有成功。今年它又企图成为世卫组织的正式成员。

在星期一举行的大会上，中国卫生部长高强重申台湾是中国的一个省，没有权利加入只有主权国家才能加入的世界卫生组织。

"台湾是中国不可分割的一部分，大陆和台湾尽管由于历史的原因尚未统一，但大陆和台湾同属一个中国的事实永远也不会改变。"高强说。

他说，"台湾会籍"提案的焦点不是台湾民生问题，而是有人在国际上谋求"台独"的问题，是为岛内某些政客的选举服务的。

"该提案不顾《联合国宪章》和世卫组织《组织法》，践踏联大和世卫大会的有关决议，挑战国际上公认的一个中国原则，破坏过去十年来历届世卫大会达成的共识，极大地伤害了各成员国的感情。"高强说。

例文2：

Minister：China to safeguard health interests of Taiwan compatriots

GENEVA，May 14（Xinhua）—The Chinese government has always attached great importance to the health of Taiwan compatriots and will do whatever is beneficial to safeguard their interests，Chinese Health Minister Gao Qiang said here Monday.

"We will do our utmost to safeguard the health rights and interests of the Taiwan people. This is not only what we have promised，but also what we have done，"Gao told the 60th World Health Assembly（WHA）.

The WHA，the supreme decision-making body of the 193-state World Health Organization（WHO），earlier rejected a Taiwan-related proposal，frustrating an attempt by the Taiwan authorities to join the WHO as a"full member. "

While stressing that Taiwan，as a province of China，is not eligible for WHO membership，Gao stressed at the Assembly that the Chinese government has always attached great importance to the health of Taiwan compatriots.

Gao said the Chinese government has always supported the participation of Taiwan medical and public health experts in the technical exchanges of the WHO under the principle of the one-China policy.

Since a memorandum of understanding was signed by the WHO and China in 2005，12 groups of Taiwan experts have taken part in relevant technical conferences of the WHO concerning several specialized areas of health，he said.

The Chinese government has been making great efforts to promote medical and health exchanges across the Taiwan Strait. The two sides saw medical personnel visits involving 2,100 groups from 1996 to 2006，according to Gao.

Gao said the Chinese government has consulted with the WHO on applying the International Health Regulations(IHR)to Taiwan under the principle of the one-China policy.

The aim is to"further promote technical cooperation and exchanges between Taiwan experts and the WHO, and integrate Taiwan into the global health and epidemic prevention system,"he said.

"Unquestionable facts have shown that there are channels for the Taiwan medical and health experts to take part in the technical activities of the WHO, conduct technical exchanges regarding health and acquire medical and health information,"he said.

"It is the small number of political figures in Taiwan who are obstructing the implementation of the IHR in Taiwan,"Gao said.

全译译文：

高强：中国维护台湾同胞的健康权益

新华社日内瓦 5 月 14 日电　中国卫生部长高强今天在此间说,中国政府一直非常重视台湾同胞的健康,并将全力以赴维护他们的权益。

高强在今天开幕的世界卫生大会上说:"我们将尽最大努力来维护台湾人民的健康权益。这不仅是我们做出的承诺,也是我们一直以来所做的事情。"

世界卫生大会是有 193 个成员国的世界卫生组织的最高决策机构。大会早些时候拒绝了一项涉台提案,粉碎了台湾当局要以"成员国"身份加入世卫组织的图谋。

高强在世卫大会上强调,台湾作为中国的一个省没有资格成为世卫组织的成员。中国政府一直非常重视台湾同胞的健康。

高强说,中国政府一直支持台湾医疗卫生专家在一个中国原则下参与世卫组织的技术交流活动。

他说,自 2005 年世卫组织与中国签署理解备忘录以来,已有 12 批台湾专家在数个卫生领域参加了世卫组织的有关技术会议。

高强说,中国政府也一直致力于促进台海两岸的医疗卫生交流活动。从 1996 年到 2006 年,共有 2 100 批医务人员进行了互访。

中国政府还与世卫组织就在一个中国原则下将《国际健康条例》(IHR)在台湾实施问题进行了协商。

他说,这样做的目的是"进一步促进台湾专家与世卫组织间的技术合作与交流,使台湾融入全球卫生与防疫体系"。

"不容置疑的事实表明,台湾医疗卫生专家参加世卫组织的技术活动、进行与卫生相关的技术交流、获取医疗卫生信息的渠道是畅通的。"高强说。

他说,"是台湾的一小撮政客在阻碍《国际健康条例》在台湾的实施。"

编译译文（初稿）：

世卫大会拒绝接受台湾为正式成员提案
高强说中国政府关心台湾同胞卫生权益

据新华社日内瓦 5 月 14 日电 世界卫生大会今天再次拒绝将涉台提案列入大会议程。这是近些年来世卫大会第 11 次拒绝讨论涉台提案。

大会表决之前，中国代表团团长、卫生部长高强在发言时强调，台湾是中国的一个省，没有资格参加只有主权国家才能参加的世界卫生组织。

他还说："中国政府一直非常重视台湾同胞的健康，并将全力以赴维护他们的权益。"

世界卫生大会是有 193 个成员国的世界卫生组织的最高决策机构。在今天上午开幕的第 60 届年会上许多国家发言指出，他们支持一个中国政策，台湾作为中国的一个省没有资格成为世卫成员。

由极少数国家提出的上述涉台提案无视联合国的有关决议，声称台湾应该成为世卫组织的"成员国"。过往，台湾当局曾试图成为世卫大会的观察员，但一直没有成功。今年它又企图成为世卫组织的正式成员。

高强说：涉台提案的焦点不是台湾民生问题，而是有人在国际上谋求"台独"，为岛内某些政客的选举服务。

"该提案不顾《联合国宪章》和世卫组织《组织法》，践踏联大和世卫大会的有关决议，挑战国际上公认的一个中国原则，破坏过去十年来历届世卫大会达成的共识，极大地伤害了各成员国的感情。"

"我们将尽最大努力来维护台湾人民的健康权益。这不仅是我们做出的承诺，也是我们一直以来所做的事情。"高强说。

高强说，中国政府一直支持台湾医疗卫生专家在一个中国原则下参与世卫组织的技术交流活动。

自 2005 年世卫组织与中国签署理解备忘录以来，已有 12 批台湾专家参加了世卫组织的有关技术会议。

高强说，中国政府也一直致力于促进台海两岸的医疗卫生交流活动。从 1996 年到 2006 年，共有 2 100 批医务人员进行了互访。

中国政府还与世卫组织就在一个中国原则下将《国际健康条例》(IHR) 在台湾实施问题进行了协商。

高强说，这样做的目的是"进一步促进台湾专家与世卫组织间的技术合作与交流，使台湾融入全球卫生与防疫体系"。

"不容置疑的事实表明，台湾医疗卫生专家参加世卫组织的技术活动、进行与卫生相关的技术交流、获取医疗卫生信息的渠道是畅通的。"高强说。

在编译过程中,编译人员还从台湾媒体上发现了一些相关信息,这些信息非常具体,非常有用,华裔读者肯定渴望知悉。请看:

> 第60届世界卫生大会关于"不将涉台提案列入大会议程"的表决结果是:148票赞成,2票弃权,17票反对。

> 令各界高度瞩目的是,美国、日本和欧盟(共27票)全部投下了赞成票。在台湾的25个"邦交国"中,除教廷不是会员外,其余24国,哥斯达黎加投了赞成票(会后表示是因为"看错了议题"),海地弃权,巴拿马、尼加拉瓜、圣卢西亚临时"逃遁"缺席,而马绍尔群岛代表则在投票时因"拉肚子"而离开了大会会场,多米尼加因欠缴会费等原因而无权投票。

如能将上述信息编入译文,那将是一件"多全其美"的事情。

编译译文(定稿):

世卫大会拒绝接受台湾为正式成员提案
高强说中国政府关心台湾同胞卫生权益

世界卫生大会今天再次拒绝将涉台提案列入大会议程。这是近些年来世卫大会第11次拒绝讨论涉台提案。

大会表决前,中国代表团团长、卫生部长高强在发言时强调,台湾是中国的一个省,没有资格参加只有主权国家才能参加的世界卫生组织。

他还说:"中国政府一直非常重视台湾同胞的健康,并将全力以赴维护他们的权益。"

世界卫生大会是有193个成员国的世卫组织的最高决策机构。在今天上午开幕的第60届年会上许多国家发言表示,他们支持一个中国政策,台湾作为中国的一个省没有资格成为世卫成员。

由极少数国家提出的上述涉台提案无视联合国的有关决议,声称台湾应该成为世卫组织的"成员国"。过往,台湾当局曾试图成为世卫大会的观察员,但一直没有成功。今年它又企图成为世卫组织的正式成员。

大会根据总务委员会"不将涉台提案列入大会议程"的建议进行表决,结果是:148票赞成,2票弃权,17票反对。美国、日本和欧盟(共27票)全部投下了赞成票。在台湾的25个"邦交国"中,除教廷不是会员外,其余24国,哥斯达黎加投了赞成票(会后表示是因为"看错了议题"),海地弃权,而马绍尔群岛代表则在投票时因"拉肚子"而离开了大会会场,巴拿马、尼加拉瓜、圣卢西亚临时"逃遁"缺席,多米尼加因欠缴会费而无权投票。

高强说:涉台提案的焦点不是台湾民生问题,而是有人在国际上谋求"台独",为岛上某些政客的选举服务。

"我们将尽最大努力来维护台湾人民的健康权益。这不仅是我们做出的承诺，也是我们一直以来所做的事情。"高强说。

他说，中国政府一直支持台湾医疗卫生专家在一个中国原则下参与世卫组织的技术交流活动。

自 2005 年世卫组织与中国签署理解备忘录以来，已有 12 批台湾专家参加了世卫组织的有关技术会议。

高强说，中国政府也一直致力于促进台海两岸的医疗卫生交流活动。从 1996 年到 2006 年，共有 2 100 批医务人员进行了互访。

中国政府还与世卫组织就在一个中国原则下将"国际健康条例"（IHR）在台实施问题进行了协商。

高强说，这样做的目的是"进一步促进台湾专家与世卫组织间的技术合作与交流，使台湾融入全球卫生与防疫体系"。

"不容置疑的事实表明，台湾医疗卫生专家参加世卫组织的技术活动、进行与卫生相关的技术交流、获取医疗卫生信息的渠道是畅通的。"高强说。（综合编译报道）

上述编译译文体现了以下方法和特点：

（1）以"世界卫生大会拒绝接受台湾为正式成员提案"为基础新闻、以"高强：中国维护台湾同胞的健康权益"为辅助新闻进行编译，前者全面报道了这一重大新闻事件，后者则侧重介绍了中国政府反对台独、维护台湾同胞卫生权益的立场。

（2）标题是综合性的，涵盖了两条新闻的主题。

（3）导语也是综合性的，起始段落报道的是大会的有关决定，次导语交代的则是中国政府的立场和中文读者关注的台湾同胞的卫生权益问题。

（4）新闻的主体部分编入了读者普遍关心的具体投票结果，很全面，很生动，很有可读性。

（5）保留了原语新闻中最重要的背景材料，如对世卫组织和世卫大会的介绍以及涉台提案的历史演变。

（6）编译译文虽然长了一些（约 900 字），但比（两条）原文（1220 字）要短得多，且对两个主题的报道都很充分。如编辑认为过长，只要从文尾向前删减即可。

（7）编译译文的电头已被取消，取而代之的是文尾的"（综合编译报道）"。这样的处理对原始新闻播发机构和编译单位都较公平。

下面列举的是 2002 年 4 月 18 日美联社从华盛顿播发的美国战机误炸加拿大士兵事件的新闻报道，以及同一天该社从多伦多播发的加拿大人对这一事件的反应。在讨论过这两条新闻的翻译之后，我们将进一步探讨将它们编译在一起的方法。

首先，请看这两条新闻的原文（因篇幅所限，原文只引述了前面 5 段）及这 10 个段落的全译译文：

例文 1：

Errant U. S. bomb kills Canada troops

Washington(AP)—An American F-16 fighter mistakenly dropped at least one laser-guided bomb on Canadian soldiers participating in a nighttime live-fire training exercise in Afghanistan. Four soldiers were killed and eight injured, Canadian officials said.

The soldiers were the first Canadians killed in a combat zone in a half-century. They were members of the 3rd Battalion of the Princess Patricia's Canadian Light Infantry, which is based near Edington, Alberta.

It appeared the pilot didn't know he was flying over an area restricted for training—and so fire from the training exercise made him think he was under attack, officials at the Pentagon said.

Canadian Defense Minister Art Eggleton, who called the deaths shocking, said Thursday that one of the injured had life-threatening wounds and the other seven were in stable condition.

U. S. and Canadian officials said they don't know what went wrong in the attack that occurred at 1:55 a.m. local time Thursday(5:25 p.m. EDT Wednesday) near Kandahar, a former Taleban stronghold. The two countries planned a joint investigation.

...

全译译文：

美国战机误炸　四加军人死亡

美联社华盛顿 4 月 18 日电　加拿大官员说，一架美国 F-16 战斗机错误地把至少一枚激光制导炸弹扔向正在阿富汗进行夜间实弹训练演习的加拿大军队，导致 4 名加拿大士兵死亡，8 人受伤。

这是半个世纪以来加拿大军人首次死于战斗地区。这些士兵隶属加拿大帕特里夏公主轻装步兵第三营，该营原驻阿尔伯塔省的埃丁顿。

五角大楼的官员说，那个美军飞行员好像并不知道他当时正飞越军事演习禁区的上空，演习的炮火使他误以为遭到了攻击。

加拿大国防部长阿特·伊格尔顿星期四说，这次死亡事件令人震惊。他说，在受伤的 8 名军人中，1 人有生命危险，另外 7 人情况稳定。

美国和加拿大的官员说，他们都不知道问题出在哪里。这次事故发生在当地时间星期四凌晨 1 时 55 分（东部夏令时间星期三下午 5 时 25 分），地点在前塔利班据点坎大哈附近。

……

例文2：

Canadians question Afghan role after bombing deaths

Chrétien promises investigation

Toronto （AP）—Many Canadians questioned their military involvement in Afghanistan after four Canadian soldiers were killed accidentally by a U. S. bomb. Prime Minister Jean Chrétien pledged an investigation but said the deaths were the cost of defending freedom.

The story of how the four were killed and eight of their colleagues were wounded by a 500-pound(225-kilogram)bomb during a Wednesday night training exercise in a clearly marked area has dominated newscasts here and sparked both sympathy and anger.

"Canadians are never attacked by terrorists so Canadians shouldn't be there," said Richard Sella,manager at Toronto's 97 Bistro. "Why are we sending our own people over there to be killed? There is no reason(for us)to be in Afghanistan. "

Vyphi Vyphlin,owner of Nick's bar in Toronto,said, "Four Canadians died for no reason. "

Some Canadians are rethinking their country's role in the U. S. -led war on terrorism prompted by the September 11 attacks in the United States. Canadian forces are fighting alongside U. S. and European troops seeking to hunt down remnants of Osama bin Laden's terrorist organization and holdouts from Afghanistan's former ruling Taleban militia.

…

全译译文：

炸死士兵事件令加拿大人质疑该国在阿富汗的角色
克雷迪安答应进行调查

美联社多伦多4月18日电 在美军意外炸死4名加拿大士兵后,许多加拿大人对他们卷入阿富汗军事行动一事提出质疑。吉恩·克雷迪安总理保证要进行调查,但他也说这些牺牲是捍卫自由的代价。

星期三夜间在标识明显的地区进行演习、被500磅的炸弹炸死4人、炸伤8人的新闻成了此间媒体的头条,激起了公众的同情和愤怒。

多伦多97夜总会经理理查德·塞拉说:"加拿大人并没有受到恐怖袭击,我们不应该到那里去。为什么把我们的人派去送死? 我们没有理由到那里去。"

多伦多尼克斯酒吧经理维菲·维夫林说,"这4个加拿大人死得冤枉。"

有些加拿大人已在重新考虑他们的国家在"9·11"事件后参与美国领导的反恐

战争中的角色问题。加拿大军队与美国及欧洲的军队一起，一直在搜捕奥萨玛·本·拉丹恐怖组织的余党以及塔利班民兵的顽固分子。

······

编译译文：

美国战机投弹　四加士兵死亡
加拿大人质疑为什么卷入战争

综合美联社华盛顿、多伦多4月18日电　加拿大官员今天说，一架美国F-16战斗机把一枚激光制导炸弹投向正在阿富汗进行夜间实弹演习的加拿大军队，导致4名士兵死亡，8人受伤。

此事立即引发了加拿大人对他们卷入阿富汗军事行动的质疑，促使他们重新考虑加拿大在由美国领导的反恐战争中的角色问题。

吉恩·克雷迪安总理保证要进行调查，但他也说这些牺牲是捍卫自由的代价。

五角大楼的官员说，那个美军飞行员好像并不知道他当时正飞越军事演习禁区的上空，演习的炮火使他误以为遭到了攻击。

加拿大国防部长阿特·伊格尔顿当天表示，这一事件令人震惊。

这一新闻今天成了多伦多各个媒体的头条，激起了公众的同情和愤怒。

多伦多97夜总会经理理查德·塞拉说，"加拿大人并没有受到恐怖袭击，我们不应该到那里去。为什么把我们的人派去送死？我们没有理由到那里去。"

多伦多尼克斯酒吧经理维菲·维夫林说，"这4个加拿大人死得冤枉。"

美国和加拿大的官员都说，他们不知道问题出在哪里。这次事故发生在当地时间星期四凌晨1时55分，地点在前塔利班的据点坎大哈附近。

"9·11"事件后，加拿大军队就与美国及欧洲的军队一起，在阿富汗搜捕奥萨玛·本·拉登恐怖组织的余党以及塔利班民兵的顽固分子。

······

这两条新闻报道的是同一事件，前者发自华盛顿，报道的是美国人的说法，侧重介绍事件经过，明显带有自我开脱的意味。后者发自多伦多，重点报道加拿大人的反应。就时间因素而言，前者发生在先，后者紧随其后。

编译这类新闻当然应以前者为基础新闻，以后者为辅助新闻。此外，鉴于编译后的新闻涵盖两件事情，而且两者都很重要，因此，编译新闻的标题和导语都应反映这两个新闻事件的要旨。

作者以为，经过编译的新闻（即以上的编译译文）较好地体现了这一编译方法，材料的选取和安排大体上也是得当的。

2003 年 4 月 3 日，在不到 24 小时的时间里，美军的两架战机被伊拉克军队击落。美联社、路透社都迅速作了报道。现在，让我们假定一位中文报纸的编辑主任把两份外电交给了翻译人员，要求其迅速编译出一条不超过 600 字的综合消息。

例文 1：

U. S. chopper crashes in Iraq, casualties uncertain

Washington（Reuters）—A U. S. Army Black Hawk helicopter with at least six people on board has been shot down by small arms fire in central Iraq, U. S. military officials said on Wednesday.

One official at the Pentagon, speaking on condition of anonymity, said the UH-60 helicopter was shot down near Karbala, 50 miles south of Baghdad, early on Thursday Iraqi time, killing seven and wounding four on board.

U. S. Central Command in Tampa, Florida, issued a statement confirming the Black Hawk crashed at about 7：30 p. m. local time on Wednesday, but it said initial reports put the number of people on board at six.

The Central Command statement said there was no confirmation of casualties.

There was no immediate explanation for the discrepancies in information from the Pentagon and from Central Command.

The Pentagon official said search and rescue personnel were at the scene where the craft came down, adding："They were pulling people out. "The Black Hawk had been carrying 11 personnel, the official said.

The Black Hawk was the second U. S. helicopter lost in combat since U. S. and British forces invaded Iraq two weeks ago. An Apache gunship went down last week and its two crew members were captured by Iraqi forces.

Armed with Global Position System equipment and advanced avionics, the Black Hawk is the Army's primary assault and utility helicopter. It can perform a variety of missions, including air cavalry, electronic warfare and aeromedical evacuation. It can carry a squad of 11 combat troops, or a 105-mm M102 howitzer and a six-person crew.

以下是上述新闻的全译译文。划有下画线的部分是作者认为比较重要、需要编入编译新闻的内容。

一架美国直升机在伊拉克坠毁　伤亡情况不明

　　路透社华盛顿电　美国军方官员星期三说，一架载有至少6个人的陆军"黑鹰"直升机在伊拉克中部被轻武器火力击落。

　　一位不愿透露姓名的五角大楼的官员说，这架UH-60直升机是伊拉克时间星期四早晨在巴格达以南50英里的卡尔巴拉附近被击落的，机上7人罹难，4人受伤。

　　设在佛罗里达坦巴市的美军中央司令部随后发表声明，证实一架"黑鹰"直升机于美东时间星期三下午7时半坠毁，但它说机上的人数是6个人。

　　中央司令部的声明说，伤亡情况尚未得到证实。

　　关于五角大楼与中央司令部就机上人数的不同说法，没有人提出解释。

　　五角大楼的官员说，搜寻和救援行动正在出事地点进行。"人们正把机上人员拖出机外。"他还说，当时这架"黑鹰"直升机上有11个人。

　　这架"黑鹰"直升机是英美联军两周前入侵伊拉克以来美军损失的第二架直升机。上星期，一架阿帕奇直升战机坠毁，两名机组人员被伊拉克军队俘虏。

　　"黑鹰"直升机装备了全球定位系统和先进的电子控制系统，是美军的主力攻击机和多用途直升机，能执行诸如空中巡逻、电子战、空中医疗救援等多种任务。它可载运11名战斗人员，也可搭载6名机组人员和一门105毫米的M102榴弹炮。

例文2：

Iraq shoots down U. S. Navy F/A-18 Hornet

Washington(AP)—Iraq shot down a U. S. Navy F/A-18C Hornet with a surface-to-air missile Wednesday, military officials said.

There was no immediate word on the fate of the pilot. Statements released from U. S. Central Command said the twin-engine jet, flying from the aircraft carrier USS Kitty Hawk, went down at about 3:45 p. m. EST.

The plane went down near Karbala, a city about 50 miles south of Baghdad where fighting raged between U. S. Army forces and the Iraq Republican Guard. Iraqi forces shot down an Army Black Hawk helicopter in the same area Wednesday.

Lt. Brook Dewalt, a spokesman for the Kitty Hawk, said the Hornet had flown a bombing mission over northern Iraq Wednesday. Other planes flying over Iraq at the same time reported seeing surface-to-air missiles and anti-aircraft artillery fire in the same area in which the plane disappeared.

Central Command said the downing is being investigated. Officials would not comment on search and rescue operations, but both Central Command statements said the military is committed to accounting for all coalition personnel.

It was the first American fighter jet shot down during the war on Iraq. The Iraqis have downed several pilotless surveillance drones.

Navy and Marine pilots fly the F/A-18 Hornet from aircraft carriers. The supersonic jets are armed with a 20mm cannon and can carry a wide range of bombs and missiles.

The easily maneuverable Hornet can operate as a fighter jet, shooting down enemy planes, or as an attack plane, bombing targets.

全译译文：

伊拉克击落美海军 F/A-18"大黄蜂"战机

美联社华盛顿电　军方官员说，伊拉克于星期三用地对空导弹击落了一架美国海军 F/A-18"大黄蜂"战斗攻击机。

飞行员生死不明。美军中央司令部发表的声明说，这架双引擎喷气机是从"小鹰"号航空母舰起飞的，于东部夏令时间下午 3 时 45 分坠毁。

飞机是在巴格达以南 50 英里的卡尔巴拉市附近坠毁的，当时，美国陆军与伊拉克共和国卫队正在那里进行激战。同一天，在同一地区，伊拉克军队还击落了一架美国陆军"黑鹰"直升机。

"小鹰"号航空母舰发言人布鲁克·德瓦尔特海军上尉说，这架"大黄蜂"战机星期三曾在伊拉克北部上空执行轰炸任务。飞过出事地区上空的其他美军战机曾报告说，他们在那里曾看到有高射炮火和地对空导弹飞行。

中央司令部说，他们正在调查这一事件。官员们不肯就搜寻和救援行动进行评论，但中央司令部发表的两份声明都说，军方会就所有联军人员的情况做出说明。

这架"大黄蜂"战机是对伊战争开始以来首架被击落的美军喷气战斗机。此前，伊拉克人曾击落过数架无人驾驶侦察机。

"大黄蜂"战机以航空母舰为基地，海军和海军陆战队都有装备。这种超音速喷气机配备了一门 20 毫米加农炮，能携带多种类型的炸弹和导弹。

"大黄蜂"战斗攻击机的机动性强。它既可作为战斗机攻击敌方飞机，也可作为攻击机轰炸地面目标。

编译新闻：

美军昨损失惨重　"黑鹰""大黄蜂"双双被击落

综合美联社、路透社华盛顿 4 月 3 日电　美国军方今天说，伊拉克用地对空导弹击落了一架美国海军 F/A-18"大黄蜂"战斗攻击机。飞行员生死不明。

这是伊拉克军队昨天击落的第二架美军战机。同一天，在同一地区，伊军还击落了一架美国陆军的"黑鹰"直升机，机上 11 人中 7 人死亡，4 人受伤。

美军中央司令部昨天发表声明说，这架"大黄蜂"战机是从"小鹰"号航空母舰起飞的，于美国东部夏令时间星期三下午 3 时 45 分在巴格达以南 50 英里的卡尔巴拉市附近坠毁。

声明说，这是对伊战争开始以来首架被击落的美军战斗机。此前，伊拉克曾击落过数架无人驾驶侦察机。

"大黄蜂"战机以航空母舰为基地,海军和海军陆战队都有装备。这种超音速喷气机配备了一门20毫米加农炮,能携带多种类型的炸弹和导弹。

这种战机的机动性强,既可作为战斗机攻击敌方飞机,也可作为攻击机轰炸地面目标。

中央司令部还证实,一架"黑鹰"直升机在美国东部夏令时间星期三下午7时半在上述地区坠毁。

五角大楼的一位官员说,正在出事地点进行救援。他说:"人们正把伤亡人员拖出机外。"

这架"黑鹰"直升机是入侵伊拉克以来被击落的第二架美军直升机。上星期,一架阿帕奇直升战机坠毁,两名机组人员被俘。

"黑鹰"直升机装备了全球定位系统和先进的电子控制系统,是美军的主力攻击机和多用途直升机,能执行诸如空中巡逻、电子战、空中医疗救援等多种任务。它可载运11名战斗人员,也可搭载6名机组人员和一门105毫米的M102榴弹炮。

以上编译体现了这样几个方法和特点:

(1) 以"大黄蜂"战机被击落事件作为基础新闻进行编译,因为这种战机的作战能力更强,设备更先进,造价更昂贵,它被击落一事对美军的打击更大,因而其新闻价值也就更高。

(2) 新闻标题是综合性的,涵盖了同一天发生的两起美军军机被击落事件。

(3) 导语报道的是"大黄蜂"事件,次导语交代的是"黑鹰"事件,使这两件事情在新闻稿的前部相继出现,让读者在读过前两段后就能获悉最主要的新闻事实。

(4) 在导语和次导语之间加写了一个过渡段("这是伊拉克军队昨天击落的第二架美军战机。同一天,在同一地区,伊军还……"),把这两个不同的新闻事件有机地连接了起来。

(5) 新闻的主体部分只编入了译语新闻读者最为关注的新闻事实,如人员伤亡情况、出事时间和地点等。

(6) 保留了原语新闻中最重要的背景材料,如两种飞机的性能和作战能力,以突出这些军机被击落事件的意义和影响。

(7) 因原语新闻中直接引语很少,编译新闻中当然也就不多。这一点是美中不足。

(8) 编译新闻的长度为595字,与编辑主任提出的不超过600字的要求大体一致,比两条原语新闻的长度(467+517=984字)缩短了将近一半。如版面编辑仍嫌偏长,只要删掉写在两个新闻事件后面的部分背景材料即可。

三、新闻编译原则

在编译新闻的过程中,应注意遵循以下原则:

(1) 编译新闻与一般新闻翻译相比有较大的自由度,但仍应以忠于原文、原意为中心考量,不能断章取义,也不能因编译需要而扭曲原文本意,添加一些有悖原文主题的资讯。但是,为使新闻更加丰满,更加可读,适当增加一些与新闻主题密切相关的资讯不仅允许,而且应该。

(2) 为帮助译文读者更好地理解新闻,适当增加一些背景性材料也是必要的。

(3) 为方便读者阅读,新闻事件与新闻事件之间、新闻事实与新闻事实之间,可增加某些非实质性的字句,以实现其间的连接,承上启下,平稳过渡,使文章自然而然地由前面的新闻事件转入下一个新闻事件。

(4) 既是编译、综合,就必然要略去某些内容(基础新闻的主要新闻事实不宜删除),特别是那些仅对原语新闻读者有用、但对译语新闻读者来说可有可无的信息。

(5) 编译译文的标题和导语应能全面反映各主要新闻事件的主要内容。标题应力求准确,并按中文报纸标题的写作要求使之"尽量完美",适合报纸采用。

(6) 直接引语内的内容必须如实翻译,意思不能改动。不可将间接引语改为直接引语。

但是,如上下文需要,或如直接引语过多,则可将某些直接引语改为间接引语。

(7) 编译新闻应提供适当的新闻来源,如"综合法新社、美联社报道"等。

四、通常需要编译的新闻题材

外电、外报、外刊传播的重大新闻事件,一般都需翻译或编译,以便在译语国家或地区进行二次传播。但是,下列范围的重大新闻事件,需要翻译或编译的机会会更多一些:

(1) 重大国际新闻事件、突发事件及对这些事件的反应,如美国世贸中心遇袭、美国对伊拉克的战争等。

(2) 国际会议、双边或多边外交活动,如联合国安理会会议、每年9月份开始的联合国大会、每年3月份在北京召开的"两会"、发达国家领导人会议、中国与非洲国家领导人峰会、达沃斯年会、博鳌论坛等。

(3) 重要讲话、报告或外交活动,胡锦涛、布什等就重大国际、国内问题发表的讲话等。

（4）重大的地区性新闻事件，如巴以冲突、朝鲜和伊朗的核问题、孟买恐怖袭击事件等。

（5）其他重大新闻事件，如全球性的经济衰退、金融危机、海啸、地震、内战、空难、海难、艾滋病、禽流感、水旱雪灾、贩毒、人口走私活动等。

（6）名人逸事及趣味性、知识性小故事，如"英国艺术家邀纽约人踢'布什'的屁股"、"此悉尼非彼悉尼"等。

第十三章

新闻编译（下）

一、编译练习及点评

1. 编译练习

　　下面列举的是一条体育新闻,曾在教学中请学生作过编译练习,要求是编译后的成稿长度在 700 字左右。现在,让我们结合这次练习进行编译讨论及讲评:

Team China stands tall in 78-77 win over Slovenia

By FRAN BLINEBURY,Houston Chronicle,Aug. 24,2006

SAPPORO,JAPAN—This is the time of the game when every play becomes more difficult to make. It was the time of the game that they had faced before and stumbled.

This time Team China stood tall. Then jumped with glee Wang Shipeng dribbled the length of the floor with clock running down,pulled up and nailed a 3-point shot from the left wing as time expired to give China a dramatic 78-77 win over Slovenia on Thursday that lifted Yao Ming and his teammates into the elimination round of the World Basketball Championship.

"Man,that's a really clutch shot," said a jubilant Yao. "Just the kind of shot that we see in the NBA. But it is hard for me to imagine it coming from us."

Yao was the horse who pulled the Chinese wagon again with 36 points,10 rebounds and four blocked shots as he never left the court in playing the full 40 minutes of a win-or-go-home game.

After losing their first three opening round games,China kept its hopes of advancing alive with a win over Senegal and then kept battling even after Slovenia opened up a 14-point first half lead.

Things still looked bleak when Sani Becirovic hit a driving layup to give Slovenia a 74-70 lead with 1:17 left in the game.

China nearly was robbed of a critical possession when the shot clock failed to start as they brought the ball over the midcourt line. The referees finally stopped play and set the shot clock down to just 3 seconds,when there should have been more than 10 left. But Zhu Fangyu grabbed a quick inbounds pass and hit a leaning trey from the right side.

After Becirovic missed one of two free throws,Slovenia was ahead by 75-73. Liu

Wei then penetrated from the left side and dished to Yao for a nice bucket that tied the game with 30. 7 seconds to play.

Slovenia ran the clock as far it could and got Uros Slokar coming across the lane for a hook shot and a 77-75 lead with 5. 8 seconds remaining.

China had no timeouts and only a desperate chance. But Wang made it pay off. This is only the start of the second season as a member of the national team for the 23-year-old.

"When I shot the ball，I did not feel that I shot it well，" Wang said through a translator. "I could feel that a defender was near me and I did not know if he would block it. "

Wang's heroics were the most drama for Team China since 1990 when Hu Wei Dong—known as the "Chinese Jordan"—hit a heave from beyond midcourt for a one-point win over Italy and the bronze medal in the Goodwill Games.

At the 2004 Olympics in Athens，China defeated defending world champion Serbia for the biggest win in national team history.

"I cannot say which win is bigger，" said Yao. "This was just so exciting. So dramatic. I just gave someone ＄500 bucks to go buy souvenirs. I want to remember this. "

词　汇　表

Team China　中国国家队

to stand tall　获胜

Slovenia　斯洛文尼亚

Fran Blinebury　弗兰·布兰伯里

Houston Chronicle　《休斯敦纪事报》

Sapporo　札幌

to stumble　绊倒，摔倒

Wang Shipeng　王仕鹏

to dribble the length of the floor　带球直到前场

to pull up　急停

to nail a 3-point shot　锁定 3 分

a dramatic win　戏剧性的胜利

Yao Ming　姚明

the World Basketball Championship　世界篮球锦标赛

"Man，that's a really clutch shot"　"好家伙，那个远投太妙了！"

rebound　篮板球

blocked shot　盖帽

a win-or-go-home game　赢了就能晋级，输了就得打道回府的生死战

opening round games　首轮比赛，小组赛

advancing alive　获胜晋级

Senegal　塞内加尔

to look bleak　获胜机会渺茫

Sani Becirovic　萨尼·贝奇罗维奇

to hit a driving layup　至关重要的跳投得分

a critical possession　关键性的控球

the shot clock　（24秒）计时器

the midcourt line　中场线、中线

to set the shot clock down　把计时器下调

Zhu Fangyu　朱芳雨

to grab a quick inbounds pass

　　抢到一个后场（急传）球

to hit a leaning trey

　　碰到了一个（站立不稳）的对方球员

to dish　托（球）

to run the clock　抓紧、快速

Uros Slokar　伍洛斯·斯洛卡尔

a hook shot　勾手投篮

timeout　暂停

to pay off　获得报偿

Hu Wei Dong　胡卫东

"Chinese Jordan"　"中国的乔丹"

to hit a heave　远抛命中、远投命中

the Goodwill Games　友好运动会

Athens　雅典

Serbia　塞尔维亚

1）新闻标题的学生试译

（1）中国男篮78比77险胜斯洛文尼亚

（2）中国男篮以78比77险胜斯洛文尼亚

（3）中国男篮以78∶77战胜斯洛文尼亚队

（4）中国男篮以78-77战胜斯洛文尼亚队

（5）中国队78比77险胜斯洛文尼亚队

（6）中国队78比77战胜斯洛文尼亚队

（7）中国队78-77战胜斯洛文尼亚队

（8）78比77中国队战胜斯洛文尼亚队

（9）世锦赛中国队最后时刻三分绝杀力克斯洛文尼亚

（10）中国队胜斯洛文尼亚

2）作者点评

新闻标题应高度概括新闻事件,发挥"导读"和"导向"作用,遣词造句应言简意赅,精准醒目。

此外,标题还有通讯社新闻标题和报纸新闻标题之分,前者的第一读者主要是其他媒体的选稿编辑,标题的功能重在"导读",标题文字应揭示新闻的主要内容;后者的读者是广大受众,标题的功能则应"导读"、"导向"兼顾,标题文字可以是新闻内容的高度概括,也可以突出新闻中的新闻事件。

从以上10个译例看,不论其形式和内容,都像通讯社的新闻标题,行文言简意赅,高度概括了新闻精髓,提示了新闻事件的主要内容。如果其他新闻媒体决定据此选用此一新闻,编辑做题时,只要在其基础上稍加改动即可大功告成。

就遣词造句而言,作者认为,在上述10例中,前面的较之后面的要更具体、更精彩、更

专业一些。译例(9)渲染较多，信息量大，更适合青年报、晚报使用。

2. 导语编译

在拙作第二章讨论导语翻译时，作者曾沿用美国密苏里大学新闻学院的分类方法，将导语分为5种，即直接披露新闻人物的导语、延后披露新闻人物的导语、总结性导语、多成分导语和第二人称导语。因为那是专门讨论导语翻译的章节，所以类别分得细了一些。

此处探讨导语编译，作者决定作些简化，只把导语分为新闻性导语和文学性导语两种。新闻性导语是指记者在第一段里就开门见山地报告新闻，把何人、何事、何时、何地等基本要素和盘托出；文学性导语则指使用一些文学写作手法，在第一段里仅仅提供一些吸引读者的"噱头"，而将真正的新闻在稍后的段落里逐渐披露。我们正在讨论的上述英文体育新闻采用的就是这种形式（文学性）的导语。

SAPPORO, JAPAN—This is the time of the game when every play becomes more difficult to make. It was the time of the game that they had faced before and stumbled.

This time Team China stood tall. Then jumped with glee Wang Shipeng dribbled the length of the floor with clock running down, pulled up and nailed a 3-point shot from the left wing as time expired to give China a dramatic 78-77 win over Slovenia on Thursday that lifted Yao Ming and his teammates into the elimination round of the World Basketball Championship.

1) 新闻性导语

以下4条导语是新闻性的。

译文1：在日本札幌举行的世界男子篮球锦标赛中，中国队凭借23岁小将王士鹏在最后一秒钟的三分远投，以78：77的分数一分险胜篮坛劲旅斯洛文尼亚队，晋级决赛阶段的比赛。

点评：此译信息量大，主要信息多已纳入其中，但文字略显纷杂，个别次要的信息可以放在稍后披露。若此，导语会变得更为简练。"王士鹏"应为"王仕鹏"。

译文2：本周二，在中国男篮与斯洛文尼亚男篮之间进行的生死战中，凭借小将王仕鹏的压哨三分球，中国队戏剧般的以78比77战胜斯洛文尼亚队，顺利晋级男篮世锦赛的淘汰赛阶段。

点评：信息量大，较前者简练。

译文3：8月24日世界篮球锦标赛小组赛上，中国队以78比77险胜斯洛文尼亚队，成功晋级。

点评：如将"8月24日世界篮球锦标赛小组赛上"改为"在8月24日举行的

世界篮球锦标赛最后一场小组赛上",可能会更好些。

距比赛结束还有 5.8 秒时,斯洛文尼亚队仍以 77 比 75 领先。最后一刻,王仕鹏带球到前场左翼后急停,跳投三分命中,绝地反超。

点评:"最后一刻"四字含义不够明确,容易产生误解。"绝地反超"宜改为"令中国队绝地反超"。

译文 4:由姚明率领的中国男篮,在 24 日世界篮球锦标赛最后一场小组赛中,以 78 比 77 险胜斯洛文尼亚队。王仕鹏在终场前的压哨三分,带给中国队这个奇迹般的胜利。

点评:比较简练,甚佳。

2)文学性导语

以下 6 个译例是文学性的导语。

译文 1:比赛进行到这时候每一步都愈加艰难。中国队此前也经历过这种时刻——以失败告终。然而这一次他们赢了。8 月 24 日,王什鹏在比赛结束前一瞬带球直到前场,急停,从左侧投篮锁定 3 分,从而使中国队以 78 比 77 险胜斯洛文尼亚。这时队员们兴奋地跳了起来。姚明和队友们因此打入世界杯四分之一决赛。

点评:此译略显长了一些。原文中将导语分作两段的写法不无道理:先用一个出人意料的短句把读者抓住,再在第二段里提供具体细节,这样一短一长、"一粗一细"的行文,可使读者获得一种美的享受,就好像人们先大口吃下一个美味的水饺,然后再细细品味内中的三鲜馅儿一样;"王什鹏"应为"王仕鹏"。

译文 2:世界男篮锦标赛已经到了每一场都更加艰难的时刻。对于中国队而言,这样艰难的时刻,他们曾经面临并跌倒。

点评:前一句,译者的理解有误;在后一句中,"他们曾经面临并跌倒"一语过于生硬。

但是这一次,中国队赢了。就在比赛计时器即将走完的时候,中国队王仕鹏闪身一跳,带球直入前场,急停之后他从前场左侧锁定 3 分,一投命中。这记 3 分球在比赛终场前使中国队以 78 比 77 戏剧性地战胜了斯洛文尼亚,也将姚明和他的队友们送进了世界篮球锦标赛的淘汰赛阶段。

点评:译文大致准确,但文字还可简练些。

译文 3:此刻每打一个球都愈发困难,中国队曾经经历过这样一个时刻,并遭遇挫折。

点评:前半句,译者的理解和表达都不准确。

　　而今天，中国队获胜了。王仕鹏带球直到前场，骤然停住，从左翼投篮，锁定了一个三分球，使中国队戏剧般的以 78 比 77 险胜斯洛文尼亚队、晋级世界篮球锦标赛淘汰赛。

　　点评："而今天"、"锁定了一个三分球"、"戏剧般的"等语，都存在改进空间。

　　译文 4：比赛进行到现在，任何战术都难以执行。他们以前也经历过这样的一幕，而且被绊住了。

　　点评：此译不仅存在理解问题，也有许多遣词造句方面的缺失。

　　但是这一次，中国男篮胜利了。在比赛的最后时刻，王仕鹏一路带球直到前场，急停，从球场左侧命中一个三分球，帮助中国队戏剧性地以 78 比 77 险胜斯洛文尼亚，从而也将姚明和他的队友们送入了世界男篮锦标赛的下一轮淘汰赛。队员们欢呼雀跃。

　　点评："下一轮淘汰赛"，不确；"队员们欢呼雀跃"，不当。

　　译文 5：这一次，中国队获胜了。随着时间一步步逼近终场，王仕鹏跳起接球，带球直到前场，急停，在比赛结束的同时从左翼投球锁定三分。

　　他的进球今天帮助中国男篮以 78 比 77 戏剧化地战胜斯洛文尼亚队，姚明和他的队友们挺进世界篮球锦标赛的淘汰赛。

　　点评：此译的结构与原文出入较大；开篇就说"这一次，中国队获胜了"，也显得突兀；第二段存在数处应予改进的地方。

　　译文 6：今天王仕鹏带球直到前场，急停，在比赛结束时从左翼锁定 3 分，使得中国以 78-77 比分戏剧性地战胜了斯洛文尼亚队。

　　姚明和他的队友进入世界篮球锦标赛的淘汰赛。

　　点评：此译过于简化，过于突然，未能发挥文学性导语的魅力。

3）作者提供的参考编译译文

　　作者在这里提供了两个翻译版本，第一个是文学性的，基本上是按照原英文导语翻译成的。第二个是新闻性的，作者在第一段里就把这一新闻事件的梗概和盘托出。

　　参考译文 1：这是一个令比赛变得更加困难的时刻。这是一个他们以前曾经遭遇但却栽了跟头的时刻。

　　然而，这一次，中国男篮赢了。在星期四的一场比赛中，王仕鹏兴奋地跳起来接球，快速从左边带球到前场。时间已经不多，就在终场哨吹响之前，只见他急停远投，3 分球应声入网，戏剧性地以 78 比 77 将斯洛文尼亚队淘汰出局，也把姚明和他的队友带入了世锦赛的淘汰赛。

　　参考译文 2：在今天举行的 2006 年世界篮球锦标赛小组赛最后一轮比赛中，中国男篮凭借王仕鹏的压哨 3 分球以一分之差险胜斯洛文尼亚晋级 16 强。

在这场比赛中,当离比赛结束还剩 5.8 秒时,王仕鹏从左边把球带到前场,在终场哨吹响之前急停远投,3 分球应声入网,戏剧性地以 78 比 77 将斯洛文尼亚队淘汰出局。

3. 主体部分的编译

编译篮球比赛新闻,尤其是编译其主体部分,以下内容是不可或缺的:

(1) 比赛过程:4 节比赛的简要情况;

(2) 转折点,戏剧性的细节;

(3) 明星球员的突出贡献;

(4) 采访明星球员、教练时得到的精彩引语。

如编辑对译稿的长度有所限制,编入的信息可相应缩减,但仍应展现以上四种基本情况。以下是学生试译译文及作者点评:

译文 1:

"好家伙,那个远投太妙了!"姚明兴奋地说。"跟我们在 NBA 看到的投篮一样。但是从来没有想到这一幕会发生在我们自己身上。"

在这场赢了就能晋级,输了就得打道回府的生死战中,姚明打满了全场的 40 分钟。他全场拿下 36 分、10 个篮板球和 4 个盖帽,他依然是拉动中国队这辆马车的劲马。

"当我投这个球的时候,我并没有觉得投得很好。"王仕鹏说,"我能够感觉到一名防守队员在我旁边,我不知道他是否会把球拦住。"

王仕鹏的这一"神话"是自 1990 年以来最具戏剧性的一幕。那一年,有"中国的乔丹"之称的胡卫东在半场之外远投命中,帮助中国队以一分的优势险胜意大利队,从而赢得了友好运动会的铜牌。

在 2004 年的雅典奥运会上,中国队曾经打败了世锦赛的卫冕冠军塞尔维亚队,这也是国家队历史上的最重大的一次胜利。

"我说不准哪一次胜利更重要。"姚明说,"太令人兴奋了。太有戏剧性了。我刚刚给了一个人 500 美元让他帮我买纪念品。我想记住这一时刻。"

点评:主要信息多已编入,但缺少比赛过程,缺少细节描述。划有下画线的部分,其文字还可推敲。

译文 2:

"好家伙,那个远投太妙了!"姚明兴奋地说。"就和我们在 NBA 里看到的那种球一样。但是很难让我想象出那是我们投的。"

姚获得 36 分,10 个篮板,4 个盖帽。在这次赢了就能晋级、输了就得打道回府的 40 分钟生死战中,作为推动中国队前进的主力,姚从未离场。

当萨尼·贝奇罗维奇至关重要的跳投得分使得斯洛文尼亚以 74-70 领先时,比赛还剩 1 分 17 秒,获胜机会依然渺茫。

当中国队将球带过中场线后,计时器没有开始,中国几乎失去了一次关键性的控球机会。裁判最后停止了比赛,把计时器下调至 3 秒钟,那时应该剩下至少 10 秒。但是朱芳雨抢到一个后场(急传)球,碰到了一个(站立不稳)的对方球员。

贝奇罗维奇罚球两个,投失一个后,斯洛文尼亚以 75-73 领先。刘炜从左面穿过带球给姚,一个漂亮的进球将比分拉平,只剩 30.7 秒。

斯洛文尼亚队尽可能快地抓紧比赛。伍洛斯·斯洛卡从罚球区穿过,钩手投篮,以 77-75 领先,这时比赛还剩 5.8 秒钟。

中国没有暂停的机会,只剩下最后一搏的机会。王仕鹏利用这最后的机会给中国带来了希望。这仅是一个 23 岁的国家队员第二赛季的开始。

在 1990 年友好运动会上,有"中国的乔丹"之称的中国队胡卫东在中场外远投命中,以一分之差赢得意大利,获得铜牌。对中国队来说,自那以来王具有英雄色彩的投篮是最戏剧性的。

点评:缺上半场情况,未能引述姚明的精彩评论。遣词造句多有"外语化"嫌疑;行文最忌重复,同样一个词汇不宜多次使用。

译文 3:

离比赛结束仅剩 5.8 秒之时,中国队还以 75:77 的比分落后于斯洛文尼亚,刚加入国家队不久的小将王士鹏带球从左路直入前场,在三分线前猛然停下起跳投篮,球在最后一秒钟落入对方篮筐,从而使中国队以最终比分 78:77 顺利晋级。

"好家伙,那真是一记漂亮的远投。"中国队的灵魂人物姚明不无喜悦的说,"这就像是我们在 NBA 里所见的远投,很难想象它是出自我们手中。"姚明在整场比赛中贡献 36 分,10 个篮板球和 4 个盖帽。

这是中国队在小组赛中的最后一场比赛,由于在前四场比赛中,中国队一胜三负,这一场与斯洛文尼亚的对决将关乎中国队在本届世锦赛中的生死存亡。这场比赛中国队大部分时间处于落后状态,上半场结束时,斯洛文尼亚领先中国队 14 分,但是在下半场的比赛中,中国队员越战越勇,比分交替上升,并在最后时刻戏剧性的转败为胜。

点评:对原文原意的改动过大,篇幅可能短于要求[全文仅 428 个字],缺少关键性的引语,细节还可多些;新闻人物的名字,要注意核对。

译文 4:

赛后,姚明对王仕鹏最后的进球赞不绝口:"好家伙,那个远投太妙了,就像我们在 NBA 中见过的进球一样。但是我从来没有想过我们也能打出这样的进球。"

姚明在这场比赛中打满全场,拿到了 36 分,抢到 10 个篮板,还有 4 个盖帽,为中国队赢得这场生死战立下了汗马功劳。

在此前的小组赛中,中国队连输三场,直到上一场赢下塞内加尔队,才使全队又看到了获胜晋级的希望。<u>正是这种希望,使得中国队在第一节上半场就被对方领先 14 分的情况下,还能够继续顽强拼搏,奋起直追。(此系译者的猜测,用得不妥——作者)</u>

　　在距离比赛结束还有 1 分 17 秒的时候,对方萨尼·贝奇罗维奇一个至关重要的跳投得分将比分拉到 74-70,使得中国队能够获胜机会变得非常渺茫。

　　而就在这时,当中国队带球到中圈附近时,计时器又出现故障,裁判把中国队原本有的十余秒进攻时间<u>剥夺至三秒</u>。但是朱芳雨<u>利用这三秒的时间</u>抢到了一个后场球,在右翼出手命中三分。

　　贝奇罗维奇两罚一中之后,斯洛文尼亚队依然以 75 比 73 领先。随后刘炜左边渗透传球至姚明,姚明篮下命中将比分追平。这时距离全场比赛结束还有 30.7 秒。

　　斯洛文尼亚队<u>全力快速进攻</u>,伍洛斯·斯洛卡内线勾手投篮得分,在距全场比赛结束还剩 5.8 秒的时候取得了 <u>77 比 75 的领先</u>。

　　此时,中国队<u>已用完所有暂停,只有最后一次机会</u>。但是王仕鹏,这个仅代表国家队出战两个赛季的小将,并没有让大家失望,从后场直接带球至前场,在左翼投进了一个压哨三分球,以 78 比 77 险胜斯洛文尼亚队。

　　"当我出手时,我的感觉并不是很好,我能够感觉到边上有一个防守球员,不知道他能不能盖到这个球。"王仕鹏通过翻译说。

　　王仕鹏的这次英勇表现是中国队自 1990 年以后出现的最具有戏剧性的一幕。在 1990 年的友好运动会上,被誉为"中国乔丹"的胡卫东,在<u>中圈</u>附近的一次远投使中国队以一分的优势战胜意大利队,<u>并且</u>最终获得铜牌。

　　在 2004 年的雅典奥运会,中国队战胜当时的世界冠军塞尔维亚队,那次胜利也成为了国家队历史上最大的胜利。

　　"我说不出哪次胜利更加<u>伟大</u>。这次的胜利太令人兴奋了,太戏剧性了。我已经<u>请人</u>帮我买 500 美元的纪念品了,<u>我要记住这一切</u>。"姚明说。

　　点评:译文总体不错,但 912 个字的长度大大多于编辑提出的要求,添加的文字多少<u>有些</u>主观;此外,行文尚欠简练,个别用语不够"专业"。

　　译文 5:

　　姚明仍是中国队的<u>得分干将</u>,一人拿下 36 分,10 个篮板和 4 个盖帽。在这场决定晋级还是淘汰的生死大战全场 40 分钟内,姚明一直没有下场。

　　前三场小组赛失利后,<u>中国队只有打败塞内加尔队(此役之前,中国队已经赢过塞内加尔队——作者注)</u>和战平斯洛文尼亚队才有出线的希望,而这次比赛的上半场斯洛文尼亚队就已经领先了中国队 14 分。

　　<u>由于 24 秒控球计时器无法开始计时,中国队将球带至中场时几乎失掉了这个</u>

关键的控球。裁判最后叫停比赛，将24秒控球计时器下调至3秒，而实际上应该还有超过10秒的控球时间。但朱芳雨接到后场急传球后，在右侧碰倒了一名站立不稳的对方球员。塞尔维亚队获得罚球机会。

贝奇罗维奇两罚一中，斯洛文尼亚队75比73领先。终场前30.7秒，刘炜在左侧突破托球给姚明，姚明上篮得分，追平斯洛文尼亚队。

斯洛文尼亚队加快了比赛节奏，伍洛斯·斯洛卡突破进罚球区勾手投篮命中。此时据比赛结束还有5.8秒，斯洛文尼亚队以77比75领先。

王仕鹏的英勇表现是中国队1990年以来比赛中最富戏剧性的一幕。当时，"中国的乔丹"胡卫东在中场以外远投命中，中国队从而以一分之差战胜意大利队赢得友好运动会铜牌。

点评：缺少引语，文字也欠简练。

译文6：

在距离比赛结束还有5.8秒的时候，中国队还以75比77落后于对手。而此时，中国队已经没有叫暂停的机会了，唯有拼死一搏。王仕鹏从左路带球直奔前场，一个急停，在比赛计时停止的一刹那出手投篮，压哨三分为中国队戏剧性地锁定胜局，并将姚明和他的队友们送入了淘汰赛阶段。

王仕鹏通过翻译说："球出手之后，我感觉投得并不好。我能感觉到对方的防守队员已经逼到我身边，我不知道他有没有破坏这个球。"

"好家伙，那个远投太妙了！"姚明高兴地说，"就像我们在NBA看到的那种远投，但我很难想象，这竟然是我的队友投出来的。"

这场比赛是中国队的生死战，赢了就能晋级，输了就得打道回府。姚明再次成为了拉动中国马车的主力好马，他打满了40分钟全场，一共拿下36分、10个篮板球并有4次盖帽。

1990年友好运动会上，当时有"中国乔丹"之称的胡卫东从中场远投命中，使中国队以一分的优势险胜意大利，并获得铜牌。

在2004年的雅典奥运会上，中国队战胜了卫冕世界冠军塞尔维亚队，获得了国家队历史上最大的胜利。

姚明说："这太令人激动了。太富有戏剧性了。我刚给了一个人500块钱来买些这场比赛的纪念品。我希望记住这场胜利。"

点评：缺少对比赛情况的报道。

译文7：

"好家伙，那个远投太妙了！"姚明欢呼雀跃地说，"就如同我们在NBA赛场上常看的投篮一样，但我很难想象它来自于我们的球队。"

在输掉小组赛前三场比赛后,中国队靠战胜塞内加尔保有晋级希望。与斯洛文尼亚队的比赛上半场落后 14 分,队员们依然坚持拼抢。

　　当萨尼·贝奇罗维奇以一记至关重要的跳投得分使斯洛文尼亚队以 74 比 70 领先中国队时,距离终场结束只剩 1 分 17 秒,中国队获胜的机会很渺茫。

　　此后朱芳雨抢到一个后场急传球,身体倾斜着从右翼投进一个 3 分。

　　接着贝奇罗维奇两罚一中,斯罗文尼亚仍以 75 比 73 领先。刘炜左侧插入,把球托给姚明,姚明轻松命中,75 比 75 平,此时距终场还有 30.7 秒。

　　斯洛文尼亚倾尽全力抓紧进攻,伍洛斯·斯洛卡越过罚球线勾手投篮球进,77 比 75,距离终场仅剩 5.8 秒。

　　中国队没有叫暂停,他们放手一搏。王仕鹏把胜利带给了中国队。

　　"当我出手投球时,我并不觉得投得很好,"王仕鹏通过翻译说,"我感到有名防守队员离我很近,我不知道他能否封盖我的球。"

　　王仕鹏的这记进球,是自从 1990 年有"中国乔丹"之称的胡卫东在后半场远投命中使中国队 1 分险胜意大利从而赢得友好运动会第三名之后,最具戏剧性的。

　　点评:最后一句,翻译的痕迹过于明显;另外,结尾如再引姚明的话似更可取。

　　译文 8:

　　"好家伙,那个远投太棒了,"姚明兴奋地说,"像是电视里的 NBA 节目,想不到我们自己也能投出那样的球。"

　　有人说姚明是驱动中国队的发动机。在这场决定中国队能否入围的比赛中,他为中国队赢得 36 分,10 个篮板 4 个盖帽。整场比赛 40 分钟从未离场。

　　离比赛结束还有 1 分 17 秒时,斯洛文尼亚队员的一个跳投将比分拉成 74 比 70,中国队似乎没戏了。

　　正当中国队带球过中线时,投篮时限钟突然停了,中国险些失去控球。裁判示意暂停比赛,将时限钟调到 3 秒,而实际上离 24 秒投篮时限至少还有 10 秒。这时朱芳雨抢后场急传途中从右侧撞人。

　　斯洛文尼亚失去一个罚球后,以 75 比 73 领先。这时刘炜从左侧穿过,漂亮地将球托给姚明。(此处有漏译——作者注)离比赛结束还有 30.7 秒。

　　斯洛文尼亚加快了节奏,还剩 5.8 秒时伍洛斯·斯洛卡穿过罚球区勾手投篮,斯洛文尼亚以 77 比 75 领先。(此语逻辑不对——作者注)

　　中国队没有机会暂停了,剩下的只是一丝希望。但王仕鹏让这丝希望成为现实。这位 23 岁国家队队员刚刚开始他的第二赛季。

　　姚明说"我不知道哪一次(2004 年的雅典奥运会上,中国队击败卫冕世界冠军塞尔维亚。)意义更大","太奇了!我叫了人去买 500 美元的纪念品,我要记住这天"。

点评：译文多有不妥，"像是电视里的 NBA 节目"、"剩下的只是一丝希望"、"但王仕鹏让这丝希望成为现实"等语，都是译者自己的话，与原文原意有一定距离；此外，把背景资料放在括号内交代，并不是一个理想的编译方法。

译文 9：

姚明兴高采烈地说："好家伙，这个远投太妙了！就像在 NBA 看到的那种，很难想象是我们投的。"

中国队输掉了头三场小组赛，期待战胜塞内加尔已获得晋级。（逻辑不对——作者注）

当比赛还剩下 1 分 17 秒时，斯洛文尼亚队以 74 比 70 领先，中国队获胜机会仍然渺茫。

当中国队带球过中场线，计时器出现故障，中国队几乎失去了关键性的控球。

刘炜托球给姚明，姚明投了一记漂亮的篮板球，使比分拉平，剩 30.7 秒比赛时间。

斯洛文尼亚队抓紧时间，勾手投篮得两分，此时离比赛结束仅剩 5.8 秒。中国队已不能要求暂停，只有放手一搏。王仕鹏为中国队抓住了这个机会。

而这场比赛仅是这位 23 岁的中国国家队队员的第二赛季的开始。

王仕鹏说："我投这个球时感觉并不好，我能感觉到一个防守队员就在我附近，我不知道他会不会拦住这个球。"

王仕鹏的这个投球可以说是自 1990 年以来中国队最有戏剧性的漂亮球。1990 年被称作"中国的乔丹"的胡卫东曾从中场外远抛命中以一分之差领先意大利队，获得友好运动会铜牌。

姚明说："我不知道哪次胜利更重大，今天这场比赛太令人振奋了，如此具有戏剧性。我刚给人 500 美元去买球作为纪念，记住今天这关键一球。"

点评：此译甚佳。选材得当，行文简练；画有下画线的文字还可改进。

译文 10：

"好家伙，那个远投太妙了！"姚明感叹道。"这是我们在 NBA 比赛中才能看到的投篮，我很难想象这样的投篮竟然出自我们自己。"

中国队在此前的小组赛中前三场全输，但依然保留着晋级下轮比赛的一丝希望。在战胜了塞内加尔队后，中国队还必须与斯洛文尼亚顽强一战。（逻辑不当——作者注）

在比赛仅剩 5.8 秒的关头，伍洛斯·斯洛卡一记投篮使得斯洛文尼亚以 77 比 75 领先。中国队此时已不能暂停，只剩下拼死一搏的机会。王仕鹏的这记 3 分球让一切都有了回报。

"当我投篮时,我并没有觉得投得很好,"王仕鹏说。"我能够觉察到一个对方后卫就在我身旁,我不知道他是不是会封堵我的投篮。"

在2004年雅典奥运会上,中国队曾击败了卫冕冠军塞尔维亚队,获得了国家队历史上的最大胜利。

"我说不好哪场胜利更重要,"姚明说。"但是今天的比赛是这么激动人心、这么富有戏剧性。我刚才给别人500美元去买纪念品,我要记住这次胜利。"

点评:缺上半场情况;行文应注意逻辑。

下面的文字是作者提供的新闻主体部分的参考编译译文:

"好家伙,那个远投太妙了!"姚明说。"这就像NBA的妙投一样。令人觉得不可思议的是,这样的妙投是我们投的。"

姚明是中国队的火车头,在这场生死保卫战中,他打满了40分钟,个人独得36分,外带10个篮板,4次盖帽。

小组赛开始以来,中国队连输3场。战胜塞内加尔给中国队带来了一线希望;在与斯洛文尼亚的比赛中,上半场曾以14分落后。

当时间还剩下1分17秒时,贝奇罗维奇跳投得分,斯洛文尼亚以74比70领先。

中国队控球。但是,当他们把球带到前场后,计时器突然失灵,让中国队无法顺势得分。裁判示意停赛调表,把本来还有10多秒的出手时间调到只剩3秒。这时,朱芳雨断球成功,但却碰到了对方球员。

贝奇罗维奇罚球,两投一中,斯洛文尼亚以75比73领先。姚明投篮命中把比分扳平。这时离终场还有30.7秒。

斯洛文尼亚队发动快攻。斯洛卡尔勾手投篮将比分改写成77比75。这时离比赛结束还剩5.8秒。

中国队只好拼命一搏。23岁的王仕鹏抓住了机会。

"球出手后,我感觉投得不怎么好"。王仕鹏说。"我觉得有个防守队员离我很近,我担心他会把球拦下来。"

王仕鹏的神奇远投是中国队1990年以来最戏剧性的表演。那一年,被誉为"中国乔丹"的胡卫东曾经在后场远投中底,使中国队在友好运动会上以一分之差险胜意大利,夺得铜牌。

"我没法说哪次胜利最为辉煌。但这一次最令人激动。它是那么富有戏剧性。"姚明说。"我愿花500美元买王仕鹏那件有他签名的运动衫作纪念。我希望记住这场比赛。"

4. 体育新闻编译要领

体育新闻分为竞技体育和全民健身活动,竞技体育又分为田径、球类、体操、举重、拳击、射击、射箭、棋牌、水上、冰上和雪上项目等等。平时受众关注最多、媒体报道量最大的是足球和篮球比赛,翻译和编译较多的当然也是关于这两类赛事的报道。

关于体育新闻的写作,美国著名体育记者达蒙·鲁尼恩(Damon Runyon)曾说:"一个人能写体育稿,也就能写其他各种稿件。"同理:一个人能编译体育稿,也就能编译其他各种稿件。

编译体育新闻,当然有其要领,概括起来主要有以下几点:

(1) 标题、导语应突出比赛结果或非同寻常的事件。

(2) 新闻的主体部分应突出报道赛事结果,并简要报道比赛过程;篮球要分别报告 4 节比赛的情况;足球不能遗漏上下两个半场的比赛结果;应编入比赛的转折点或戏剧性的细节,表现突出球员的突出贡献,以及从采访球员、教练而获得的精彩引语。

(3) 像其他硬新闻一样,体育新闻一般不需要专门的结尾。当主要新闻故事编译完毕后,全文即可戛然而止。

不少记者喜欢以精彩的直接引语作结尾,这种方法当然无可厚非,但应注意,这样结尾的新闻不应太长。如其篇幅过长,又遇报纸版面不够或广播时间不足时,首先被编辑砍掉的可能就是这段你我都不愿舍弃的文字。

5. 作者提供的上述体育新闻的编译译文

以下是作者根据以上原则提供的编译译文,共 594 字。译文最后的直接引语(姚明说:"我愿花 500 美元……")一语是作者根据新华社的报道订正过的。

王仕鹏压哨远投应声入网
中国队绝处逢生札幌晋级

日本札幌 8 月 24 日电 在今天举行的 2006 年世界篮球锦标赛小组赛最后一轮比赛中,中国男篮凭借王仕鹏的压哨 3 分球以一分之差险胜斯洛文尼亚晋级 16 强。

在这场比赛中,当比赛还剩 5.8 秒时,王仕鹏从左边带球到前场,在终场哨吹响之前急停远投,3 分球应声入网,戏剧性地以 78 比 77 将斯洛文尼亚队淘汰出局。

"好家伙,那个远投太妙了!"姚明说。"这就像 NBA 的妙投一样。令人觉得不可思议的是,这样的妙投是我们投的。"

姚明是中国队的火车头,在这场生死保卫战中,他打满了 40 分钟,个人独得 36 分,外带 10 个篮板,4 次盖帽。

小组赛开始以来,中国队连输 3 场。战胜塞内加尔给中国队带来了一线希望;在与斯洛文尼亚的比赛中,上半场曾以 14 分落后。

当时间还剩下 1 分 17 秒时,贝奇罗维奇跳投得分,斯洛文尼亚以 74 比 70 领先。中国队控球。但是,当他们把球带到前场后,计时器突然失灵,让中国队无法顺势得分。裁判示意停赛调表,把本来还有 10 多秒的控球时间调到只剩 3 秒。这时,朱芳雨断球成功,但却碰到了对方球员。

贝奇罗维奇罚球,两投一中,斯洛文尼亚以 75 比 73 领先。姚明投篮命中把比分扳平。这时离终场还有 30.7 秒。

斯洛文尼亚队发动快攻。斯洛卡尔勾手投篮将比分改写成 77 比 75。这时离比赛结束还剩 5.8 秒。

中国队只好拼命一搏。23 岁的王仕鹏抓住了机会。

"球投出后,我感觉投得不怎么好。"王仕鹏说。"我觉得有个防守队员离我很近,我担心他会把球拦下来。"

王仕鹏的神奇远投是中国队 1990 年以后最戏剧性的表演。那一年,被誉为"中国乔丹"的胡卫东曾经在后场远投中底,使中国队在友好运动会上以一分之差险胜意大利队,夺得铜牌。

"我没法说哪次胜利最为辉煌。但这一次最令人激动。它是那么富有戏剧性。"姚明说。"我愿花 500 美元买王仕鹏那件有他签名的运动衫作纪念。我希望记住这场比赛。"

二、新闻编译参考练习

练 习 一

将以下新闻编译成不超过 600 字的新闻:

US agents 'abused' alleged China spy

A Chinese-American businesswoman—accused of using her sexual relationship with a US counter-intelligence agent to spy for China—was abused and manipulated by American agents, her lawyer claimed yesterday.

Katrina Leung, 49, was arrested in Los Angeles on Wednesday with her long-time lover and who allegedly compromised US secrets.

Leung is accused of carrying on romances for almost two decades with former FBI agent James Smith, 59, and another unidentified FBI agent in San Francisco, using her access to Smith to obtain secrets for China.

Officials claimed that Leung worked as a double agent from 1983 to 2002, collecting US$1.7 million (HK$13.3 million) from the US government for supplying information on China through Smith.

She was charged with copying and delivering to China top-secret papers Smith brought home with him. She is in custody in Los Angeles, while Smith faces charges of gross negligence.

Leung was due to appear in court again on Tuesday for a bail hearing. Smith, a 30-year FBI veteran who retired in 2000, was released on US$250,000 bail on Wednesday.

"It is a sad day for the FBI," FBI director Robert Mueller said on Wednesday, adding that Smith "not only betrayed the trust the FBI placed on him, he betrayed the American people he was sworn to protect".

But Leung's lawyer, Janet Levine, said that her client was an innocent victim of "abuse" by the US intelligence community.

"The viewpoint in the government's complaint is not the whole picture," Ms Levine said.

"When the facts are revealed, we are confident that Ms Leung will be shown to be a patriot … someone who did what she was told to do."

The Los Angeles Times reported earlier last week that the Ivy League-educated Leung, who owns a Los Angeles bookstore, is married to a biochemist.

Yesterday, the Lawrence Livermore National Laboratory in northern California confirmed that William Cleveland had quit in connection with Leung's case.

Mr Cleveland headed counter-intelligence programmes at Livermore, home to some of the most sensitive US nuclear weapons research.

Court papers said that Mr Cleveland, a former San Francisco FBI agent, headed a Chinese counter-intelligence squad and had admitted to a sexual relationship with Leung that started in 1988 and continued to 1993, when he retired after 24 years on the job. The affair resumed between 1997 and 1999.

Mr Cleveland, who speaks some Chinese, has not been charged in the case.

(AFP and Reuters, April 13, 2003)

词　汇　表

US agent　美国间谍, 美国特工
'abused'　"被人利用了的"
alleged, allegedly　据说是, 被说成是
Chinese-American businesswoman　华裔美籍女
　商人

to compromise　泄露, 妥协, 互让了结
to manipulate　操纵, 控制
accused of　被指责为, 被指控为
counter-intelligence agent　反间特工
Katrina Leung　陈文英

Los Angeles　洛杉矶

to carry on romances　谈情说爱,风流韵事,鬼混

FBI（Federal Bureau of Investigation）　联邦调查局

James Smith　詹姆士·史密斯

unidentified　未点名的,没有指出其姓名的

San Francisco　旧金山

double agent　双重间谍,双面间谍

to be charged　被指控,被起诉

to be in custody　被监护,被羁押

gross negligence　严重渎职

to appear in court　出庭

a bail hearing　为审理保释要求而举行的听证会

FBI veteran　联邦调查局的资深特工

to be released on bail　保释

Robert Mueller　罗伯特·米勒

Janet Levine　珍尼特·莱文

client　当事人,客户

innocent victim　无辜受害者

US intelligence community　美国情报机构

patriot　爱国者

Los Angeles Times　《洛杉矶时报》

Ivy League-educated　在名牌大学受过教育的,名牌大学毕业生

biochemist　生物化学家

Lawrence Livermore National Laboratory　劳伦斯（利沃摩尔）国家实验室

California　加利福尼亚

William Cleveland　威廉姆·克利夫兰

home（to）　基地

court papers　法律文件

an affair　桃色事件,男女丑闻,男女关系问题

全译译文（843 个字）：

美国特工利用了"中国间谍"

　　一个华裔美籍女商人最近被指控利用她与一个美国反间特工的性关系为中国窃取情报。但她的律师昨天说,是美国特工利用了她、操纵了她。

　　49 岁的陈文英于星期三在洛杉矶被捕。一个长期与她相爱、据说因此向她提供美国机密的男人也同时被抓了起来。

　　陈文英被指控与 59 岁的联邦调查局前特工詹姆士·史密斯鬼混了将近 20 年,利用与史密斯的关系为中国窃取机密。此外,她还被控与一个没有指出其姓名的联邦调查局旧金山特工有染。

　　官方宣称,陈文英从 1983 年至 2002 年一直做双面间谍,通过史密斯提供关于中国的情报,并为此从美国政府领取了 170 万美元。

　　陈氏被控把史密斯带回家中的绝密文件复印并转交给中国。刻下,她已在洛杉矶被拘留,而史密斯也将被控犯有严重渎职罪。

　　陈文英将于下星期二再次出庭,进行保释聆讯。史密斯是个有 30 年工龄的联邦调查局特工,已于 2000 年退休。上星期三,他以 25 万美元保释金获得保释。

　　联邦调查局局长罗伯特·米勒上星期三说,"对联邦调查局来说,这是一个令人痛心的日子。"他还说,史密斯"不但辜负了联邦调查局对他的信任,也背叛了他曾宣誓要保护的美国人民。"

　　但是,陈文英的律师珍尼特·莱文却说,她的当事人是一位无辜的受害者,她被

美国情报机关"利用了"。

莱文女士说："政府指控中提出的看法并不是问题的全部情况。"

"当全部事实水落石出之后，我们相信陈氏将被证明是一位爱国者，……她只是做了别人要她做的事情。"

《洛杉矶时报》上星期早些时候报道说，陈文英是位美国名牌大学的毕业生，在洛杉矶开了一家书店，丈夫是位生物化学家。

设在北加利福尼亚的劳伦斯（利沃摩尔）国家实验室昨天证实，威廉姆·克利夫兰因陈案所累已经辞职。

克利夫兰是利沃摩尔反间计划的负责人，而利沃摩尔是美国最敏感的核武器研究基地之一。

法庭提供的文件说，克利夫兰是联邦调查局前驻旧金山的特工，是反中国情报活动行动队的负责人。他承认于 1988 年开始与陈文英有性关系，并一直持续到他退休的 1993 年。1997 年至 1999 年，这种关系曾梅开二度。

克利夫兰能讲些中文，在陈案中他没有受到指控。

（据法新社、路透社 2003 年 4 月 13 日电）

参考编译译文（539 个字）：

美国政府声称中国利用女色当间谍
律师说"当事人"是位美国爱国者

综合法新社、路透社 4 月 13 日电　华裔美国女商人陈文英最近被美国政府指控，说她利用与反间特工詹姆士·史密斯的性关系为中国窃取情报。

陈文英的律师珍尼特·莱文昨天却说，她的当事人是位美国的爱国者，但受到了联邦调查局的操纵和利用。

她说："政府指控中提出的看法并不是问题的全部情况。""当事情水落石出之后，我们相信陈氏将被证明是一位爱国者，……她只是做了别人要她做的事情。"

有消息说，陈文英还与北加利福尼亚劳伦斯（利沃摩尔）国家实验室的威廉姆·克利夫兰有染。克氏是利沃摩尔实验室反中国情报活动行动队的负责人，而该实验室又是美国最敏感的核武器研究基地之一。

陈文英今年 49 岁，于上星期三在洛杉矶被捕。那个长期与她谈情说爱、据说因此向她提供美国机密的联邦调查局前特工史密斯也同时被抓了起来。

美国官方宣称，陈文英从 1983 年至 2002 年一直做双重间谍，通过史密斯提供关于中国的情报，并为此从美国政府领取了 170 万美元。

陈文英被控把史密斯带回家中的绝密文件复印后交给中国。

史密斯今年 59 岁，是个有 30 年工龄的特工，于 2000 年退休。据说他将被控犯有严重渎职罪。上星期三,他以 25 万美元的保释金获得保释。

　　劳伦斯(利沃摩尔)国家实验室昨天证实,克利夫兰因受陈案所累已经辞职。此前,他曾承认与陈文英长期有染,但迄今并没有因陈案而受到指控。

练 习 二

　　将以下两条新闻编译为 700 字左右的综合新闻。

　　这两条新闻选自 2001 年 11 月 14 日的美国《华盛顿邮报》和英国《每日电讯报》,报道的都是美国特种部队在阿富汗搜捕本·拉丹的新闻。练习共分 5 部分:一、《华盛顿邮报》文章的主要部分(原文很长——作者注);二、《每日电讯报》文章(英文全文);三、香港《文汇报》记者根据以上两篇文章编译的消息;四、《文汇报》次日刊登的相关报道;五、作者提供的参考编译译文。

《华盛顿邮报》文章:

U. S. special forces on the trail of Taleban leaders

By Thomas E. Ricks and Bradley Graham of Washington Post

After five days of swift battlefield success that put about half of Afghanistan in the hands of the opposition, the United States is zeroing in on the leadership of Afghanistan's retreating Taleban militia and its allies in Osama bin Laden's al Qaeda network, Defense Secretary Donald H. Rumsfeld said yesterday.

Rumsfeld disclosed that small numbers of U. S. Special Operations troops are now active around the southern Taleban stronghold of Kandahar and elsewhere in south-central Afghanistan.

But he said the troops were not acting as liaisons with anti-Taleban rebels—as U. S. Special Forces have done with considerable success in the north—but were acting "independently" as part of a stepped-up effort to hunt down Taleban leaders and their militant allies.

A Defense Department official said that the Special Operations forces primarily were observing and tracking fleeing Taleban and al Qaeda members to prepare the way for attacks against them. The "first priority is unquestionably tracking down the leadership in al Qaeda and Taleban," Rumsfeld told reporters. "The second priority is destroying the Taleban and al Qaeda's military capability, which is what props up that leadership, and tracking it down, finding it, and destroying it. "

Rumsfeld's renewed emphasis on the search for Taleban and al Qaeda leaders signaled that the anti-terrorism war was entering a new phase, after the string of rapid successes by Northern Alliance rebels that sent Taleban leaders fleeing from Kabul, the capital, and other northern cities.

The defense secretary warned that other countries should not provide safe harbor to terrorists fleeing to neighboring Iran and Pakistan or to countries where they have operated before, specifically Somalia and Sudan. He also listed Iraq, Syria, Libya, Cuba and North Korea as "states that in the past have housed terrorists".

Rumsfeld's comments were intended to "lay down a marker" for those countries and show them that the United States is watching their behavior, a defense official said.

With the north now in rebel hands, a senior defense official said U. S. military engineers and logistics specialists may be dispatched to help establish a land route from Uzbekistan for military and relief supplies and to reconstruct airfields. But the Pentagon's hope is that much of the task of securing these facilities can be accomplished by other foreign forces.

"We have to come up with a plan pretty quickly," the official said.

The disarray of the Taleban as it retreated from the north to Kandahar and the country's mountains is making it far easier for U. S. forces to find and attack them, Rumsfeld said. "Right now they are in many instances visible," he said.

Gen. Richard B. Myers, the chairman of the Joint Chiefs of Staff, said the Pentagon had "some indication of some [al Qaeda] leadership" being killed. But he added, "We're not done yet."

…

词　汇　表

U. S. special forces　美国特种部队
on the trail of　跟踪，搜捕，追捕
Taleban leaders　塔利班头目
Thomas E. Ricks　托马斯·里克斯
Bradley Graham　布雷德利·格雷厄姆
Washington Post　《华盛顿邮报》
Afghanistan　阿富汗
the opposition　反对派，反对党
to zero in, zeroing in　把目标集中在
Taleban militia　塔利班士兵，塔利班民兵

Osama bin Laden　奥萨玛·本·拉丹
al Qaeda network　"基地"组织
Defense Secretary　国防部长（美）
Donald H. Rumsfeld　唐纳德·拉姆斯菲尔德
to disclose　透露，披露
stronghold　据点，基地
Kandahar　坎大哈
acting as liaisons with　与……联络，起与……联络的作用
anti-Taleban rebels　反塔利班士兵

to hunt down 追踪,追捕,搜寻,搜捕	North Korea 朝鲜
the first priority 首要任务	to have housed terrorists 藏匿(或包庇)过恐怖
unquestionably 毫无疑问地,毋庸置疑地	分子
to track down, tracking down 追踪,追捕	to lay down a marker 作记号,贴标签
to prop up 支持,支撑	to watch their behavior 监视这些国家的行动
renewed emphasis 把……作为新的重点	a defense official 国防部的一位官员
to signal 预示,表明	military engineers 工程兵
the string of rapid successes 接连取得的成功	logistics specialists 后勤人员
Northern Alliance 北方联盟	a land route 陆上通道
Kabul 喀布尔	Uzbekistan 乌兹别克斯坦
safe harbor 避风港	relief supplies 救援物资
Somalia 索马里	airfield (小型)机场
Sudan 苏丹	to come up with a plan 制订计划
Iraq 伊拉克	disarray 混乱
Syria 叙利亚	Richard B. Myers 理查德·迈尔斯
Libya 利比亚	the Joint Chiefs of Staff 参谋长联席会议
Cuba 古巴	the Pentagon 五角大楼,美国国防部

《每日电讯报》文章：

Special forces tighten net round bin Laden

By Alex Spillius in Peshawar and Ben Fenton in Washington

Daily Telegraph, Britain

Western special forces were narrowing the search for abandoned large areas of territory.

Military sources in Washington said they believed that bin Laden, his lieutenant Ayman Zawahiri and their bodyguards were in the area of the eastern city of Jalalabad.

That would fit the most recent clues to his whereabouts. A Pakistani journalist who interviewed bin Laden last week was blindfolded and driven for five hours from Kabul. Given the slow speeds possible on Afghan roads, that suggests he was within 75 miles of the capital.

For Washington and London, who have not concealed their burning desire to capture the Saudi terrorist leader and to destroy his network, such information will prove invaluable. The special forces hunting for bin Laden will also have been helped by the opening up of bases close to his likely hideouts.

One US source said of bin Laden and his lieutenants: "They may have been cut off from the rest of the Taleban, and although they can possibly slip over the border into Pakistan, things are not looking good for them at the moment. I doubt that they were expecting their Taleban friends to cave in quite as quickly as this."

Loren Thompson, head of the Lexington Institute, a military think-tank based in Washington, added: "I had been saying that we would kill bin Laden before the end of December, but now it looks as though it could be before the end of November."

Amid reports of fighting in Jalalabad between Arab troops loyal to bin Laden and deserting members of the Taleban, British and US military chiefs will be hoping for a growing flow of reliable intelligence on the whereabouts of the man who has now all but admitted responsibility for the September 11 atrocities. The SAS or US Delta Force would then close in.

Bin Laden is believed to live constantly on the move to avoid capture and reportedly shuttles from cave to cave. The Saudi terrorist leader's private guard is thought to number up to 2,000 troops and is almost certainly taking refuge in mountainous areas.

But moving such large numbers around will become even more perilous. The Americans are expected soon to be in the captured northern city of Mazar-I-Sharif or even Bagram airfield, near Kabul.

"The fall of Kabul will ease the work for those people who are trying to kill or capture Osama bin Laden," Younis Qanooni, a key member of the anti-Taleban leadership, said.

If he remains true to his apocalyptic rhetoric, bin Laden will fight to the death. According to Hamid Mir, the Pakistani journalist who talked to him last week, the Taleban's withdrawal from major cities were either planned or approved by him.

It is claimed that the strategy will lure US and British troops into a guerrilla war that will humiliate the superpower and feed bin Laden's vision of a clash between believers and infidels in which the Muslim world is inspired to unite behind Islamic brothers and vanquish the West.

He claims to be utterly unafraid of death and his killing would only provide an opportunity for martyrdom that would further his cause.

Mr Mir said yesterday: "He was so relaxed despite the danger. I was confused and asked him why. He said, 'I love death as you love life. This is a difference you will never understand'."

Having nowhere to run to, the world's most wanted man has no choice but defiance and threats. He was long ago stripped of his Saudi nationality. Friendly states or regions would be hard to reach, though it is not inconceivably that he could be spirited out of the country into neighbouring Pakistan.

　　Scores of his Arab and other foreign fighters who would supposedly fight to the last were reported yesterday to be heading for the Pakistani border and an autonomous tribal area sympathetic to the Taleban. If they reach it they may bide their time, blend in and one day head for home or a third country.

词　汇　表

to tighten net　收紧包围圈,收紧搜索圈

Alex Spillius　亚历克斯·斯比留斯

Peshawar　白沙瓦

Ben Fenton　本·芬顿

Daily Telegraph　《每日电讯报》

to narrow the search for　缩小搜索圈

to abandon　放弃

military sources　军方人士

lieutenant　下手,副官

Ayman Zawahiri　阿伊曼·扎瓦希里

Jalalabad　贾拉拉巴德

to fit the most recent clues　与最新得到的线索相符

whereabouts　踪迹,下落

blindfolded　眼睛被遮了起来的

given the slow speeds possible　鉴于路况差(汽车开不起来)

to conceal　隐藏,藏匿

burning desire　强烈的愿望

to capture　抓获,逮捕

the Saudi terrorist leader　沙特籍恐怖分子头目（指本·拉丹）

to prove invaluable　证明极有价值的

to hunt for, hunting for　追捕,搜捕

hideouts　隐藏处,藏身地

said of　说及,提起

to have been cut off from　与……的联系已被切断

to slip over the border　逃过边界,逃至外国

at the moment　现在,现时

to cave in　投降,停止抵抗

Loren Thompson　洛伦·汤普森

Lexington Institute　莱克星顿学院

think-tank　智库

as though　尽管

amid　在……中,在……当中

loyal to　忠于,效忠于

all but admitted　只是没有承认……

atrocities　暴行,罪行

US Delta Force　美国"三角洲"特种部队

to close in　缩小包围圈

constantly on the move　不断逃来逃去,不断东奔西跑

to shuttles from cave to cave　从一个山洞逃到另一个山洞

private guard　私人卫队,私人保镖

to take refuge　躲藏,藏匿

perilous　危险的,冒险的

Mazar-I-Sharif　马扎里沙里夫

Bagram　巴格拉姆

Younis Qanooni　尤尼斯·卡奴尼

key member　主要成员,骨干分子

to remain true　保持不变	to further one's cause　发展或成全某人的事业
apocalyptic rhetoric　启示录式的言辞	the world's most wanted man　世界头号通缉犯
to fight to the death　战斗到底	to have no choice but　除……外别无选择
Hamid Mir　哈米德·米尔	defiance and threats　对抗与威胁
to claim　声称,声言	to be stripped of　剥夺了
to lure　引诱,诱惑,诱使	Saudi nationality　沙特国籍
to humiliate　羞辱,使丢脸	inconceivably　不可思议地,不可理解地
to feed somebody's vision　满足某人的愿望	to be spirited　悄然离开,偷偷地离开
believers　信奉者,信徒	scores of　许多,很多
infidels　异教徒	supposedly　据说会……,据信会……
Muslim　穆斯林	to fight to the last　战斗到底,战斗到最后一个人
Islamic　伊斯兰的	to be heading for　向……进发
to vanquish　征服,战胜	to be sympathetic to　对……表示同情
to be utterly unafraid of　一点都不害怕	to bide their time　等待时机
martyrdom　殉难,殉教,成为烈士	to blend in　与当地人混居

香港《文汇报》记者 11 月 14 日根据以上两篇文章编译的消息（616 字）：

美出动特种部队搜索拉登[*]

　　[本报讯]　塔利班从阿富汗首都喀布尔撤退后,美英特种部队开始收紧对拉登的搜索工作。

　　美国国防部拉姆斯菲尔德透露,已有小股美军特种部队活跃在阿富汗南部城市坎大哈周围以及中南部地区。他说,这些特种部队不是执行与联合反对派的任务,而是"独立"行动,他们的首要任务是追踪塔利班和"基地"组织的领导人,其次是摧毁塔利班和"基地"组织的军事力量。

　　华盛顿军方相信,拉登及他的高级助手及护卫,可能躲在贾拉拉巴德市东部。

　　这一说法与最近所获取的拉登藏身线索相吻合。上周一名巴基斯坦记者前往阿富汗采访拉登,他被人蒙上眼睛从喀布尔出发,乘车经五个小时抵达拉登藏身之地。由于阿富汗路况很差,按照这位记者的路程,有人推测拉登藏在距喀布尔七十五英里的地方。

　　外界认为,拉登为逃避追捕,不停地变换藏身地,从一个山洞转移到另一个山洞。拉登的私人卫队约有两千余人,大部分躲藏在阿富汗山区。如此规模的私人卫队行动起来容易暴露目标。

　　拉姆斯菲尔德警告其他国家不要为逃离阿富汗的恐怖分子提供避风港。他说,

---

　　* 香港媒体多译为"本·拉登",新华社统一译为"本·拉丹"。

一些"基地"组织的成员可能会逃到邻国伊朗和巴基斯坦,或者一些过去他们曾在那里从事过恐怖活动的国家,如索马里和苏丹。此外,拉姆斯菲尔德还提到伊朗、叙利亚、利比亚、古巴和朝鲜过去"曾经收留恐怖分子"。

上周采访拉登的巴基斯坦记者哈米德认为,如果拉登坚守其宗旨,最后结局可能是战死。

哈米德说,"拉登说他不怕死。我问他为什么。他说,我喜欢死亡就像你们热爱生命一样。二者的区别你们永远也不会明白。"

《文汇报》2001 年 11 月 15 日刊登的相关报道(367 个字):

美英部队搜索拉登
据称他可能躲在贾拉拉巴德市东部

　　[本报讯]　塔利班撤出阿富汗首都喀布尔后,美英特种部队开始收紧对拉登的搜索工作。

美国国防部拉姆斯菲尔德透露,已有小股美军特种部队活跃在阿富汗南部城市坎大哈周围以及中南部地区。他说,这些特种部队不是执行与联合反对派的任务,而是"独立"行动,他们的首要任务是追踪塔利班和"基地"组织的军事力量。

华盛顿军方相信,拉登及他的高级助手及护卫,可能躲在贾拉拉巴德市东部。

这一说法与最近所获取的拉登藏身线索相吻合。上周一名巴基斯坦记者前往阿富汗采访拉登,他被人蒙上眼睛从喀布尔出发,乘车经五个小时抵达拉登藏身之地。由于阿富汗路况很差,按照这位记者的路程,有人推测拉登藏在距喀布尔七十五英里的地方。外界认为,拉登为逃避追捕,不停地变换藏身地,从一个山洞转移到另一个山洞。拉登的私人卫队约有两千余人,大部分躲藏在阿富汗山区。如此规模的私人卫队行动起来容易暴露目标。

本书作者提供的参考编译译文(573 个字):

美英出动特种部队搜捕拉丹

　　综合美国《华盛顿邮报》、英国《每日电讯报》11 月 14 日报道　在塔利班撤出阿富汗首都喀布尔后,美英特种部队昨晚开始收紧了对本·拉丹的搜捕行动。

美国国防部长拉姆斯菲尔德说,已有小股美军特种部队活跃在塔利班的南部根据地坎大哈周围以及中南部地区。他说,这些特种部队并不执行与反对派联络的任务,而是"独立行动",其首要任务是搜捕塔利班头目及其盟友,其次是摧毁他们的军事力量。

华盛顿军方相信,本·拉丹、他的副手以及他们的卫队可能躲藏在东部城市贾拉拉巴德地区。

这一说法与最近得到的本·拉丹藏身线索相吻合。上星期,一名巴基斯坦记者采访本·拉丹时是被人蒙上眼睛从喀布尔出发、驱车 5 个小时后抵达会见地点的。因阿富汗路况差、车速慢,有人据此推测本·拉丹可能躲藏在距喀布尔 75 英里的范围内。

外界认为,本·拉丹为躲避追捕总是不断变换驻地,从一个山洞转移到另一个山洞。本·拉丹的私人卫队据传多达两千余人,几乎都躲藏在山里。如此规模的卫队转来转去,将会带来灾难性后果。

拉姆斯菲尔德警告其他国家,不要为逃离阿富汗的恐怖分子提供避风港。他说,"基地"组织的一些成员可能会逃到邻国伊朗和巴基斯坦,也可能逃到他们以前曾活动过的国家,特别是索马里和苏丹。此外,他还提到伊拉克、叙利亚、利比亚、古巴和朝鲜,说这些国家过去"曾经庇护过恐怖分子"。

国防部的一位官员说,拉姆斯菲尔德的这些话意在给这些国家"贴上一个标签",告诉它们美国在监视着它们的行动。

3. 编译说明

以上两条英文新闻的主题基本相同,报道的中心都是美英特种部队加紧搜捕本·拉丹及"基地"组织的其他头目。但两者选取的材料和写法差别很大:《华盛顿邮报》的文章以美国国防部长拉姆斯菲尔德的讲话为主线,前 9 个段落(约占全文篇幅的 1/3)的内容全部引自这位部长的言论,内中专门术语很多,具体事例较少,段落较长,可读性差些。《每日电讯报》的导语、段落相对较短,材料具体,但不够集中,引述的言论虽然较多,但其重要性远不及《华盛顿邮报》文章。

鉴于这是专门报道以美国为主导的美英联军在阿富汗的军事行动的新闻,《华盛顿邮报》以美国国防部长发表的最新言论为主线显然是明智之举,这样做有利于提高新闻的重要性和影响力。

由于《每日电讯报》的许多材料具体而又生动,如能把这些材料编入编译新闻,不仅会使新闻更加丰满,而且还可提高文字的可读性。

以上意见显然也是《文汇报》记者编译时的思路。《文汇报》编译后的译文共 8 段、616 个字。这样的长度对这样内容的新闻来说似略长了一些。

《文汇报》排版时只用了 5 个段落,原因可能是版面所限。读者可能已经注意到:编辑的删减沿用的是自下而上逐段"砍杀"的方法。这是编辑编改稿件通常采用的方法。

作者认为,《文汇报》编译译文的思路、使用的材料都较得当,惟其最后两段离主题稍远,且其内容此前报上都已登过。此外,有些地方对原文的理解还需斟酌,译完后应注意检查修改。

有鉴于此,作者在提供参考编译译文时,把最后两段予以删减,并在文字方面作了一些订正和改动。水平所限,定有不妥之处,仅供参考。

由于原语新闻中精彩的直接引语较少,编译译文中未能使用直接引语。这一点既是原语新闻、也是编译新闻的缺憾。

CHAPTER

第十四章

翻译稿行文体例

一、中文新闻稿行文体例

翻译外电、外报需有一定体例。在一个国家或一个地区,译文行文体例应该统一,以利翻译和编辑人员遵循,并为读者阅读和理解新闻提供方便。

我国内地新闻翻译界,大都以新华社的体例为依归,各地媒体的用法比较一致;但在香港、澳门和台湾地区,情况则很不相同,有的沿用内地的行文体例,但大多数媒体都是各自为政,自行其是,结果令翻译人员、特别是初入新闻翻译界的年轻人无所适从,也给读者阅读带来了许多本来可以避免的困难。

下面介绍的是翻译新闻稿通常采用的行文体例,供新闻翻译工作者参考:

1. 标题

我国内地的报纸,早已改为横排,标题一般居中,如偶遇竖排,其做法则不尽一致,但多数都"以上为准";如系两行,其位置则以美观为依据,巧做安排。

2. 电头

外国通讯社、报纸新闻电头的体例很不统一,不同国家、不同媒体的做法大相径庭。这种情况给英汉新闻电头的翻译造成了困难。

我国国际新闻的采写、翻译和播发一直由新华社统一负责。鉴于新华社已经有了规范的新闻写作体例,新华社社属报刊也已有了比较固定的译文体例,作者认为,在我国平面媒体尚无统一电头体例的情况下,各个媒体不妨把新华社的电头体例作为处理翻译新闻电头的依据或参考。

新华社及其社属报刊处理译文电头的体例大致有以下几种:

新华社伦敦 5 月 16 日电(记者×××)
新华社美国小石城 8 月 31 日电(记者×××)

如果报纸对通讯社通稿作过删节,见报时则常常使用:

据新华社伦敦 5 月 16 日电(记者×××)
据新华社美国小石城 8 月 31 日电(记者×××)
据肯尼亚《民族日报》1 月 12 日报道
据英国广播公司 8 月 30 日报道

如系外报、外刊文章的翻译稿,见报时的电头则是:

［英国《卫报》8 月 6 日文章］

［英国《太阳报》网站 8 月 6 日文章］

［日本《产经新闻》8 月 28 日报道］

［法国《费加罗》周刊 8 月 17 日一期文章］

［美国《新闻周刊》6 月 17 日（提前出版）一期报道］

　　应说明的是，近年来频频出现在新华社社属报刊上的"新华社×××地方××月××日专电"和"新华社×××地方××月××日特稿"的电头体例，作者并不苟同，因为那些"专电"大部分都不是什么专电，而是普普通通的通稿，那些"特稿"大部分也都不是特稿，而是普普通通的国际消息。把这样的新闻都冠上"专电"或"特稿"，不仅名不副实，而且有点故弄玄虚。作者认为，这种做法没有效仿的必要。

3. 导语

　　中文新闻译稿的导语，新华社电讯稿的体例是紧接电头后续写。如：

　　美联社纽约 3 月 10 日电美国纽约州州长、民主党人艾略特·斯皮策 10 日举行新闻发布会，就他卷入一场性交易案向他的家人和公众表示道歉。

　　路透社开罗 3 月 4 日电美国国务卿康多莉扎·赖斯 4 日飞抵埃及，试图挽救面临崩溃的中东和平进程。

　　作者对这种导语紧接电头的做法并不赞赏，因为它给读者阅读造成了困难。作者以为，在电头和导语之间留出一个字的空间，其效果要好得多。

4. 正文

　　每段起始都缩进两个字的位置。

5. 署名

　　新闻消息的翻译，一般不署名。

　　特稿、专稿的翻译或编译，一般都署有译者的名字，其位置多在文尾（如"×××译自英国《卫报》"）；发稿日期似可有可无，但作者以为，有比无更要为"专业"。如可写为：

　　（×××译自 6 月 12 日英国《卫报》）。

二、图片说明翻译

　　图片说明（caption）是新闻翻译的日常工作之一。新华社的图片说明，由摄影部的编辑负责。国内报纸刊登的国际新闻图片都是新华社统一播发的。

新华社播发的国际新闻图片有的是根据协议由外国通讯社提供的,图片下方都附有文字说明。这些说明必须恰当译出,与图片一起播发。新华社播发的外国通讯社的图片,一般都附有"新华社发××社图片"字样。国内报纸根据与新华社的协议,可直接使用这些图片,使用时一般不再注明图片来源。

新闻图片的说明一般包括小题和正文两个部分。

小题是用极其精炼的字词(通常只有 2 至 4 个字)高度概括图片信息而写成的简要说明,起提示图片内容或提示图片说明内容的作用,一般只用在重要的新闻图片中。翻译精炼、简短的字词,难度较大,需要较高的语言、文学水平。如时间紧迫或必要性不大,可以不译。例如:

UNDERGROUND TRAP A rescuer carries a miner to safety in Youxian county, Hunan province, where a flood trapped 12 miners underground. After a three-day rescue, three survivors were found, leaving five dead and four missing. (Photo: EyePress: South China Morning Post, April 23, 2007)

将 UNDERGROUND TRAP 译为"陷阱"或"地下陷阱"均为不妥。建议译文:

紧急救援　湖北攸县近日发生矿井坍塌事件,12 名矿工被困井下。经过 3 天抢救,3 名工人生还,但仍有 4 人下落不明。另外 5 人已证实死亡。图为救援人员正在紧急施救。

SLEEPLESS IN BLACKSBURG Thousands attend a candlelight vigil for victims shot Monday at Virginia Tech by Cho Seung Hui. (USA Today, April 23, 2007)

布莱克斯堡在祈祷　数千名布莱克斯堡居民星期一在为被赵承熙杀害的佛州理工大学师生举行烛光祈祷晚会。

正文是图片说明的主要部分,其翻译原则与翻译新闻文字没有太大区别。但应注意:在简短的文字当中,至少应把 3 至 4 个 W,即何人、何事、何时、何地交代清楚。此外,要注明重要新闻人物的姓名和职务。如图片中的重要人物多于一人,还应将他们在图片中的位置标识出来。其具体方法是:

英文图片说明一般是在新闻人物名字的后面标明此人所处的位置,如:second from left (or right); Mr. ×× with winners, from left, A, B and C; Leading the parade are, from left, A, B, and C。

中文图片说明,一般在新闻人物的名字后面加注(左一)、(左三)、(右二)、(中)、(后排左三、二排右四)等字样。

新闻图片的英文说明在报道主要新闻事实时,一般都使用现在式,以便给读者留下"图片所报道的新闻刚刚发生,或正在发生"的印象。汉译时则需按照中文的语法和表达习惯处理。另外,还应注意译文文字的精练,尽量避免重复导语中使用过的字词。

三、外国人名、地名翻译

1. 新出现在媒体上的外国人名、地名需要有统一的译名

新闻的特质之一就是"新",其中包括新的事件、新的人物和新的地方等。如果新闻事件发生在外国,那么,这些新的人物和地方则都需要译成规范的中文。

在我国内地,新译名的定稿事宜由新华社负责统一,译名混乱的问题并不突出。

港澳台的新闻事业虽然兴旺,但因译名缺乏统一,新闻人物和地方名称的译法多有不同,给新闻传播带来许多困难。下面是曾出现在香港、台湾媒体上的同一名字的不同译法:

bin Laden	宾拉登,拉登,本拉登,本·拉登,本·拉丹,拉丹等
al Qaeda network	阿尔盖达组织,阿盖达组织,盖达组织,"盖达"组织,盖达网,基地组织,"基地"组织,基地网络,"基地"网络等
Reagan	里根,雷甘,里根,李根
Hussein	侯塞因,赫辛,海珊,胡辛
Beckhem	贝克汉姆,贝克姆,贝肯姆,碧咸
Gatien	加蒂安,盖廷
Zidane	齐达内,兹达内,兹达尼,吉丹

新华社对以上名称(名字)的翻译是:

本·拉丹、"基地"组织、里根、侯塞因、贝克汉姆、加蒂安、齐达内。

值得庆幸的是,近些年来,我国译名工作的研究和统一工作发展迅速,成绩斐然。经国家正式批准、认可的译名工具书相继出版,为我新闻翻译工作带来了极大的方便。这些工具书包括:《英语姓名译名手册》、《世界报刊、通讯社、电台译名手册》、《外国地名译名手册》、《世界地名译名词典》、《中国组织机构英译名手册》、《国际组织手册》、《各国国家机构手册》等。

2. 外国新闻人物名字的汉译

英文新闻稿中第一次出现的外国人名都是他们的全名,汉译时一般应将其全部译出;下面再次出现同一名字时,英文一般只用其姓氏,名字从略,汉译时宜应遵循同样的做法。但对经常出现在新闻中的名人的名字,汉译时开始即可从简。如将 President George W. Bush 译为"布什总统",将 Prime Minister Tony Blair 译为"布莱尔(港译为贝利雅)首相"等。

英文新闻稿中的新闻人物,一般前面都有个称呼(title),如官衔(总统、部长、特首等)、学衔(如教授、博士等)以及礼貌性的称呼(如先生、女士、小姐等)。这些情况,英文稿比较讲究,中文稿则较随便,翻译时可灵活掌握,如将有关名字和头衔分别译为美国总统布什、布什总统、布什先生,国家主席胡锦涛、胡锦涛主席等。

　　在翻译上述称呼时,有两点应予注意:一、如果翻译所在的媒体有自己的体例手册(stylebook),应照章执行;二、对新闻稿中的新闻人物一视同仁,切不可将有的人(如欧美人士)称之为先生,而将另外的人不加任何礼貌性的头衔。作者建议,在一般情况下,特别是在新闻的主体部分,最好是直呼其名,如将布什总统称为布什,把胡锦涛主席称为胡锦涛。这样做既符合新闻传播的通行原则,也可为记者写作、编辑改稿、读者阅读、媒体播发带来许多方便。

四、缩合语翻译

1. 缩合语

　　缩合语(acronyms)在英文里是指由数个字词的第一个字母缩合而成的新的字词。在中文里则是指由一个较长的词组按词义义组摘取其第一个字或词组而形成的一个新的词或新的词组。随着社会的发展和进步,根据传播发展的需要,缩合语(不论是英文还是中文)会越来越多。

　　缩合语的含义与原来的词组的含义相同,但其书写形式较短,阅读起来也较原来的词组省时省力。从新闻传播的角度讲,缩合语可为记者、编辑节省写稿、编稿时间,为报纸节省纸张版面,为电子媒体节省广播时间,也可为读者、听众、观众节省许多阅读和收听的时间和精力。

　　下面列举的是一些经常出现在当今媒体或有代表性的一些缩合语:

缩 合 语	全　　称
ABC	the American Broadcasting Company
AD	anno Domini
AM (or am)	ante meridiem (before noon)
ASEAN	the Association of Southeast Asian Nations
BC	before Christ
CBA	the China Basket Association
CBS	the Columbia Broadcasting System

缩 合 语	全 称
CCPCC	the Chinese People's Political Consultative Conference
CCPIT	the China Council for the Promotion of International Trade
CD	China Daily
CIA	the Central Information Agency
CNN	Cable News Network
CPC	the Communist Party of China
CPI	Consumer Price Index
FBI	the Federal Bureau of Investigation
FIFA	the Federation of International Football Association
FM	Foreign Minister
HKSAR	the Hong Kong Special Administrative Region
GPS	the Global Positioning System
NATO	the North Atlantic Treaty Organization
NPC	the National People's Congress
NSA	the National Security Agency
NYT	New York Times
PM	Prime Minister
PM（or pm）	post meridiem (after noon)
PRC	the People's Republic of China
UK	the United Kingdom
UN	the United Nations
UNESCO	the United Nations Education, Science and Culture Organization
USA	the United States of America
WHO	the World Health organization
WTO	the World Trade Organization
AIDS	acquired immune deficiency syndrome
asap	as soon as possible
laser	light amplification by simulated emission of radiation
r. s. v. p.	repondez s'il vous plait in French (or please reply in English)
SARS	severe acute respiratory syndrome

2. 缩合语翻译

作者以为,合理制造和适当使用缩合语是一件好事,因为这些缩合语能节省传播所需要的时间和空间,有利于人际交流和大众传播事业的发展。但是,制造缩合语要讲究"科学"，不可随心所欲。此外，即便是巧妙的缩合语，被人接受也要有个过程，要经得起实际使用（即约定俗成）的检验。

大量缩合语进入我们的语言文字，也给新闻写作和新闻翻译带来了一个令人头痛的问题，因为这些新的词语并非人人都能马上明白，也不是人人都喜欢使用这些新的"创造"。

缩合语的翻译与新闻其他部分的翻译并无特殊之处。如果说有什么规律可循的话，那么，掌握以下 4 点肯定会大有裨益：

（1）对那些在原语新闻语言里都已广为人知，约定俗成，而在译语语言中也有固定译法的缩合语，翻译时可以此"固定译法"直接进行翻译。例如：

- AIDS 是由 acquired immune deficiency syndrome 缩合而成的，意思是"后天免疫缺损综合征"。但是，当代读者很少有人知道"后天免疫缺损综合征"意味着什么，但若提及"艾滋病"，受过教育的人一般都会知道它代表的是什么意思。
- SARS 的全名是 severe acute respiratory syndrome，意思是"严重急性呼吸困难综合征"，中文的翻译也已固定，称为"非典型肺炎"，简称"非典"。
- laser 是 light amplification by stimulated emission of radiation 的缩合，意为"通过受激辐射而产生的光放大"，前译"莱塞"，今译"激光"。后者已被社会普遍接受。
- ASEAN 是 Association of Southeast Asian Nations 的缩合，中文意思是"东南亚国家联盟"，简称"东盟"。
- NATO 是 North Atlantic Treaty Organization 的缩合，意为"北大西洋公约组织"，简称"北约"。
- FIFA 是 Federation of International Football Association 的缩合，意为"国际足球联合会"，简称"国际足联"。

以上这些"固定译法"和简称已经普遍为人接受，翻译时可径直使用，不必犹豫。

（2）英文里虽然已有普遍接受的缩合语，但中文里没有相应的缩合字词，翻译时则应将其全文译出，不应随意创造。

- HKSAR 代表的是 Hong Kong Special Administrative Region，而中文里并无相应的缩合，翻译时应将其译为"香港特别行政区"，不宜翻成"香港特行区"或"香港特区"，也不宜将其译为"香港 SAR"。
- GDP 的全称是 Gross Domestic Product，意为"国内生产总值"或"国民生产总值"；
- NBA 的全称是 National Basketball Association，意为（美国）"全国篮球联盟"；
- CNN 的全称是 Cable News Network，意为美国"有线新闻网"；
- GPS 的全称是 Global Positioning System，意为"全球定位系统"；
- MBA 的全称是 Master of Business Management，意为"商业管理硕士"；

- CPI 的全称是 Consumer Price Index，意为"消费者物价指数"。

以上英文缩合语在中文里都没有相应的缩合，翻译时最好将其全名译出。在中文文稿里夹杂使用外文名称的做法，读者一直不肯接受，报界虽断续使用，但却始终未成气候。

今后这种现象会如何演化，一时尚难预料。君不见，有许多外文缩合语正在悄悄入侵我平面媒体，GDP、CPI、NBA，甚至 PK、VCD、MP3 等字词已悄然进入了我部分报纸的新闻版面。

（3）英文里虽然已有普遍接受的缩合语，中文里也有相应的缩合，惟此缩合并未被社会普遍接受，未被学界普遍使用，或未被受众普遍熟悉，翻译时应该慎重，最好还是将其按原文全文翻译。

- OPEC 代表的是 Organization of Petroleum Export Countries，意为"石油输出国组织"，也译"欧佩克"。"欧佩克"是音译，这一译法虽然也有一定的"知名度"，但接受概率并不算高，翻译时最好还是将其译为"石油输出国组织"，后面以括号注明即"欧佩克"。当文中再次出现"OPEC"时，则可将其直接译为"欧佩克"。
- NSA，在美国它代表的是 National Security Agency，中文意思是"国家安全局"。这个机构并不像 CIA（中央情报局）或 FBI（联邦调查局）那样赫赫有名，翻译时最好将其译为"国家安全局"。

（4）翻译缩合语时，如对缩合语代表的原文没有把握，应查阅缩略语词典或上网查询。

值得庆幸的是，随着我国出版事业的繁荣发展，缩略语词典已经越出越多，收入的词条越来越丰富，词典的质量也越来越高，为我新闻翻译工作提供了许多方便。迄今，国内出版的大型缩略语词典即有：

《英语缩略语词典》(商务印书馆，1979 年 12 月)

《新英汉缩略语词典》(商务印书馆，1997 年 8 月)

《科技英语缩略语词典》(西北工业大学，商务印书馆，1979 年 7 月)

《最新实用英汉缩略语速查手册》(商务印书馆，2004 年 1 月)

《英语缩略语词典》(东方出版中心，2005 年 2 月)

五、译文中的标点符号

中文标点符号与英文标点符号的形态和功能大致相同，但其不同之处也绝非一二。在中文里，内地使用的标点符号与香港使用的标点符号，也不尽相同。即便在英文里，英国英文与美国英文中的标点符号用法也有许多差异。翻译时应该仔细斟酌，正确使用，不可掉以轻心。周兆祥在《翻译初阶》一书中曾指出:"有些符号同于两种文字中出现,功能甚至相若,但也可能有本质上或程度上的差异,值得译者留意,切勿在原文见到某符号,即不假思索搬到译文中。"[①]这话说得极是。

我国的中文标点符号是 1919 年北洋政府教育部参考西方语文订定的。1951 年中华人民共和国政务院又统一制定了中文标点符号的名称和使用方法,目前共有 16 种,主要的有句号、逗号、顿号、分号、冒号、问号、引号、括号、感叹号、书名号、省略号、破折号等。英文标点符号略少一些,常用的主要有句号、逗号、分号、冒号、问号、引号、括号、感叹号、书名号、省略号等。

两者的形态相差不多,主要功能也有些类似。但是它们之间的差别也很明显。下面,我们将重点审视它们之间的差异,以利翻译工作的进行。

1. 句号

在中文、英文这两种文字中,句号的主要用途和用法几乎没有差别,均用以表示句子已经完结,但其形态不同,前者是一个圆圈,后者则是一个圆点。

2. 逗号、顿号

中文、英文都有逗号,均用以表示句子中的小的停顿。但是,英文里没有用以分割并列成分的顿号,需要时,以逗号代之。因此,英文中的逗号兼有中文里的逗号和顿号两种功能。也就是说,英文里的逗号,在中文里可能是逗号,也可能是顿号。例如:

Negotiators of the United States, North Korea and China held their first day of talks in Beijing yesterday, but they all refused to discuss their progress on the issue of nuclear weapons development.

美国、朝鲜、中国的谈判代表昨天结束了他们在北京的第一天谈判,但会后他们都不愿谈论在核武器问题上的进展情况。

3. 冒号

在两种文字中,冒号的主要功能都是用以提示下文,总结上文。在提示下文、特别是在引出直接引语时,这种用途在中文里使用得更直接、更经常,但在英文中,它有时使用冒号(特别是在美国英文中),有时则使用逗号(特别是在英国英文中)。

在两种文字中,冒号都有表示出处的功能。做此用途时,英文中的冒号既可置于引文的前面,也可放在它的后面;但在中文里,习惯的做法是把它置于引文的前面。例如:

---

① 周兆祥:《翻译初阶》,148 页,香港,商务印书馆,1996 年。

Kelly：“No words today.”

“No words today”：Kelly.

凯利：“今天无可奉告。”

4. 引号

中文、英文中的引号，在作为引语的符号使用时，其功能基本相同，但在英文中，引号的用途似更为广泛。

引语的符号，英文有双引号（""）和单引号（''）两种。内地的报刊早已改为横排，其引号的功能和用法与英文大致相同。如出现引文中又有引文的情况时，则单引号在内，双引号在外。这一点与美国英文相同。

例如：

"The United States should first remove the 'axis of evil' label against a sovereign state before serious discussions can start，" he said.

他说：“在开始认真讨论之前，美国应把贴在一个主权国家头上的‘邪恶轴心’标签拿掉。”

当引号出现在标题里时，英文标题一律使用单引号；我国中文报章使用双引号（""）。

5. 省略号

英文的省略号是 3 个圆点…，而中文则是 6 个圆点……。

6. 书名号

英文一般使用双引号，也可采用斜体字，也可采取将每个字的起始字母都大写的办法。中文的书名号则是《》。

六、新闻翻译常用工具书

词典

《新英汉词典》(上海译文出版社)

《英汉大词典》(第二版)(商务印书馆)

《英华大词典》(商务印书馆)

《新世纪英汉大词典》(外语教学与研究出版社)

《现代英汉汉英词典》(外语教学与研究出版社)

《最新高级英汉词典》(商务印书馆)

《牛津高阶英汉双解词典》(商务印书馆)

《朗文当代高级英语词典》(英汉汉英双解)(外语教学与研究出版社)

《麦克米伦高级英汉双解词典》(外语教学与研究出版社)

《汉英词典》(外语教学与研究出版社)

《牛津英语搭配词典》(外语教学与研究出版社)

《英语缩略语词典》(商务印书馆)

《最新实用英汉缩略语速查手册》(商务印书馆)

《新华字典》(商务印书馆)

《成语词典》(商务印书馆)

《现代汉语词典》(商务印书馆)

《中华成语大词典》(商务印书馆)

《中国成语大词典》(上海辞书出版社)

《中文成语词典》(商务印书馆)

《辞海》(上海辞书出版社)

《辞源》(商务印书馆)

专业词典

《世界人名翻译大辞典》(新华社译名室编)(中国对外翻译出版公司)

《英语姓名译名手册》(商务印书馆)

《英语姓名词典》(外语教学与研究出版社)

《英汉美英报刊词典》(外语教学与研究出版社)

《世界报刊、通讯社、电台译名手册》(商务印书馆)

《外国地名译名手册》(中国地名委员会编)(商务印书馆)

《最新世界地名录》(外文出版社)

《世界知识辞典》(世界知识出版社)

《国际时事辞典》(商务印书馆)

《英汉科学技术词典》(国防工业出版社)

《英汉技术词典》(国防工业出版社)

《中国组织机构英译名手册》(新华出版社)

《国际组织手册》(中国对外翻译出版公司)

《各国国家机构手册》(中国对外翻译出版公司)

年鉴

《中国年鉴》

《世界知识年鉴》

《中国新闻年鉴》

《中国经济年鉴》

《世界经济年鉴》

STYLEBOOKS

Xinhua Stylebook

AP Stylebook

China Daily Stylebook

Reuters Stylebook

百科全书

《中国大百科全书》(中国大百科全书出版社)

《简明大英百科全书》(*Concise Encyclopedia Britannica*)(中文版)

《不列颠百科全书》(*Encyclopedia Britannica International*)(国际中文版)(中国大百科全书出版社)

《法国拉鲁斯百科全书》(华夏出版社)

《中国军事百科全书》(中国知识出版社)

参 考 文 献

陈德鸿等：《西方翻译理论精选》，香港，香港城市大学出版社，2000。

陈定安：《英汉比较与翻译》(*English and Chinese—A Comparative Study*)，香港，商务印书馆，1988。

陈定安：《翻译精要》(*The Principles of Translation*)，香港，商务印书馆，2000。

陈明瑶、卢彩虹：《新闻英语语体翻译研究》，北京，国防工业出版社，2006。

端木义万：《英美报刊阅读教程》，南京，南京大学出版社，1994。

范仲英：《实用翻译教程》(*An Applied Theory of Translation*)（第一版），北京，外语教学与研究出版社，2006。

冯健：《中国新闻实用大辞典》，北京，新华出版社，1996。

赫胥黎：《天演论》，严复译，台北，台湾商务印书馆，1972。

姜庆尧：《新闻翻译编译实务》，台北，水牛出版社，1969。

卡罗尔·里奇著、钟新主译：《新闻写作与报道训练教程》(*Writing and Reporting News*)（第三版），北京，中国人民大学出版社，2004。

黎剑莹：《新闻英语》，台北，经世书局，1993。

李林原：《新闻英语阅读指导》，台北，台湾商务印书馆，1998。

李希光：《新闻学核心》，广州，《南方日报》出版社，2002。

林佩汀：《中英对译技巧》(*Formulating English—Chinese Translation*)，北京，世界图书出版公司，1996。

林语堂：《文学与语文》，学文丛书（第一集），台北，1977。

刘洪潮：《怎样做新闻翻译》，北京，中国传媒大学出版社，2005。

刘宓庆：《英汉翻译训练手册》(*A Workbook for English-Chinese Translation*)，台北，书林出版社，1998。

刘其中：《铮语良言——与青年记者谈新闻写作》，北京，新华出版社，2003。

刘其中：《新闻翻译教程》（第二版），北京，中国人民大学出版社，2005。

吕瑞昌等：《汉英翻译教程》，香港，中国图书刊行社，1993。

马建国：《英文报刊导读》，北京，外语教学与研究出版社，2002。

马建国等：《新闻英语写作》(*English News Writing*)，北京，外语教学与研究出版社，2006。

马端宁：《新闻写作学》，北京，新华出版社，2002。

迈克尔·埃默里等：《美国新闻史》（第八版）展江等译，北京，新华出版社，2001。

孟广龄：《翻译理论与技巧新编》，北京，北京师范大学出版社，1986。

怒安：《傅雷谈翻译》，沈阳，辽宁教育出版社，2005。

邱沛篁等：《新闻传媒百科全书》，成都，四川人民出版社，1998。

申雨平等：《实用英汉翻译教程》(*A Textbook of English-Chinese Translation*)，北京，外语教学与研究出版社，2006。

孙宝玉等：《世界新闻出版大典》，北京，中国档案出版社，1994。

汪涛：《实用英汉互译技巧》，武汉，武汉大学出版社，2001。

王瑾希：《港澳台及海外华文传媒名录》，香港，香港中国新闻社出版社，1997。

新华社对外新闻编辑部：《中国组织机构英译名手册》，北京，新华出版社，1986。

许明武：《新闻英语与翻译》，北京，中国对外翻译出版公司，2003。

曾庆丰：《实用电讯新闻翻译教程》，广州，暨南大学出版社，1999。

张达聪：《翻译之原理与技巧》，台北，"国家"出版社，1989。

张培基等：《英汉翻译教程》（年 A Course in English-Chinese Translation 年），上海，上海外语教育出版社，2006。

张中行等：《新闻英语》，天津，南开大学出版社，1995。

赵桂华：《翻译理论与技巧》，哈尔滨，哈尔滨工业大学出版社，2002。

周兆祥：《翻译初阶》，香港，商务印书馆，1996。

庄绎传：《英汉翻译简明教程》，北京，外语教学与研究出版社，2006。

AP：*AP Stylebook*，40th Edition，New York：the Associated Press，2005.

Anderson，Bruce D. and Douglas A. ：*News Writing and Reporting for Today's Media*，Third Edition，New York and other cities：McGraw Hill，1994.

Bell，Roger T. ：*Translation and Translating*：*Theory and Practice*，London：Longman，1991.

Brooks，Brian S. ，and others：*News Reporting and Writing*，Eighth Edition，Boston and New York：Bedford/St. Martin's，2005.

Cain，Joyce S. ：*Eye on Editing—Developing Editing Skills for Writing*，Hong Kong：South China Morning Post，2003.

Cappon，Rene J. ：*The Word—An Associated Press Guide to Good News Writing*，Second Edition，New York：the Associated Press，1991.

China Daily：*China Daily Stylebook*，Beijing，2000.

Emery，Michael and others：*The Press and America*，Boston and other cities：Allan and Bacon，Ninth Edition，2000.

Mencher，Melven：*News Reporting and Writing*，Ninth Edition，Boston and other cities：McGraw Hill，2003.

Newmark，Peter：*A Textbook of Translation*，London：Pretice Hall，1987.

Scanlan，Christopher：*Reporting and Writing*：*Basics for the 21st Century*，New York and other cities：Harcourt College Publishers，2000.

Schwartz，Jerry：*Associated Press Reporting Handbook*，New York：McGraw Hill，2002.

Ward，Hiley H. ：*Reporting in Depth*，Mayfield Publishing Company，London and Toronto：Mountain View (California)，1991.

Xinhua News Agency：*Xinhua Stylebook*，Beijing：Second Edtion，2005.

附录一

世界主要通讯社

通讯社	中文译名	国家或地区
AAP（Australian Associated Press）	澳大利亚联合通讯社	澳大利亚
AAP（American Associated Press）	美洲报联社	美国
AFP（Agence France Presse）	法新社	法国
AGERPRES（Agentia Romina de Press）	罗通社	罗马尼亚
ANSA（Agenzia Nazionale Stampa Associata）	安莎通讯社	意大利
AP（Associated Press）	美联社	美国
APP（Associated Press of Pakistan）	巴联社	巴基斯坦
ATP（Agence Telegraphique Pars）	波斯通讯社	伊朗

ATR（Antara News Agency）	安塔拉通讯社	印度尼西亚
BERNAMA（Berita National Malaysia）	马来西亚国家通讯社	马来西亚
BNA（Belga News Agency）	比利时通讯社	比利时
CNS（China News Service）	中国新闻社	中国
CP（Canada Press）	加拿大通讯社	加拿大
CTK（Ceskoslovenska Tiskova Kancelar）	捷克通讯社	捷克
DPA（Deutsche Presse Agentur）	德新社	德国
EFE（La Agencia EFE，S. A. Span）	埃菲社	西班牙
Hong Kong China News Agency	香港中国通讯社	中国香港
Inter-Fax	国际文传社	俄国
IIS（Indian Information Service）	印新处	印度
IRNA（Islamic Republic News Agency）	伊斯兰共和新闻社	伊朗
ITTA-TASS	俄通社	俄国
Jiji News Agency	时事新闻社	日本
KBS（Korea Broadcasting System）	韩国广播公司	韩国
KCNA（Korean Central News Agency）	朝中社	朝鲜
KNS（Kyodo News Service）	共同社	日本
LATIN（Agencia Informativa Latino Americana）	拉丁通讯社	阿根廷
MEN（Middle East News Agency）	中东通讯社	埃及
NZPA（New Zealand Press Association）	新西兰报联社	新西兰
PAP（Polska Agencja Prasowa）	波兰通讯社	波兰
PAPA（Pan African Press Association）	泛非新闻社	尼日利亚
PETRA（Jordan News Agency）	约旦通讯社	约旦
PTI（Press Trust of India）	印报托	印度
Reuters（Reuter's News Agency）	路透社	英国
SANA（Syrian Arab News Agency）	叙利亚阿拉伯通讯社	叙利亚
UPI（United Press International）	合众国际社	美国
USIS（US Information Service）	美国新闻署	美国
VNA（Vietnam News Agency）	越南通讯社	越南
Xinhua News Agency	新华通讯社	中国
Yonhap News Agency	联合通讯社	韩国

附录二
世界主要英语电视台及电台

名称	中文译名	国家或地区
ABC（American Broadcasting Company）	美国广播公司	美国
ABC（Australian Broadcasting Commission）	澳大利亚广播委员会	澳大利亚
ABC（Associated Broadcasting Corporation）	联合广播公司	菲律宾
ABC（Asahi Broadcasting Corporation）	朝日广播公司	日本
AFRTS（Armed Forces Radio & TV Service）	武装部队广播电视台	美国
AIR（All India Radio）	全印广播电台	印度
Asia Television Ltd	亚洲电视	中国香港
BBC（British Broadcasting Corporation）	英国广播公司	英国
CBC（Canadian BroadcastingCorporation）	加拿大广播公司	加拿大
CBS（Columbia Broadcasting System）	哥伦比亚广播公司	美国
CNN（Cable News Network）	有线电视新闻网	美国

CRI（China Radio International）	中国国际广播电台	中国
Far East Broadcasting Company	远东广播公司	菲律宾
Free Europe Radio	自由欧洲电台	德国
HK-TVB（Television-Broadcasts Ltd.）	香港电视广播有限公司	中国香港
Japan Broadcasting Corporation	日本广播协会电台	日本
Manila Broadcasting Company	马尼拉广播公司	菲律宾
NBC（National Broadcasting Company）	全国广播公司	美国
NHK（Nippon Hoso Kyodai）	日本广播协会	日本
NZBC（New Zealand Broadcasting Corporation）	新西兰广播公司	新西兰
Radio Australia	澳大利亚广播电台	澳大利亚
Radio Canada International	加拿大国际电台	加拿大
Radio Europe No. 1	欧洲第一电台	国际组织
Radio Free Europe	自由欧洲广播电台	美国
Radio Guam	关岛电台	美国
Radio Japan	日本广播电台	日本
Radio Malaysia	马来西亚广播电台	马来西亚
Radio Malta	马耳他电台	马耳他
Radio Moscow	莫斯科广播电台	俄国
Radio Pakistan	巴基斯坦广播电台	巴基斯坦
Radio Prague	布拉格电台	捷克
Radio Voice of Malaysia	马来西亚之声电台	马来西亚
RPN（Radio Philippines Network）	菲律宾广播网	菲律宾
RTHK（Radio Television Hong Kong）	香港电台	中国香港
VOA（Voice of America）	美国之音	美国

附录三

世界主要英文报纸

报纸	中文译名
USA（美国）	
Atlanta Journal	《亚特兰大日报》
Baltimore Sun	《巴尔的摩太阳报》
Boston Globe	《波士顿环球报》
Chicago Daily News	《芝加哥每日新闻》
Chicago Tribune	《芝加哥论坛报》
Chicago Sun-Times	《芝加哥太阳时报》
Christian Science Monitor	《基督教科学箴言报》
Dalas Morning News	《达拉斯晨报》
Detroit Free Press	《底特律自由新闻报》

Detroit News	《底特律新闻》
Free Press	《自由新闻报》
Houston Post	《休斯敦邮报》
Inquirer	《问询报》
International Herald Tribune	《国际先驱论坛报》
Journal of Commerce	《商业日报》
Kansan	《堪萨斯人报》
Kansas City Times	《堪萨斯城时报》
Kansas City Star	《堪萨斯城明星报》
Los Angeles Herald-Examiner	《洛杉矶先驱考察家报》
Los Angeles Times	《洛杉矶时报》
Miami Herald	《迈阿密先驱报》
Milwaukee Journal	《密尔沃基新闻报》
News，The	《新闻报》
New York Daily News	《纽约每日新闻》
New York Post	《纽约邮报》
New York Times	《纽约时报》
Press，The	《新闻报》
Record	《记录报》
Record & Landmark	《大事纪闻》
Saint Louis Globe-Democrat	《圣路易环球民主报》
Saint Louis Mirror News	《圣路易镜报新闻》
Saint Louis Post-Dispatch	《圣路易邮报》
San Francisco Chronicle	《旧金山纪事报》
San Francisco Examiner	《旧金山考察家报》
Star-Ledger	《明星纪事报》
Times	《时报》
USA Today	《今日美国报》
Wall Street Journal	《华尔街日报》
Washington Daily News	《华盛顿每日新闻》
Washington Dispatch	《华盛顿快讯报》
Washington Evening News	《华盛顿新闻晚报》
Washington Evening Star	《华盛顿明星晚报》

Washington News	《华盛顿新闻报》
Washington Post	《华盛顿邮报》
Washington Report	《华盛顿报道》
Washington Times	《华盛顿时报》

Britain（英国）

Birmingham Evening Mail	《伯明翰晚邮报》
Birmingham Post，The	《伯明翰邮报》
Daily Express	《每日快报》
Daily Mail	《每日邮报》
Daily Mirror	《每日镜报》
Daily Record	《每日纪事报》
Daily Star	《每日明星报》
Daily Telegraph	《每日电讯报》
Evening News	《新闻晚报》
Evening Standard	《旗帜晚报》
Financial Times	《金融时报》
Glasgow Herald，The	《格拉斯哥先驱报》
Guardian	《卫报》
Independent	《独立报》
Irish News	《爱尔兰新闻报》
Liverpool Daily Post	《利物浦每日邮报》
Liverpool Echo	《利物浦回声报》
London Sunday Times	《星期日泰晤士报》
Morning Star	《晨星报》
News of the World	《世界新闻报》
Northern Echo	《北方回声报》
Observer，The	《观察家报》
Scottish Daily Express	《苏格兰每日快报》
Sun，The	《太阳报》
Sunday Express	《星期日快报》
Sunday Mail	《星期日邮报》
Sunday Mercury	《星期日信使报》

Sunday Mirror	《星期日镜报》
Sunday Observer	《星期日观察家报》
Sunday People，The	《星期日人民报》
Sunday Post	《星期日邮报》
Sunday Sun，The	《星期日太阳报》
Sunday Telegraph	《星期日电讯报》
Times，The	《泰晤士报》
Western Mail	《西部邮报》
Yorkshire Post	《约克郡邮报》

Canada（加拿大）

Globe and Mail	《环球邮报》
Montreal Star	《蒙特利尔明星报》
Ottawa Journal	《渥太华新闻报》
Toronto Star	《多伦多星报》
Toronto Telegram	《多伦多电讯报》
Vancouver Sun	《温哥华太阳报》

Australia（澳大利亚）

Australian	《澳大利亚人报》
Daily Mirror	《每日镜报》
Daily Telegraph	《每日电讯报》
Herald	《先驱报》
Sun，The	《太阳报》
Sun News Pictorial	《太阳新闻画报》
Sunday Australian	《星期日澳大利亚人报》

New Zealand（新西兰）

Auckland Star	《奥克兰明星报》
Dominion，The	《自治领报》
Evening Post	《晚邮报》
New Zealand Herald	《新西兰先驱报》
New Zealand Tribune	《新西兰论坛报》

People's Voice   《人民之声周报》

Singapore（新加坡）
Straits Times, The   《海峡时报》

India（印度）
Hindustan Times   《印度斯坦时报》
Indian Express, The   《印度快报》
Times of India   《印度时报》

Pakistan（巴基斯坦）
Dawn   《黎明报》
Pakistan Times, The   《巴基斯坦时报》

Philippines（菲律宾）
Manila Chronicle   《马尼拉纪事报》
Manila Times   《马尼拉时报》

Japan（日本）
Asahi Evening News   《朝日晚报》
Daily Yomiuri News, The   《读卖新闻》
Mainichi Daily News   《每日新闻》

China（中国）
China Daily   《中国日报》
Shanghai Daily   《上海日报》

Hong Kong, China（中国香港）
South China Morning Post   《南华早报》

附录四
世界主要英文杂志

杂志	中文译名
USA(美国)	
Activist	《活动家》季刊
Advertising News of New York	《纽约广告新闻》月刊
AFL-CIO News	《劳联—产联新闻》周刊
Agronomy Journal	《农业杂志》双月刊
America	《美洲》
America's Television Magazine	《美国电视杂志》
American and Statesman	《美国人与政治家》
American Child	《美国儿童》月刊
American City	《美国城市》月刊

American Economic Review 《美国经济评论》双月刊
American Foreign Service Journal 《美国外交杂志》
American Historical Review 《美国历史评论》双月刊
American Home 《美国家庭》
American Journal 《美国人杂志》季刊
American Journal of Philology 《美国语文学杂志》
American Journal of Science 《美国科学杂志》
American Legion 《美国军团》
American Literature 《美国文学》(季刊)
American Observer & Weekly News Review 《美国观察家与每周新闻评论》
American Press 《美国新闻》月刊
American Review 《美国评论》月刊
Atlantic, The 《大西洋》月刊
Black Panther, The 《黑豹》周刊
Board of Trade Journal 《贸易部杂志》周刊
Business Weekly 《商业周刊》
Foreign Affairs 《外交季刊》
Family Circle 《家族》月刊
Foreign Service Newsletter 《外事通讯》
Fortune 《财富》月刊
Harper's Magazine 《哈泼斯》月刊
Life 《生活》周刊
Magazine of Wall Street 《华尔街杂志》
Nation, The 《民族》周刊
National Geographic 《国家地理》月刊
New Republic 《新共和》周刊
Newsweek 《新闻周刊》
New York Book Review 《纽约书评》半月刊
New Yorker 《纽约人》周刊
New York Magazine 《纽约杂志》周刊
New York Times Book Review 《纽约时报书评》周刊
New York Times Magazine 《纽约时报杂志》周刊
People 《人民》杂志

Playboy 《花花公子》月刊
Publishers Weekly 《出版人周刊》
Radio and Television Weekly 《广播电视周刊》
Reader's Digest 《读者文摘》月刊
Saturday Review 《星期六评论》周刊
Scientific American 《科学美国人》月刊
Star 《明星》杂志
Smithsonian 《史密斯森学会》杂志
Time 《时代》周刊
US News and World Report 《美国新闻与世界报道》周刊
USA Magazine 《美国杂志》
Washington Sunday Star, The 《华盛顿明星报星期刊》

Britain（英国）

Bookseller, The 《书商》月刊
Britain Today 《今日英国》月刊
Britishi Book News 《英国书讯》月刊
British Trade Monthly 《英国贸易月刊》
British Weekly 《英国周刊》
Contemporary Review 《当代评论》月刊
Economist, The 《经济学人》周刊
English-Speaking World 《英语世界》月刊
Finance 《金融》杂志
Guinness Book of World Records 《吉尼斯世界纪录年刊》
International Who's Who 《国际名人录》年刊
Listener, The 《听众》周刊
London Magazine 《伦敦杂志》月刊
New Scientist 《新科学家》周刊
New Society 《新社会》周刊
New Statesman and Society 《新政治家与社会》周刊
Observer Review 《观察家评论》
Political Quarterly, The 《政治季刊》
Private Eye 《私探》双周刊

Punch	《笨拙》周刊
Radio Times	《广播时报》周刊
Scotland's Magazine	《苏格兰杂志》月刊
Spectator	《旁观者》周刊
Tribune	《论坛》周刊
TV Times	《电视时代》周刊
Weekly News	《每周新闻》
Woman	《妇女》周刊
World Today,The	《今日世界》月刊
World View	《世界观察》月刊

Canada(加拿大)

Canada Commerce	《加拿大商务》月刊
Canadian Author and Bookman	《加拿大作家与书商》
Canadian Business	《加拿大商业》月刊
Canadian Dimension	《加拿大面面观》
Canadian Forum	《加拿大论坛》月刊
Canadian National Magazine	《加拿大国民杂志》月刊
Canadian Public Policy	《加拿大公共政策》季刊
Canadian Star Weekly	《加拿大明星周刊》

Australia(澳大利亚)

Australian International News Review	《澳大利亚国际新闻评论》双周刊
Australian Journal of Politics and History,The	《澳大利亚政治与历史杂志》三年刊
Australian Manufacturer	《澳洲制造商》周刊
Australian Outlook,The	《澳大利亚展望》季刊
Australian Post	《澳洲邮报》周刊
Australian Quarterly	《澳大利亚季刊》
Australian Worker	《澳大利亚工人》双周刊
Tribune	《论坛》周刊

New Zealand(新西兰)

Comment	《评论》季刊

New Zealand Commerce 　　　　　　　　《新西兰商业》月刊

New Zealand Financial Times 　　　　　《新西兰金融时报》月刊

New Zealand Gazette 　　　　　　　　　《新西兰公报》周刊

New Zealand Monthly Review 　　　　　《新西兰每月评论》

New Zealand News 　　　　　　　　　　《新西兰新闻》周刊

New Zealand Observer 　　　　　　　　《新西兰观察家》周刊

New Zealand Truth 　　　　　　　　　　《新西兰真理》周刊

China(中国)

Beijing Review 　　　　　　　　　　　　《北京周报》

Hong Kong,China(中国香港)

Far East Economic Review 　　　　　　《远东经济评论》

附录五
美国、英国主要政府机构及职务名称

机构名称	中文译名
USA	美国
Congress	国会
Senate	参议院
Senator	参议员
House of Representatives	众议院
Congressman；Representative	众议员
Member of Congress	国会议员
State Department	国务院
Secretary of State	国务卿
Department of Defense	国防部
Secretary of Defense	国防部长

Department of the Treasury	财政部
Secretary of the Treasury	财政部长
Department of the Interior	内政部
Secretary of the Interior	内政部长
Department of Agriculture	农业部
Secretary of Agriculture	农业部长
Department of Commerce	商务部
Secretary of Commerce	商务部长
Department of Homeland Security	国土安全部
Secretary of Homeland Security	国土安全部长
Department of Labor	劳工部
Secretary of Labor	劳工部长
Department of Health and Human Service	卫生与公众服务部
Secretary of Health and Human Service	卫生与公众服务部长
Department of Transportation	交通部
Secretary of Transportation	交通部长
Department of Education	教育部
Secretary of Education	教育部长
Department of Energy	能源部
Secretary of Energy	能源部长
Department of Justice	司法部
Attorney General of the United States	美国司法部长
Department of Housing and Urban Development	住房和城市发展部
Secretary of Housing and Urban Development	住房和城市发展部长
Department of Veterans Affairs	退伍军人事务部
Secretary of Veterans Affairs	退伍军人事务部长
Federal Bureau of Investigation	联邦调查局
Director of the FBI	联邦调查局局长
Central Intelligence Agency	中央情报局
Director of the CIA	中央情报局局长
United States Information Agency	美国新闻署
Director of the USIA	美国新闻署署长
Supreme Court of the United States	美国最高法院
District Court	地方法院

Court of Appeals for the Federal Circuit	联邦巡回上诉法院
Court of International Trade	国际贸易法院

Britain 　　　　　　　　　　　　　　　　**英国（大不列颠及北爱尔兰联合王国）**

Parliament	议会
House of Lords（Upper House）	贵族院
Lord High Chancellor	贵族院议长
House of Commons（Lower House）	平民院
Speaker	平民院议长
Member of Parliament	国会议员
Cabinet	内阁
Prime Minister	首相
Ministry of Foreign and Commonwealth Affairs	外交和联邦事务部
Secretary of State for Foreign and Commonwealth Affairs	外交和联邦事务大臣
British Defence Council	国防会议
Secretary of State for Defence	国防大臣
Chancellor of the Exchequer	财政大臣
Secretary of State for Trade and Industry and President of the Board of Trade	贸易和工业大臣兼贸易委员会主席
Secretary of State for the Home Department	内政大臣
Secretary of State for Employment	就业大臣
Minister of Agriculture, Fisheries and Food	农业、渔业、粮食大臣
Secretary of State for the Environment	环境事务大臣
Secretary of State for Energy	能源大臣
Secretary of State for Education and Science	教育和科学大臣
Secretary of State for Transport	运输大臣
Secretary of State for Social Service	社会事务大臣
Secretary of State for Scotland	苏格兰事务大臣
Secretary of State for Wales	威尔士事务大臣
Secretary of State for Northern Island	北爱尔兰事务大臣
High Court of Justice	高等法院
Court of Appeal	上诉法院

附录六

美国总统和英国首相
英汉姓名对照表

一、美国总统英汉姓名对照表

Adams,John	约翰·亚当斯
Adams,John Quincy	约翰·昆西·亚当斯
Arthur,Chester A.	切斯特·A.阿瑟
Buchanan,James	詹姆斯·布坎南
Bush,George	乔治·布什
Bush,George W.	乔治·W.布什
Carter,Jimmy（James）	吉米（詹姆斯）·卡特
Cleveland,Grover	格罗弗·克里夫兰

Clinton, Bill (William)	比尔（威廉）·克林顿
Coolidge, Calvin	卡尔文·柯立芝
Eisenhower, Dwight D.	德怀特·D.艾森豪威尔
Fillmore, Millard	米勒德·菲尔莫尔
Ford, Gerald R.	杰拉尔德·R.福特
Garfield, James A.	詹姆斯·A.加菲尔德
Grant Ulysses S.	尤利塞斯·S.格兰特
Harding, Warren G.	沃伦·G.哈定
Harrison, Benjamin	本杰明·哈里森
Harrison, William H.	威廉·H.哈里森
Hayes, Rutherford B.	拉瑟福德·B.海斯
Hoover Herbert C.	赫伯特·C.胡佛
Jackson, Andrew	安德鲁·杰克逊
Jefferson, Thomas	托马斯·杰斐逊
Johnson, Andrew	安德鲁·约翰逊
Johnson, Lyndon B.	林登·B.约翰逊
John F. Kennedy	约翰·F.肯尼迪
Lincoln, Abraham	亚伯拉罕·林肯
Madison, James	詹姆斯·麦迪逊
McKinley, William	威廉·麦金利
Monroe, James	詹姆斯·门罗
Nixon, Richard M.	理查德·M.尼克松
Obama, Barack H.	贝拉克·H.奥巴马
Pierce, Franklin	富兰克林·皮尔斯
Polk, James K.	詹姆斯·K.波尔克
Reagan, Ronald	罗纳德·里根
Roosevelt, Franklin D.	富兰克林·D.罗斯福
Roosevelt, Teddy (Theodore)	特迪（西奥多）·罗斯福
Taft, William H.	威廉·H.塔夫脱
Taylor, Zachary	扎卡里·泰勒
Truman, Harry	哈里·杜鲁门
Tyler, John	约翰·泰勒
Van Buren, Martin	马丁·范布伦

Washington,George	乔治·华盛顿
Wilson,(Thomas) Woodrow	(托马斯)伍德罗·威尔逊

二、二战后英国首相英汉姓名对照表

Attlee,Clement Richard	克莱门特·艾德礼
Blair,Tony（Anthony）	托尼·布莱尔
Brown,Gordon	戈登·布朗
Callaghan,James（Jim）	詹姆斯·卡拉汉
Chamberlain,（Arthur）Neville	阿瑟·张伯伦
Churchill,Winston	温斯顿·丘吉尔
Douglas-Home,Alec	亚历克·道格拉斯-霍姆
Eden,Robert Anthony	罗伯特·艾登
Heath,Edward（Ted）	爱德华·希思
MacMillan,Harold	哈罗德·麦克米伦
Major,John	约翰·梅杰
Thatcher,Margaret	玛格丽特·撒切尔
Wilson,Harold	哈罗德·威尔逊

附录七
美国各州的别名对照表

州名	别名
Alabama 亚拉巴马	Cotton State/Yellow Hammer State/Heart of Dixie 棉花州/黄锤州/狄西的心脏
Alaska 阿拉斯加	The Last Frontier/Land of the Midnight Sun 最后的边疆/午夜出太阳之乡
Arizona 亚利桑纳	Grand Canyon State/Sunset State 大峡谷州/落日州
Arkansas 阿肯色	Wonder State/Land of Opportunity 奇迹州/机遇之乡
California 加利福尼亚	Golden State 黄金州
Colorado	Centennial State/Silver State

科罗拉多	百年纪念州/银州
Connecticut	Constitution State/Land of Steady Habits
康涅狄格	宪法州/癖习州
Delaware	Blue Hen State/First State/Diamond State
特拉华	蓝鸡州/第一州/钻石州
Florida	Sunshine State
佛罗里达	阳光州
Georgia	Peach State/Empire State of the South
佐治亚	桃州/南方帝国州
Hawaii	Aloha State/Paradise of the Pacific
夏威夷	阿洛哈州/太平洋上的天堂
Idaho	Gem State/Gem of the Mountains/Spud State/Panhandle State
爱达荷	宝石州/山间宝石/小锄州/锅柄州
Illinois	Land of Lincoln/Prairie State
伊利诺伊	林肯的故乡/草原州
Indiana	Hoossier State
印第安纳	好大州
Iowa	Hawkeye State
艾奥瓦	鹰眼州
Kansas	Sunflower State/Jayhawk State/Wheat State
堪萨斯	向日葵州/废奴游击州/小麦州
Kentucky	Bluegrass State
肯塔基	莓系草州
Louisiana	Creole State/Sugar State/Pelican State
路易斯安那	欧裔州/蔗糖州/塘鹅州
Maine	Pine Tree State
缅因	松树州
Maryland	Old Line State/Free State
马里兰	老牌州/自由州
Massachusetts	Bay State/Old Colony State
马萨诸塞	海湾州/老殖民地州
Michigan	Wolverine State
密歇根	豹熊州

Minnesota	North Star State/Land of 10,000 Lakes/Copher
明尼苏达	北极星州/万湖州/金花鼠州
Mississippi	Magnolia State
密西西比	木兰州
Missouri	Show Me State
密苏里	别哄我州
Montana	Treasure State
蒙大拿	宝藏州
Nebraska	Cornhusker State/Beef State
内布拉斯加	玉米壳州/啤酒州
Nevada	Sagebrush State/Silver State/Battle-Born State
内华达	艾草州/银州/战火诞生州
New Hampshire	Granite State
新罕布什尔	大理石州
New Jersey	Garden State
新泽西	花园州
New Mexico	Cactus State/Land of Enchantment/Sunshine State
新墨西哥	仙人掌州/迷人州/阳光州
New York	Empire State
纽约	帝国州
North Carolina	Tar Heel State/The Old North State
北卡罗来纳	焦油脚跟州/老北州
North Dakota	Sioux State/Flickertail State/Old Colony State
北达科他	苏族州/摇尾州/老殖民地州
Ohio	Buckeye State
俄亥俄	七叶树州
Okalahoma	Sooner State
俄克拉何马	快些州
Oregon	Beaver State
俄勒冈	河狸州
Pennsylvania	Keystone State
宾夕法尼亚	基石州
Rhode Island	Little Rhode

罗德岛	小罗德
South Carolina	Palmetto State
南卡罗来纳	矮棕榈州
South Dakota	Coyote State/Sunshine State
南达科他	郊狼州/阳光州
Tennessee	Volunteer State
田纳西	志愿者州
Texas	Lone Star State
得克萨斯	孤星州
Utah	Beehive State
犹他	蜂窝州
Vermont	Green Mountain State
佛蒙特	青山州
Virginia	The Old Dominion/Cavalier State/Mother of Presidents
弗吉尼亚	老自治领/骑兵州/总统的母亲
Washington	Chinook State/Evergreen State
华盛顿	清努族州/常青州
West Virginia	Mountain State
西弗吉尼亚	山州
Wisconsin	Badger State
威斯康星	獾州
Wyoming	Equality State
怀俄明	平等州

附录八

美国城市的别名

城市名	别名
Akron（Ohio）	Rubber Capital of the World
阿克伦（俄亥俄）	世界橡胶之都
Allentown（Pennsylvania）	Cement City
艾伦敦（宾夕法尼亚）	水泥城
Birmingham（Alabama）	Pittsburgh of the South
伯明翰（亚拉巴马）	南方钢都
Boston（Massachusetts）	Beantown/Hub of the Universe
波士顿（马萨诸塞）	豆城/宇宙中心
Buffalo（New York）	Bison City
布法罗（纽约）	水牛城
Charleston（South Carolina）	Palmetto City

查尔斯顿（南卡罗来纳）	矮棕榈城
Chicago（Illinois）	Windy City
芝加哥（伊利诺伊）	多风城
Dallas（Texas）	Big D
达拉斯（得克萨斯）	大 D 城
Denver（Colorado）	Mile High City
丹佛（科罗拉多）	一里高城
Detroit（Michigan）	Motor City
底特律（密歇根）	汽车城
Hartford（Connecticut）	Insurance City
哈特福德（康涅狄格）	保险城
Hershey（Pennsylvania）	Chocolate Capital of the World
好时镇（宾夕法尼亚）	世界巧克力之都
Hilo（Hawaii）	Orchid Capital
希洛（夏威夷）	兰都
Hollywood（California）	Film Capital of the World
好莱坞（加利福尼亚）	世界影都
Kalamazoo（Michigan）	Celery City
卡拉马祖（密歇根）	芹菜城
Lexington（Massachusetts）	Birthplace of American Liberty
列克星敦（马萨诸塞）	美国自由的诞生地
Minneapolis-St. Paul（Minnesota）	Twin Cities
明尼阿波利斯-圣保罗（明尼苏达）	孪生城
Mobile（Alabama）	Gulf City
莫比尔（亚拉巴马）	海湾城
Nashville（Tennessee）	Music City
纳什维尔（田纳西）	音乐城
New Orleans（Louisiana）	Crescent City
新奥尔良（路易斯安那）	新月城
New York City（New York）	Big Apple
纽约（纽约）	大苹果
Old Town（Maine）	Canoe City
老城（缅因）	独木舟城

Paterson(New Jersey)	Silk City
帕特森(新泽西)	丝绸城
Philadelphia (Pennsylvania)	City of Brotherly Love
费城(宾夕法尼亚)	博爱城
Pittsburgh (Pennsylvania)	Steel City
匹兹堡(宾夕法尼亚)	钢都
Reading (Pennsylvania)	Pretzel City
雷丁(宾夕法尼亚)	椒盐饼干城
Reno (Nevada)	Biggest Little City in the World
雷诺(内华达)	世界上最大的小城
San Antonio (Texas)	Alamo City
圣安东尼奥(得克萨斯)	阿拉莫城
San Francisco (California)	City of the Golden Gate
旧金山(加利福尼亚)	金门城
St. Louis (Missouri)	Gateway to the West
圣路易斯(密苏里)	西部门户
Suffolk (Virginia)	Peanut City
萨福克(弗吉尼亚)	花生城
Toledo (Ohio)	Grass Capital of the World
托莱多(俄亥俄)	世界草都

APPENDIX

附录九

美军、英军军衔

美军军衔（Ranks in U. S. Armed Forces）

Army 陆军	Navy 海军	Marine Corps 海军陆战队	Air Force 空军	中文
General of the Army	Fleet Admiral		General of the Air Force	五星上将
General	Admiral	General	General	上将
Lieutenant General	Vice Admiral	Lieutenant General	Lieutenant General	中将
Major General	Rear Admiral	Major General	Major General	少将
Brigadier General	Commodore	Brigadier General	Brigadier General	准将
Colonel	Captain	Colonel	Colonel	上校
Lieutenant Colonel	Commander	Lieutenant Colonel	Lieutenant Colonel	中校
Major	Lieutenant Commander	Major	Major	少校

Army 陆军	Navy 海军	Marine Corps 海军陆战队	Air Force 空军	中文
Captain	Lieutenant	Captain	Captain	上尉
First Lieutenant	Lieutenant Junior Grade	First Lieutenant	First Lieutenant	中尉
Second Lieutenant	Ensign	Second Lieutenant	Second Lieutenant	少尉
Chief Warrant Officer	Commissioned Warrant Officer	Commissioned Warrant Officer	Chief Warrant Officer	一级准尉
Warrant Officer, Junior Grade	Warrant Officer	Warrant Officer	Warrant Officer Junior Grade	二级准尉
Master Sergeant	Chief Petty Officer	Master Sergeant	Master Sergeant	军士长
Sergeant First Class	Petty Officer First Class	Staff Sergeant Technical Sergeant	Technical Sergeant	上士
Sergeant	Petty Officer, Second Class	Sergeant	Staff Sergeant	中士
Corporal Specialist	Petty Officer Third Class	Corporal		下士
Private First Class	Seaman First Class	Private First Class	Airman First Class	一等兵
Private	Seaman Second Class	Private	Airman Second Class	二等兵
Basic Private	Apprentice Seaman		Airman Third Class	三等兵

英军军衔（Ranks in British Armed Forces）

Army 陆军	Navy 海军	Marine Corps 海军陆战队	Air Force 空军	中文
Field Marshal	Admiral of the Fleet		Marshal of the Royal Air Force	元帅
General	Admiral	General	Air Chief Marshal	上将
Lieutenant General	Vice Admiral	Lieutenant General	Air Marshal	中将
Major General	Rear Admiral	Major General	Air Vice Marshal	少将
Brigadier	Commodore	Brigadier	Air Commodore	准将
Colonel	Captain	Colonel	Group Captain	上校
Lieutenant Colonel	Commander	Lieutenant Colonel	Wing Commander	中校
Major	Lieutenant Commander	Major	Squadron Leader	少校
Captain	Lieutenant	Captain	First Lieutenant	上尉

续表

Army 陆军	Navy 海军	Marine Corps 海军陆战队	Air Force 空军	中文
Lieutenant	Sublieutenant（Second Commissioned Branch Officer)	Lieutenant	Flying Officer	中尉
Second Lieutenant	Acting Sub-Lieutenant	Second Lieutenant	Pilot Officer	少尉
Warrant Officer (Class I)	Warrant Officer (Class I)	Warrant Officer (Class I)	Warrant Officer (Class I)	一级准尉
Warrant Officer (Class II)	Warrant Officer (Class II)	Warrant Officer (Class II)	Warrant Officer (Class II)	二级准尉
Staff Sergeant	Chief Petty Officer	Colour Sergeant	Flight Sergeant	上士
Sergeant	Petty Officer First Class	Sergeant	Sergeant	中士
Corporal	Petty Officer Second Class	Corporal	Corporal	下士
Lance Corporal	Leading Seaman	Marine First Class	Senior Aircraftsman	一等兵
Private	Able Seaman	Marine Second Class	Leading Airman	二等兵
Recruit	Ordinary Seaman	Recruit	Aircraftsman	新兵

附录十

联合国主要机构名称

General Assembly of the United Nations	联合国大会
Secretariat	秘书处
Security Council	安全理事会(安理会)
Economic and Social Council	经社理事会
Trusteeship Council	托管委员会
International Court of Justice	国际法院
Military Staff Committee	军事参谋团
Disarmament Commission	裁军委员会
WTO (World Trade Organization)	世界贸易组织
UNESCO (United Nations Educational, Scientific and Cultural Organization)	联合国教科文组织
WHO (World Health Organization)	世界卫生组织

IMF（International Monetary Fund）	国际货币基金组织
IBRD（International Bank for Reconstruction and Development）	国际复兴开发银行
FAO（United Nations Food and Agriculture Organization）	联合国粮农组织
ILO（International Labour Organization）	国际劳工组织
UNICEF（United Nations Children's Fund）	联合国儿童基金会
IAEA（International Atomic Energy Agency）	国际原子能机构
WMO（World Meteorological Organization）	国际气象组织
WIPO（World Intellectual Property Organization）	世界知识产权组织
ICAO（International Civil Aviation Organization）	国际民用航空组织
ITU（International Telecommunication Union）	国际电信联盟
UPU（Universal Postal Union）	万国邮政联盟
UNDP（United Nations Development Programme）	联合国开发计划署
UNIDO（United Nations Industrial Development Organization）	联合国工业发展组织
UNEP（United Nations Environment Programme）	联合国环境规划署
UNHCR（Office of the United Nations High Commissioner for Refugees）	联合国难民事务高级专员公署
UNFPA（United Nations Fund for Population Activities）	联合国人口活动基金
WB（World Bank）	世界银行

附录十一

其他主要国际组织机构名称

ABD (Asian Development Bank)	亚洲开发银行
APEC (Asian-Pacific Economic Cooperation)	亚太经济合作组织
ASEAN (Association of Southeast Asian Nations)	东南亚国家联盟
ARICOM (Caribbean Community and Common Market)	加勒比共同体和共同市场
CE (Council of Europe)	欧洲委员会
CIS (Commonwealth of Independent States)	独立国家联合体
Commonwealth	英联邦
EC (European Community)	欧洲共同体(已被 EU 取代)
EFTA (European Free Trade Association)	欧洲自由贸易协会
EP (European Parliament)	欧洲议会
EU (European Union)	欧洲联盟

GATT（General Agreement on Tariffs and Trade）   关税及贸易总协定（已被 WTO 取代）

G-8（Group of Eight）   八国集团

G-7（Group of Seven）   七国集团

Interpol（International Criminal Police
    Organization）   国际刑事警察组织

LAS（League of Arab States）   阿拉伯国家联盟

NAM（Non-Aligned Movement）   不结盟运动

NATO（North Atlantic Treaty Organization）   北大西洋公约组织

OAS（Organization of American States）   美洲国家组织

OAU（Organization of African Unity）   非洲统一组织

OECD（Organization of Economic
    Cooperation and Development）   经济合作与开发组织

OPEC（Organization of the Petroleum
    Exporting Countries）   石油输出国组织

OSCE（Organization for Security and
    Cooperation in Europe）   欧洲安全与合作组织

SCO（Shanghai Cooperation Organization）   上海合作组织

SNES（Seven-Nation Economic Summit）   七国经济最高级会议

WEU（Western European Union）   西欧联盟

WTO（Warsaw Treaty Organization）   华沙条约组织（已解散）

附录十二

不用汉语拼音拼写的

英文人名的汉译

一、历史人物的名字

Confucius	孔子
Mencius	孟子
Sun Yat-sen	孙中山
Soong Ching Ling	宋庆龄
Chiang Kai-shek	蒋介石
Soong Mei-ling	宋美龄
Chiang Ching-kuo	蒋经国
Chiang Wei-kuo	蒋纬国

Chang Hsueh-liang   张学良

Koo Chen-fu   辜振甫

二、港澳台人士的名字

Tung Chee-hwa (Tung Chee Hwa)   董建华

Donald Tsang Yam-keun   曾荫权

Henry Tang Ying-yen   唐英年

John Tsang Chun-wah   曾俊华

Wong Yan Lung   黄仁龙

Michael Suen Ming-yeung   孙明扬

Frederick Ma Si-hang   马时亨

Stephen Lam Sui-lung   林瑞麟

Ambrose Lee Siu-kwong   李少光

York Chow   周一岳

Denise Yue Chung-yee   俞宗怡

Tsang Tak-sing   曾德成

Matthew Cheung Kin-chung   张建宗

K C Chan   陈家强

Carrie Lam Cheng Yuet-ngor   林郑月娥

Edward Yau Tang-wah   邱腾华

Eva Cheng   郑汝桦

Tang King-shing   邓竟成

Timothy Tong Hin-ming   汤显明

Benjamin Tang   邓国斌

Lai Tung-kwok   黎栋国

Mike Rowse   卢维思

Rita Fan   范徐丽泰

Regina Ip Lau Suk-yee   叶刘淑仪

Antony Leung Kam-chung   梁锦松

Elsie Leung Oi-sie   梁爱诗

Andrew Li   李国能

Raymong Wong Hung-chiu   黄鸿超

Tsang Yam-pui   曾荫培

Chung Szew-yuen	钟士元
Li Ka-shing	李嘉诚
Henry Fok	霍英东
Ann Tse-kai	安子介
Tsang Hing-chi	曾宪梓
Yue-Kong Pao	包玉刚
Run Run Shaw	邵逸夫
Tsang Yok-sing	曾钰成
James Tien	田北俊
Ambrose Lau	刘汉诠
Anson Chen	陈方安生
Martin Lee	李柱铭
Albert Ho	何俊人
Lee Wing-tat	李永达

Edmund Ho Hau Wah	何厚铧
Ma Man-kei	马万琪
Susana Chou	曹其真
Sam Hou Fai	岑浩辉
Florinda da Rosa Sil	陈丽敏
Francis Tam Pak Yuen	谭伯源
Cheong Kuoc Va	张国华
Fernando Chui Sai On	崔世安
Lau Si Io	刘仕尧
Cheong U	张　裕
Fatima Choi Mei Lei	蔡美莉
Ho Chio Meng	何超明
José Proença Branco	白英伟
Choi Lai Hang	徐礼恒

Lien Chan	连　战
Wu Poh-siung	吴伯雄
Wu Den-yih	吴敦义

James Soong Chu-yu	宋楚瑜
Ma Ying-jiou	马英九
Vincent Siew	萧万长
Liu Chao-shiuan	刘兆玄
Wang Jin-pyng	王金平
Lee Teng-hui	李登辉
Shih Ming-the	施明德
Tsai Ing-wen	蔡英文
Chen Shui-bian	陈水扁
Annette Lu	吕秀莲
Frank Hsieh	谢长廷
Su Tseng-chang	苏贞昌
Yu Shyi-kun	游锡堃
Chang Chun-hsiung	张俊雄

三、华侨、华裔人士的名字

Tan Kah-kee	陈嘉庚
Chen Shing-shen	陈省身
Tsung-dao Lee	李政道
C. N. Yang	杨振宁
Samuel Chao Chung Ting	丁肇中
C. L. Yuan	袁家骝
Ong Teng Cheong	王鼎昌
Wu Chien-shiung	吴建雄
Danile Tsui	崔琦
Yuan-Tseh Lee	李远哲
An Wang	王安
Elaine Chao	赵小兰
Steven Chu	朱棣文
Gary Faye Locke	骆家辉
Chris Lu	卢沛宁
Yue-sai Kan	靳羽西
Elizabeth Comber/Han Suyin	韩素音

Michelle Wing Kwan	关颖姗

四、少数族裔人士的名字

Aisin-gioro Pu Yi	爱新觉罗·溥仪
Songtsen Gampo	松赞干布
Tenzin Gyatso	丹增嘉措（十四世达赖喇嘛）
Quejijianzan	确吉坚赞（十世班禅额尔德尼）
Gyantsen Norpo	坚赞诺布（十一世班禅额尔德尼）
Seypidin Eziz	赛福鼎·艾则孜
Ulanhu	乌兰夫
Uyunqimg	乌云其木格
Ismail Tiliwaldi	司马义·铁力瓦尔地
Abdul'ahat Abdulrixit	阿不来提·阿不都热西提
Ngapoi Ngawang Jigme	阿沛·阿旺晋美
Pagbalha Geleg Namgyae	帕巴拉·格列朗杰
Qiangba Puncog	向巴平措

五、有中文名字的外国人

Lee Kuan Yew	李光耀
Lee Hsien Loong	李显龙
Kevin Rudd	陆克文（凯文·路德）
David Wilson	卫奕信（魏德巍）
Christoper Francis Patten	彭定康
Jack Straw	施仲宏（杰克·斯特劳）
Joseph Needham	李约瑟
John King Fairbank	费正清
Harry Harding	何汉理
Doak Barnett	鲍大可
Stapleton Roy	芮效俭
Chas Freeman	傅立民
James Lilley	李洁明
Norman Bethune	白求恩
George Hatem	马海德

D. S. Kotnis	柯棣华
Biyo Kumar Basu	巴　苏
William Hintin	韩　丁
Joan Hintin	寒　春
Erwin Engst	阳　早
Michael Shapiro	夏皮若
Sideney Rittenberg	李敦白
Richard Yuen Ming-fai	袁铭辉
Mark Rowswell	大　山（路世伟、马克·罗思韦尔）
Charlotte MacInnis	爱　华
Daniel Newhan	大　牛

《英汉新闻翻译》教师服务卡

感谢您关注本书！请教师填写以下信息，可以免费获得配套网络资源，以及相关专业的书讯和精彩书评。此服务卡信息可通过信件或电子邮件形式发送给我们，谢谢您的合作！

教师姓名_____职务/职称_____

所属院系_____

授课名称_____学生层次及人数_____

通信地址_____邮编_____

电子邮箱_____电话_____

获得本教材信息的途径_____

您认为当地最好的书店_____

您目前急需的教材及图书_____

希望与我社合作的出版计划_____

_____

地址：北京市海淀区双清路学研大厦 B 座 508A 室　邮编：100084

电话：62776969(客服)

电子邮件：jc-service@tup.tsinghua.edu.cn